Asit Datta (Hrsg.)

Transkulturalität und Identität

D1640225

Asit Datta (Hrsg.)

Transkulturalität und Identität

Bildungsprozesse zwischen Exklusion und Inklusion

IKO – Verlag für Interkulturelle Kommunikation

Bibliographische Information der Deutschen Bibliothek
Die Deutsche Bibliothek verzeichnet diese Publikation in der Deutschen
Nationalbibliographie; detaillierte bibliographische Daten sind im Internet über
http://dnb.ddb.de abrufbar.

©   IKO -Verlag für Interkulturelle Kommunikation
        Frankfurt am Main • London, 2005
        Frankfurt am Main   London
        Postfach 90 04 21   70 c, Wrentham Avenue
        D - 60444 Frankfurt   London NW10 3HG, UK

        e-mail: info@iko-verlag.de • Internet: www.iko-verlag.de

        ISBN: 3-88939-776-X

Umschlaggestaltung: Volker Loschek, 61184 Karben
Herstellung: Top Offset, 60489 Frankfurt

Inhaltsverzeichnis   Seite

Einleitung:

Wir wissen nicht, ob der erste Mensch in Ost-, West- oder in Südafrika gelebt hat. Lange Zeit sah es so aus, als ob „Lucy", das von Leaky in Ostafrika gefundene Skelett, der Anfang von der Menschheit war. Neuere Funde in West- und Südafrika machen die „Urheberschaft" von Lucy streitig. Unstrittig ist, dass die Geschichte der Menschheit in Afrika begonnen hat. Nachdem die Menschen etwa 5-6 Millionen Jahre in Afrika gelebt hatten, begann der Siegeszug vor etwa einer Million (Mio.) Jahren, zunächst über Eurasien, dann allmählich in allen Kontinenten (Diamond 1999[1], S. 67). Damit begann auch die Geschichte der Aus-, Ein- und Zuwanderung. Da die Binnenwanderung in Afrika 4-5 Mio. Jahre andauerte und danach die Wanderung aus dem Kontinent in alle Welt war, kann man behaupten, die Geschichte der Wanderung ist so alt wie die Geschichte der Menschheit.

Wir wollen hier nicht die Wanderungsgeschichte der Menschheit abhandeln. Da aber Immigranten heute in Europa 'meist als Bedrohung wahrgenommen' (Sassen 1996, S. 13) und die Einwanderer als „Armutsflüchtlinge" schief angesehen werden, sei hier in Erinnerung gerufen, dass 200 Jahre lang die Massenwanderung in die andere Richtung gelaufen ist. Im 19. Jhd. bis zum 1. Weltkriegs sind über 50 Mio. Menschen aus Europa ausgewandert. 37 Mio. gingen nach Nordamerika, 11 Mio. nach Südamerika. 3,5 Mio. nach Australien und Neuseeland. Es gab so viele Auswanderer aus Deutschland, dass 1849 ein Emigrationsgesetz verabschiedet wurde (ebenda, S. 58, S. 70). Der größte Teil der ursprünglichen Auswanderer waren Armutsflüchtlinge; sie waren auf der Flucht, um Hungersnöten zu entgehen oder auf der Suche nach Geld, Arbeit und Glück.

Arbeitswanderung und Flüchtlingsströme waren auch in Europa nicht nur üblich, sondern diese trugen wesentlich zur Urbanisierung bei. Saskia Sassen, die die 200 jährige europäische Wanderungsgeschichte untersucht hat, zeigt am Beispiel der Entwicklung von Amsterdam, wie die Stadt schon im 17. Jhd. durch die Migration profitiert hat (ebenda, S. 23 f). Also war und

---

[1] s. Literatur S.80ff

3

ist Migration der Normalfall, wie Bade und Oltmer mit dem Titel ihres Buches betonen (Bade/Oltmer 2004). Alljährlich verlassen etwa 50 Mio. Menschen ihre Heimat. Etwa 50% von den Migranten bleiben innerhalb der Grenze ihres Landes, die andere Hälfte überschreitet die Landesgrenze. Etwa ¾ der grenzüberschreitenden Migration findet in Asien, Afrika und Lateinamerika statt. Das einzige europäische Land, das unter den 10 Spitzenländern mit dem größten Ausländeranteil an der Bevölkerung an der 7. Stelle vertreten ist, ist die Schweiz. Von den Industriestaaten sind unter den 10 Spitzenländern nur noch Australien an achter und Neuseeland an der 10. Stelle zu finden (UNDP 2004, S. 109).

Andererseits hat der Zustrom von Menschen aus den armen Ländern in die reichen Länder zugenommen, wobei auch die Migranten in Westeuropa nur in geringem Prozentsatz aus anderen Kontinenten kommen. Ein Großteil der Migranten, die bessere Lebensbedingungen oder bessere Verdienstmöglichkeiten suchen, bleiben dauerhaft in der Migration, wenn auch nicht immer in dem Land, in dem sie zuerst angekommen sind (ebenda). Bei der Integration, Transformation von Kulturen, kultureller Identität geht es um Migranten, die dauerhaft geblieben sind oder die beabsichtigen zu bleiben. Der Ausländeranteil in Deutschland wird vom Fischer Almanach als 7,3 Mio. bzw. 8,9% angegeben (2005, S. 133). Dies wurde neulich auf 6,7 Mio. oder knapp 8% korrigiert (Der Spiegel 13/05, S. 54).

Der Begriff 'Festung Europa' ist entstanden durch die harten Methoden, mit denen die EU versucht hat, sich vor der illegalen Einwanderung zu schützen. Gleichzeitig haben sich die Mitgliedstaaten der EU schwer getan, den Migranten das Gefühl zu geben, dass sie dazugehören (Sassen 1996, S. 19). Manche Staaten hatten mehr Schwierigkeiten, manche weniger, sich der neuen Realität zu stellen. Deutschland gehört zu den Staaten, die sehr große Schwierigkeiten hatten. Nach lang anhaltender, kontroverser Diskussion hat Deutschland jetzt vom Abstammungsrecht *jus sanguinis* Abschied genommen. Nach dem neuesten Ausländerrecht, in Kraft seit dem 01.01.2005, hat jetzt jeder Ausländer Anspruch auf Einbürgerung, wenn er seit acht Jahren in Deutschland rechtmäßig wohnt (§ 10 StAG, AuslR 2005, S. 273f).

Exklusion und Inklusion

Exklusion ist Ausgrenzung. 'Ausgrenzung aufgrund der Lebensweise findet dann statt', definiert das UNDP, 'wenn der Kultur einer bestimmten ethnischen, rassischen oder religiösen Gruppe Anerkennung und Respekt verweigert werden' (UNDP 2004, S. 39). Diese Ausgrenzung äußert sich in Form von Benachteiligung in verschiedenen Bereichen wie Kultur, Politik und Wirtschaft. Eine Verweigerung zur Anerkennung von Sprache und Religion ist ein wesentlicher Aspekt der Ausgrenzung (ebenda, S. 41ff).

Ob eine Minderheitsgruppe von der Mehrheit anerkannt wird oder nicht, hängt weitgehend von dem wirtschaftlichen Erfolg dieser Migratengruppe in dem aufnehmenden Land ab, meint Francis Fukuyama. 'Der Kohäsionsgrad einer bestimmten ethnischen Gemeinschaft korreliert stark mit ihrem wirtschaftlichen Erfolg und dem Grad ihrer Assimilation' (Fukuyama 1997, S. 353). Als ein Indiz für seine These bringt Fukuyama u. a. den Vergleich zwischen jüdischen und irischen Zuwanderern in den Vereinigten Staaten (ebenda, S. 37ff).

Inklusion bedeutet Einschließung. Minderheitsgruppen sollen nicht nur das Gefühl der Zugehörigkeit bekommen, sondern diese Zugehörigkeit soll auch rechtlich garantiert und in der Praxis umgesetzt werden. Die in Brüssel ansässige Group Migration Policy Group (MPG) ist in Kooperation mit anderen Gruppen aus anderen EU-Ländern gerade dabei, einen Index zu erarbeiten, wonach man den Grad der Inklusion eines EU-Staates feststellen kann, mit Fragen wie:

- Zu *Bürgerrechten/Möglichkeiten* der Einbürgerung: z.B. Haben Migranten das Recht, eingebürgert zu werden, auch dann, wenn sie in dem Land nicht geboren sind?
- Zu *Arbeitsmarkt:* haben Migranten Zugang zum Arbeitsmarkt? Wenn ja, wie schnell können sie Einkommensparität erreichen?
- Zu *politischer Partizipation*: Wie sind die Migranten in den politischen Parteien und im Parlament vertreten?
- Zu *kulturellen Einflüssen*: Haben die Migranten auf die Veränderung der kulturellen Identität des Landes Einfluss? (MPG 2005)

Allerdings setzt eine Inklusion bei den Migrantengruppen Veränderungen der bisherigen Soziabilität voraus. Davon profitieren sowohl die Migranten- wie auch die Mehrheitsgruppen, erläutert Fukuyama am Beispiel der USA. Die Geschwindigkeit, mit der die Immigranten von einer ethnischen Enklave in die dominante Kultur überwechseln konnten, erklärt auch, wie die Vereinigten Staaten zugleich ihre ethnische Vielfalt bewahren und ein starkes Zusammengehörigkeitsgefühl entwickeln konnten (Fukuyama 1997, S. 358).

Transkulturalität und Identität

Wenn man nach den Kriterien der MPG messen würde, ist Deutschland weit davon entfernt, ein inklusiver Staat zu sein – einerseits. Andererseits meint Wolfgang Welsch, das die Konzepte der Multi- und Interkulturalität den separatistischen Charakter der Kulturen in sich tragen. Welsch behauptet, die alte homogenisierende und separierende Idee der Kultur sei überholt durch die a) externe Vernetzung der Kulturen und b) durch Hybridisierung. Die Grenzen zwischen Eigen- und Fremdkultur sind porös geworden. Gleichwohl ist Transkulturalität nicht mit der Globalisierung, Homogenisierung oder McDonaldisierung zu verwechseln. Welsch verwirft auch das Konzept der Partikularisierung. Sowohl das Konzept der Globalisierung, also auch das der Partikularisierung, nennt Welsch zu simpel und zu einseitig. Transkulturalität beinhaltet beide Elemente. Insofern ist diese Transkulturalität mit Roland Robertsons 'Glokalisierung' (durch Ineinanderblenden von global und lokal) vergleichbar (Robertson 1998, S. 197). Transkulturelle Menschen sind gleich und doch anders. Denn verschiedene Gruppen und Individuen greifen auf unterschiedliche Quellen der Kulturen zurück und kombinieren unterschiedlich (Welsch 1997, S. 10). Fazit von Welsch: 'Die kulturellen Determinanten sind heute - von der Makro- bis zur Mikroebene - transkulturell geworden' (ebenda, S. 7).

Folglich ist die kulturelle Identität nicht mit der nationalen Identität zu verwechseln. 'Wo ein Individuum durch unterschiedliche kulturelle Anteile geprägt ist, wird es zur Aufgabe der Identitätsbildung, diese Komponenten miteinander zu verbinden'. 'Transkulturelle Identitäten besitzen eine kosmopolitische Seite ebenso wie eine Seite lokaler Zugehörigkeit' (ebenda, S. 6, S. 11). Vielleicht aus diesem Grund fällt es Menschen vieler Staaten schwer, sich mit der Nation zu identifizieren (NDP 2004, S. 61).

Zu den Texten :

Die Entwicklung von der Ausländerpädagogik aus den 60er Jahren bis zur transkulturellen Pädagogik heute ist ein langer und mühsamer Weg gewesen. Marianne Krüger-Potratz stellt die Entwicklung in Abschnitten von zehn Jahren grafisch dar, warnt aber zugleich davor, diese Entwicklung als unilinear zu verstehen (Krüger-Potratz 2005, S. 52, S. 59). Es gab sicherlich zeitliche Überschneidungen und Paradigmawechsel von der Ausländer über interkulturelle bis zur transkulturellen Pädagogik. Von der Defizit- über Differenz- zur Transformationshypothese.

Hartmut Griese geht einerseits auf diese Entwicklung ein, andererseits setzt er sich mit Begriffen wie 'soziokulturelle Kompetenzen', 'kulturelle Universalien, 'Entkulturalisierung' auseinander.

Dietmar Bolscho beschäftigt sich mit dem neuen Paradigma der Transkulturalität und leitet daraus Konsequenzen für Bildungsprozesse ab.

Horst Siebert betrachtet Interkulturelle Pädagogik konstruktivistisch, wobei er sowohl auf die Theorie des Konstruktivismus als auch auf das Konstrukt der Fremdheit eingeht.

Aus einer anderen Richtung geht *Klaus Seitz* auf die Konstruktion einer nationalen Identität und auf deren verhängnisvolle Bedeutung für die Pädagogik ein.

Im Anschluss daran setze ich mich mit der kulturellen Identität in der Migration auseinander.

Im zweiten Teil des Buches behandeln wir Problemfelder. *Inci Dirim* zeigt am Beispiel der Migrantensprache, wie sich diese transkulturell sowohl für die Mehrheit als auch für die Minderheit entwickelt. Andererseits setzt sie sich auseinander mit der Auswirkung einer Verordnung von Mehrsprachigkeit.

Harry Noormann geht der Frage des Fundamentalismus u. a. am Beispiel von Pfingstkirchen nach.

Irmhild Schrader zeigt mit vielen Beispielen, wie weit das populäre Kino transkulturell durchdrungen ist.

Olga Frik setzt sich mit dem Integrationsproblem von Spätaussiedlern auseinander.

Rainer Schultes Reflexion über die allmähliche Veränderung des Fremdbildes durch die Studienreise bildet gewissermaßen eine Brücke zu dem dritten Teil mit Projektbeispielen.

Isabel Marie Sievers berichtet von Ergebnissen einer Forschung. Das Ziel ist, soziokulturelle Kompetenzen von Studierenden mit Migrationshintergrund Türkei in Deutschland herauszufinden.

Katrin Hauenschild und Meike Wulfmeyer stellen Ergebnisse eines Forschungsprojektes dar, dass sich mit der transkulturellen Identitätsbildung von Studierenden mit und ohne Migrationshintergrund beschäftigt.

Dirk Oesselmann zeigt am Beispiel von sechs Jugendgruppen, wie facettenreich z.Z. der Kampf um Macht und Kultur in verschiedenen ethnischen Gruppen im brasilianischen Amazonasgebiet abläuft.

Während die ersten zwei Projekte ausschließlich unter der Verantwortung der AG Interpäd gelaufen sind, ist das dritte ein Kooperationsprojekt mit der Universität Belém/Brasilien.

Das Buch ist ein gemeinsames Projekt der Arbeitsgruppe 'Interkulturelle Pädagogik' (AG Interpäd). Die AG feiert in diesem Jahr ihr 20jähriges Bestehen. An der Geschichte der AG Interpäd kann man Mode- und Begriffsveränderungen (oder war es schon Paradigmawechsel?) nachlesen. Als wir vor 20 Jahren die AG gründeten, hieß sie noch 'Dritte-Welt-AG'. Nach und nach änderte sich der Name in ,Dritte-Welt-Pädagogik', 'Entwicklungspädagogik', 'Interkulturelles Lernen und Entwicklungspädagogik' und jetzt in 'AG Interkulturelle Pädagogik'. Nun wird heftig in der AG diskutiert, ob der Name nicht wieder in 'Transkulturelle Pädagogik' geändert werden sollte – nach dem Motto, man muss sich ständig ändern, damit man so bleibt, wie man ist.

Zum Schluss muss ich noch gestehen, dass in meiner 18jährigen Amtszeit als Vorsitzender es mir nicht gelungen ist, so ein Projekt an dem alle Mitglieder der AG beteiligt sind, auf die Beine zu stellen. Dass dies jetzt möglich ist, verdanken wir dem jetzigen Vorstandsvorsitzenden *Harry Noormann*. Ohne die redaktionelle Hilfe von *Isabel Marie Sievers, Dietmar Bolscho* und *Harry Noormann* hätte ich sicherlich die Aufgabe des Herausgebers nicht bewältigen können. Wir danken Frau *Ulrike Wiesner* für ihre Geduld und technische Hilfe bei der Erstellung des Buches.

Besonderer Dank gilt meinem langjährigen Freund, Herrn *Walter Sül-
berg*, der trotz aller Widrigkeiten es ermöglicht hat, das Buch terminge-
recht vorzulegen.

Hannover, im April 2005   Asit Datta

Hartmut M. Griese

Was kommt nach der Interkulturellen Pädagogik?

Vorbemerkungen und Fragestellung

Die „Interkulturelle Pädagogik", oftmals ist auch die Rede von „Interkultureller Erziehung", „Interkultureller Bildung" oder „Interkulturellem Lernen", ist zu Beginn des 21. Jahrhunderts ein fest etablierter, aber ambivalenter Bestandteil der Allgemeinen Pädagogik. Sie ist mittlerweile eine anerkannte *Spezialpädagogik*, die, wie die Medien- oder Freizeit-Pädagogik, auch den Anspruch auf *Allgemeinheit* hat. Dabei gilt durchaus das Motto: „Ohne den Aspekt der ‚Interkulturalität' ist alle Pädagogik nichts". Die inter- oder auch multikulturelle Pädagogik ist damit *prototypisch* für die Atomisierung bzw. Ausdifferenzierung der Pädagogik, die gleichsam gezwungen ist, auf jeweils neue Herausforderungen der (post-)modernen und globalisierten (Welt-)Gesellschaft zu reagieren bzw. reagieren zu müssen – um sich immer wieder neu zu positionieren und damit zu legitimieren.

Interkulturelle Pädagogik hat sowohl eine wechselvolle *Vorgeschichte* als auch eine kontrovers diskutierte gegenwärtige Position in der Allgemeinen Erziehungswissenschaft und eine umstrittene (ent-?)politisierende Funktion in der Gesellschaft. In anderen Worten: Interkulturelle Pädagogik ist – wie ihre Vorläufer – mittlerweile in die *Kritik* geraten und ist Gegenstand widersprüchlicher Debatten und heftiger Vorwürfe geworden – bis hin zum „*Rassismus*"-*Verdacht* (vgl. exemplarisch Schweitzer 1994, Griese 2002). Interkulturelle Pädagogik ist - ich beziehe mich nur auf den deutschsprachigen Bereich – in einer bestimmten gesellschaftlich-historischen Epoche im Kontext spezifischer sozial- und erziehungswissenschaftlicher Diskurse aufgekommen, ist aktuell geworden und hat sich anfangs in Form von eigenen Buchreihen (Essinger/ Ukar 1984, Borelli 1986; Band 1 und 2 in der Reihe „*Interkulturelle Erziehung in Theorie und Praxis*"), dann über Handbücher (Garzini/ Müller 1993, Otten/ Treuheit 1994) und (Teil-)Studiengänge oder -fächer institutionalisiert.

Wenn man versucht, die Frage zu diskutieren oder gar zu beantworten: „*Was kommt nach der Interkulturellen Pädagogik?*", ist es demnach sinn-

11

voll und angebracht – und dies bestimmt mein Vorgehen – zuerst die *Vorgeschichte* in ihren Phasen kurz zu skizzieren, dann die gegenwärtige *Kritik* in ihren Schwerpunkten zu markieren und zuletzt gleichsam unterschiedliche *Szenarien* für die mögliche zukünftige Weiterentwicklung oder gar die „Überwindung" der Interkulturellen Pädagogik zu prognostizieren.

I. Von der Gastarbeiterforschung zur Interkulturellen Pädagogik

Will man die Entwicklung zur Interkulturellen Pädagogik aufzeigen, bietet sich m.E. folgendes *Phasenmodell* an (vgl. dazu Griese 1995 oder Griese 2002, S. 62ff), das in Abhängigkeit von „*ausländerpolitischen*" Maßnahmen (z.b. „Anwerbestopp" 1973, Kühn-Memorandum 1979) und vor allem von *Paradigmenwechseln* in den Sozialwissenschaften, insbesondere der Soziologie (von Struktur zu Kultur), und der davon abhängigen Erziehungswissenschaft beeinflusst ist. Daran wird m. E. erkenntlich, dass die jeweilige theoretische Perspektive einerseits durch die Kritik an ihr quasi aufgeweicht und modifiziert wird und andererseits durch Versuche der Überwindung der kritisierten Aspekte durch Gegenmodelle abgelöst wird. So wechseln sich z.b. Makro- und Mikroperspektive ab, stärker sozialwissenschaftliche Konzepte mit eher pädagogischen Ansätzen sowie gesellschaftskritische mit stärker harmonisierenden Sichtweisen. Im Folgenden gebe ich daher nur theoretische Stichworte sowie exemplarisch typische Titel einschlägiger Publikationen wieder.

- Die Phase der „*Gastarbeiterforschung*" (ca. 1970 – 1975): Sozialwissenschaftlich orientiert, Theorem der „*Unterschichtung der Sozialstruktur*", gesellschaftskritisch-neomarxistische Theoriebasis, Makrotheorie der Migration mit Blick auf die „Gastarbeiter" (erste Generation) ohne pädagogische Intentionen; „*Ausländerbeschäftigung und Imperialismus – Die Arbeiterklasse im Spätkapitalismus*" (Das Argument 1971); „*Politische Ökonomie der Gastarbeiterfrage – Migration und Kapitalismus*" (Nikolinakos 1973).

- Die Phase der „*Ausländer-Pädagogik*" (ca. 1976 – 1981): „Sonderpädagogik für „Ausländer(kinder)" (Niekrawitz), pädagogischer Blick auf die „Zweite Generation", deren „Defizite", „Integrationsprobleme", „Kulturkonflikte" und sprachlich-schulische Schwierigkeiten – daher auch „*Defizit- oder Integrationspädagogik*" genannt, Mikrotheorie, „good-will-Pädagogik" ohne Gesellschaftsbezug; „*Unterricht mit ausländischen Kindern*" (Hohmann 1976), „*Zur Integration der Ausländer im Bildungsbereich. Probleme und Lösungsversuche*" (Langenohl-Weyer 1979).

- Parallel dazu (seit 1976) entwickelte sich eine mehr soziologisch orientierte empirische Forschung und eine sozialisationstheoretische Perspektive; „Die Zweite Generation. Sozialisation und Akkulturation ausländsicher Kinder in der Bundesrepublik" (Schrader/ Nikles/ Griese 1976), „Sozio-kulturelle Probleme junger Türkinnen in der Bundesrepublik Deutschland" (Weische-Alexa 1978).

- Die Phase der „*Kritik der Ausländer-Pädagogik*" (ca 1981 – 1985): Politisierung der Thematik, Theorem der „*Pädagogisierung gesellschaftlicher Probleme*", Makrotheoretische Sichtweise (gesellschaftliche Funktion der „Ausländer-Pädagogik"), Kritik der kompensatorischen Integrations- und Defizitorientierung, Postulat einer emanzipatorischen und politischen Differenzpädagogik mit politischem Anspruch; „*Ausländer – Zwischen Politik und Pädagogik*" (Griese 1981), „*Der gläserne Fremde. Kritik der Gastarbeiterforschung und der Ausländerpädagogik*" (Griese 1984).

- Die Phase „*Übergang zur Interkulturellen Pädagogik*" (Mitte der 80er Jahre): Der Begriff „Interkulturelle Pädagogik" wurde m. W. erstmals 1981 (Essinger) genannt; Versuche, die Kritik an der „Ausländer-Pädagogik" positiv und terminologisch zu wenden und die pädagogische Perspektive für die Theorie und vor allem Praxis zu „retten"; das Jahr 1984 muss m.E. als Wendepunkt des Übergangs von der Ausländer-Pädagogik zur Interkulturellen Pädagogik charakterisiert werden. Erstere etablierte sich durch das „*Handwörterbuch Ausländerarbeit*" (Auernheimer 1984); gleichzeitig konnte man die Kritik der Ausländer-Pädagogik durch den „gläsernen Fremden" (Griese 1984) sowie ihre Ablösung durch den Beginn der Buchreihe „Interkulturelle Erziehung in Theorie und Praxis" (1984) beobachten. Als „*vier Prinzipien für eine interkulturelle Erziehung*" werden von Essinger (1986, S. 76ff) z.B. genannt: „1. Erziehung zur *Empathie*", 2. „Erziehung zur *Solidarität*", 3.

„Erziehung zum interkulturellen *Respekt*" und 4. „Erziehung *gegen* das Nationaldenken".

- Die Phase der „*Etablierung und Ausdifferenzierung der Interkulturellen Pädagogik*" (Ende der 80er Jahre bis zur Gegenwart): Systemtheoretisch gesprochen hat sich die Interkulturelle Pädagogik durch Ausdifferenzierung zum einen in das pädagogische Wissenschaftssystem und zum anderen in die als „*multikulturell*" bezeichnete Gesellschaft „integriert": „Internationale Verständigung", „Dialog der Kulturen", „Friedenserziehung", „antirassistische Erziehung", „Erziehung zur Toleranz", „interkulturelle Kompetenz" usw. als eher *pädagogische* Varianten sowie „interkulturelle Öffnung" und „institutionelle Diskriminierung" als *institutionenkritische* und „Migration und Rassismus" als *gesellschaftskritische* Bereiche einer nunmehr etablierten Wissenschaftsdisziplin. „Interkulturell" bzw. „multikulturell" sind zu festen Bestandteilen nicht nur der pädagogischen, kultur- und sozialwissenschaftlichen Fachterminologie, sondern auch in der Alltagssprache von Medien und Politik avanciert. Polemisch gesprochen: „Ohne Inter-Multi-Kulti geht nichts mehr".

II. „Kritik der Interkulturellen Pädagogik"

Seit Ende der 80er Jahre setzte parallel zur Etablierung der Interkulturellen Pädagogik auch eine mehr oder minder scharf pointierte Kritik an ihrer Idee und theoretisch-praktischen Konzeption ein. So habe ich bereits vor zehn Jahren geschrieben: „Dieser Siegeszug der interkulturellen Pädagogik ist nicht unwidersprochen geblieben; seit Ende der 80er Jahre hat sich wieder Kritik daran geregt" (Griese 1995, S. 87). Angesichts der Ausdifferenzierung (vgl. oben) ist auch die Kritik an den jeweiligen Varianten sowie an der Gesamtkonzeption der Interkulturellen Pädagogik entsprechend komplex und beinahe schon „unübersichtlich" geworden: die Probleme der „*Ausländer-Pädagogik*" sind bestenfalls terminologisch, nicht aber grundsätzlich überwunden; der „*Kulturbegriff*" bleibt die „Gretchenfrage" („sag, wie hast du's mit „Kultur"?); ein latenter „*Kultur-Rassismus*" durchzieht das Denken in interkulturellen Kategorien; es wird gemäß der Differenzperspektive weiterhin *ethnisiert*, stigmatisiert und entpolitisiert; es überwiegt der Blick auf kulturelle Ungleichheiten statt auf „strukturelle Gewalt"; „Interkulturalität" wird zur *ideologischen Leerformel*, zum Catchall-, Container- und Staubsaugerbegriff; „alles scheint sich in Kultur aufzulösen", *"Kulturfixiertheit* pädagogischen Denkens"; „in ihren Begriffen werden Ungleichheitslagen in Kulturprobleme umdefiniert und damit nicht lösbar gemacht, sondern verschärft" (Hamburger 1995, S. 7 - 8); Interkulturelles Lernen entpuppt sich bei näherem kritischen Hinsehen als „*neue Sozialtechnologie*" für die „halbe Integration" und die „ganze Kontrolle" der Migranten und als Beschwichtigungsformel und Valium für kritische Bürger und Pädagogen (Radtke 1992).

Diese Stichworte zur „*Kritik der Interkulturellen Pädagogik*" (vgl. ausführlich dazu meine Aufsatzsammlung aus 20 Jahren, Griese 2002) müssen an dieser Stelle genügen, da bereits 1990 festgestellt wurde: „Die gegenwärtige Diskussion um interkulturelle Pädagogik verläuft sehr vielschichtig und ist daher nur schwer auf einen Nenner zu bringen" (Niekrawitz 1990, S. 46). Und 1994 konstatierte Schweitzer (Umschlagtext): „Interkulturelles Lernen ist keineswegs – wie in Deutschland propagiert – von vorneherein als positives Konzept zur Überwindung von Fremdenfeindlichkeit und Rassismus zu betrachten ... Interkulturelles Lernen ... fördert Anpassung und soziale Ausgrenzung der ‚Fremden' ... *Interkulturelles Lernen und rassistische Politik* schließen einander nicht gegenseitig aus, sondern sind nur zwei Seiten der gleichen Medaille".

Nach wie vor existiert m.E. in der Interkulturellen Pädagogik eine äußerst problematische Terminologie: Begriffe wie „Kultur", „Interkulturalität, „multikulturelle Gesellschaft", „Integration", „Differenz", „Toleranz", „Ethnie", „Fremdheit", „Identität", „ausländische Jugendliche", „Dialog der Kulturen" sind zielbestimmend, aber: Jemanden „*tolerieren*", darauf hatte schon Goethe hingewiesen, bedeutet quasi eine Beleidigung: Ich *dulde* jemanden, den ich eigentlich ablehne! Und *Ethnie* – vgl. Max Weber – bedeutet nichts „wirkliches", sondern nur der „*Glaube* an etwas Gemeinsames" in Form einer „kollektiven Identität"; „Ethnie" ist also ein „soziales Konstrukt", ein „Gemeinschaftsglaube", eine Zuschreibung, und in einen „Dialog treten" können nur Menschen, nicht „Kulturen". In Anbetracht dieser und anderer Begriffsprobleme habe ich daher von „*Gefangen im ideo-*

logischen Netz der Terminologie" gesprochen (Griese 2002, S. 159ff) und für eine „begriffliche Rekonstruktion" plädiert, die sich z.b. an den soziologischen Klassikern orientiert (vgl. dazu Merz-Benz/ Wagner 2002; darin die Texte von Simmel 1908, Park 1928 und Schütz 1944). Hinsichtlich des „Fremden" kommt Simmel z.b. ganz ohne Verwendung des Kulturbegriffs zu hochinteressanten und relevanten theoretischen Erkenntnissen, und Park spricht bei der „*Randpersönlichkeit*" immer auch vom „Grenzbereich zwischen zwei *Gruppen* (!), *Klassen* (!) oder Kulturen" (! von mir).

Inwieweit eine begriffs*un*kritische Interkulturelle Pädagogik sich in den Köpfen auch von „interkulturellen Experten" festgesetzt hat bzw. wie sich Idee und Konzept der „Ausländer-Defizit-Integrations-Pädagogik" (ich bitte für den Terminus um Entschuldigung) beharrlich aller Kritik gegenüber unaufgeklärt konstant verhalten, kommt z.b. darin zum Ausdruck, dass ich nach wie vor Anfragen für Vorträge zu folgenden Themen erhalte: „*Integrationsprobleme ausländischer Jugendlicher*" (ein Missklang dreier Begriffe) oder „*Ausländerintegration*" (*Aus*-Länder können sich nicht *integrieren*). Interkulturelle Pädagogik samt ihrer Terminologie, die zumeist noch aus der „Ausländer-Pädagogik" stammt, ist zur *Institution* geworden, hat sich – gedanklich, konzeptionell, theoretisch und praktisch (empirische Forschung existiert kaum) – verfestigt, hat eigene Weisen der Legitimation und Präsentation entwickelt und erfüllt eine gesamtgesellschaftliche *Funktion* (vgl. oben: „halbe Integration" und „volle Kontrolle" der Migranten; „Valium" und „Entpolitisierung" der einheimischen Sympathisanten; „Pädagogisierung" und „Ethnisierung sozialer Konflikte"; Bereitstellung von „ideologischen Leerformeln" und Legitimationstermini für alle wissenschaftlichen, politischen, medialen und pädagogischen Zwecke; neue ambivalente Querschnitts-Pädagogik oder gar „pädagogische Allzweckwaffe").

Exkurs: Zur Ausdifferenzierung der Interkulturellen Pädagogik

Die Interkulturelle Pädagogik hat sich seit Ende der 80er Jahre teils intern und disziplinspezifisch, teils als Reaktion auf die geäußerte Kritik hin modifiziert und letztlich dadurch ausdifferenziert und wurde zur *allgemeinen Spezialpädagogik* (klingt widersprüchlich, trifft aber den Kern der Entwicklung) für alle Altersgruppen – beginnend mit dem Kindergarten über die Jugendarbeit bis hin zur Erwachsenenbildung (vgl. exemplarisch Schneider-Wohlfahrt 1990). Schule ist allerdings ihr pädagogischer Fokus und praktisches Arbeitsfeld geblieben. Ansätze zur „interkulturellen Altenbildung", verstanden als Betreuungspädagogik und caritative Altenhilfe hinsichtlich der „ersten Generation" zeichnen sich ab. Auch die *„vergessene Generation"* (Griese), die ihre Arbeitskraft nicht mehr verkaufen kann, aber aus Gründen der Familienbindung zu Kindern und Enkelkindern sowie der besseren medizinisch-gesundheitlichen Betreuung in Deutschland geblieben ist oder, jahreszeitlich bedingt, „rotiert", wird gegenwärtig als Zielgruppe entdeckt.

Pädagogikintern wurde Interkulturelle Pädagogik auch als *„Friedenserziehung"* proklamiert (Zimmer) und als „(interkulturelle) *Erziehung für Europa"* aktualisiert und politisch instrumentalisiert. Als Reaktion auf die Kritik der „Pädagogisierung" und „Entpolitisierung" wurde Interkulturelle Pädagogik als *„politische Bildung"* konzipiert (so z.b. bei Otten/ Treuheit 1994) und ging in das (traditionelle) Konzept einer *„antirassistischen Erziehung"* auf, die dann wieder den Anspruch hat, auch gesellschaftskritisch zu sein und politisch wirken zu wollen (vgl. Institut für Migrations- und Rassismusforschung 1992). Über die Migrations- und Rassismus-Thematik werden theoretische Brücken von der (interkulturellen) Mikrotheorie zur (internationalen) Makrotheorie von *„Migration und Rassismus"* geschlagen (ebd.).

Die Kritik am „Toleranz"-Begriff (vgl. oben) bzw. an der Interkulturellen Pädagogik als „Erziehung zur Toleranz" führte zur Modifizierung und Schwerpunktverlagerung der Terminologie in reformpädagogischer Tradition hin zu *„Erziehung zu Anerkennung und Respekt"*, so dass man zu einem Kontinuum des pädagogischen Umgangs mit „Fremden" oder „Anderen" gelangt, das von *„Diskriminierung/ Rassismus"* an einem Pol über *„Ignoranz"* zur Mitte *„Toleranz"* und von dort über *„Takt/ Anstand"* zu *„Respekt/ Anerkennung"* am anderen Pol führt. Eine andere Version eines solchen Kontinuums würde z.B. – nunmehr in systemtheoretischer Perspektive – von *„Exklusion"* zu *„Inklusion"* reichen.

Diese Prozesse der internen Ausdifferenzierung oder Modifizierung auf Grund externer Kritik haben zu einer Art „neuen Unübersichtlichkeit" der Interkulturellen Pädagogik geführt, die wiederum Zwischenbilanzen und/oder Bestandsaufnahmen notwendig mach(t)e. Einen solchen Versuch hat zuletzt Auernheimer (2003, S. 104ff) vorgelegt.

Der Autor konstatiert eine „Programmatik mit interkulturellem Vorzeichen ... ab Anfang der 80er Jahre", die sich aus „Philanthropismus", pragmatischem Engagement und aus „Impulsen der 68er Bewegung" speiste. Lange Zeit gab es so gut wie keine Kooperationen oder gemeinsame Projekte, welche Interkulturelle Pädagogik mit der Familien- oder Jugendforschung zusammenführte – „Domäne der interkulturellen Erziehung war – oder ist – die Schule" (ebd., S. 105). Erst die Shell-Studie „Jugend 2000" und der „Sechste Familienbericht" (2000) sowie Studien des DJI (Deutsches Jugendinstitut, Weidacher 2000) haben diese Isolation um die Jahrhundertwende durchbrochen.

Durch das DFG-Schwerpunktprogramm FABER („Folgen der Arbeitsmigration für Bildung und Erziehung") kam Bewegung in die Debatte um die Interkulturelle Pädagogik, da der Fokus nunmehr auf die Institutionen (und deren Funktion) gelenkt wurde. „Nicht mehr die Defizite der Migranten oder Migrantenfamilien, sondern die der deutschen Institutionen rückten ins Blickfeld" (ebd., S. 106). Die Folge dieses Perspektivenwandels in kritischer Hinsicht waren die Konzepte der „Institutionellen Diskriminierung" (exemplarisch Gomolla/ Radtke 2002) und der „Interkulturellen Öffnung". Über die Kritik an den (pädagogischen) Institutionen Kindergarten, Schule, Sozial- und Jugendarbeit gelangte das pädagogische Personal in den Blickpunkt kritischer Analysen, was zum Konzept der „Interkulturellen Kompetenz" sowie heftigen Debatten um diesen Terminus und seine inhaltliche Füllung führte.

Kritisch angemerkt am Konzept der „interkulturellen Kompetenz" wird z.B.: Der Blick auf das Personal lenkt von den institutionellen Zwängen und Eigeninteressen ab, entlastet also die Institutionen; weiterhin bleibt man dem Kulturalisierungseffekt unterworfen, lenkt aber die Aufmerksamkeit auf jene, auf die es letztlich in der pädagogischen Praxis ankommt, die Fachkräfte und deren fehlende oder mangelnde Professionalität. Damit ist

18

man aber wieder bei einem *Defizitkonzept* angelangt, das eigentlich überwunden werden sollte, was nunmehr erneut zu Forderungen nach mehr Pädagogik im Sinne von Weiter- und Fortbildung führt. In anderen Worten: Die Pädagogik zieht sich quasi am eigenen (Fortbildungs-) Schwanz aus dem Sumpf (der Interkulturellen Pädagogik), den sie selbst produziert und konstruiert (Defizitorientierung zu Legitimationszwecken) oder hinterlassen (entpolitisierender Kulturrassismus) hat.

Interkulturelle Pädagogik ist zu Anfang des 21. Jahrhunderts sowohl von *konsensfähigen* Prämissen als auch von theoretischen *Kontroversen* gekennzeichnet. Konsensfähig sei, so Auernheimer (2003, S. 106f), dass „*Kultur*" nicht als statisches, homogenes, hermetisch geschlossenes System betrachtet werden dürfe", dass „*Identität*" eher ausgehandelt und daher „Patchwork-Charakter" habe und dass „*Selbstreflexion*" zum „vorrangigen Ziel geworden ist". Der mühsam errungene Konsens schützt jedoch nicht vor Kontroversen. So bleibt „Kultur" als Begriff und Konzept *ideologieanfällig*, zeige immer eine „Tendenz zur *Homogenisierung*" und verleugne „gesellschaftliche *Machtverhältnisse*" – die Kritik kehrt immer wieder in den interkulturellen Diskurs zurück. Weiter ist „die Rede von ‚*kultureller Identität*' im heutigen Stadium der Immigration angesichts kultureller Transformationen und speziell jugendlicher Lebensstile für viele endgültig fragwürdig geworden" (ebd., S. 108). Es scheint daher angemessener, von „*hybriden Identitäten*" zu sprechen – ich komme darauf zurück.

Insgesamt sieht es so aus, als werde die Interkulturelle Pädagogik – trotz aller Kritik und Versuchen der selbstreflexiven konsensfähigen Neuorientierung – an ihren problematischen Hauptbegriffen – wider besseren Wissens um die Konnotationen und ideologischen Assoziationen dieser Konzepte – festhalten: „*Kultur*", „*Identität*", „*Integration*".

III. Was kommt nach der Interkulturellen Pädagogik?

Im Folgenden versuche ich, mögliche Entwicklungen bzw. zukünftige Tendenzen der Interkulturellen Pädagogik in Form eines prognostischen Szenarios zu entwerfen.

a.) **„Interkulturelle Kompetenz"** und weitere Modifikationen der Interkulturellen Pädagogik"

Es ist abzusehen, dass sich das Konzept *„interkulturelle Kompetenz"* weiter durchsetzen und etablieren wird, da sich der Kompetenzbegriff (zwischen Bildung und Qualifikation angesiedelt) gegenwärtig großer Beliebtheit in allen pädagogischen Teilbereichen, vor allem der Erwachsenen- und Weiterbildung, erfreut. Während *„Bildung"* in der Regel als Selbstzweck ohne direkten Bezug zur beruflichen Verwertbarkeit gesehen und proklamiert wird (allerdings zeit-geist-gemäß immer weniger zweckfrei postuliert und am Ende uminterpretiert wird als Schul-, Berufs- oder Weiterbildung) und *„Qualifikation"* eindeutig berufs- bzw. arbeitsweltbezogen definiert wird (vgl. „Qualifizierungsoffensive"), soll *„Kompetenz"* jene Fähigkeiten und Fertigkeiten beinhalten, die zwischen beiden Aspekten vermitteln und diese Kluft überwinden. Was jedoch *„interkulturelle Kompetenz"* konkret und inhaltlich präzise meint (Mehrsprachigkeit? Empathiefähigkeit? Kritische Selbstreflexion? Pädagogische Professionalität? etc.), darüber herrscht – wie nicht anders zu erwarten in postmodernen Zeiten – keineswegs Einigkeit (vgl. zum Begriff der „interkulturellen Kompetenz" Auernheimer 2002).

Zusatz: Zum Bereich *„Modifikationen"* gehören auch die oben erwähnten und mittlerweile zumeist etablierten Konzepte der *„antirassistischen Erziehung"*, der *„interkulturellen Öffnung"* sowie der *„institutionellen Diskriminierung"*, so dass sich hier ein großes Feld bereits ausdifferenzierter Tendenzen und Varianten der Interkulturellen Pädagogik auftut. Im Folgenden sollen schlaglichtartig *neuere*, d.h. noch nicht etablierte, aber gegenwärtig (an)diskutierte Ansätze zur Weiterentwicklung oder Überwindung der Interkulturellen Pädagogik aufgezeigt werden.

b) *„Transkulturalität"* - ein „neues Leitbild für Bildungsprozesse"?

„Sowohl das Konzept der ‚Multikulturalität' als auch das Konzept der ‚Interkulturalität' werden derzeit immer häufiger von dem Begriff der ‚Transkulturalität' ersetzt" (Klinkhammer 2003, S. 102). Damit erhofft man sich zum einen eine Überwindung des „schablonenhaften Kulturalismus" und zum anderen pädagogisch-idealistischer Hoffnungen, die im Konzept der „interkulturellen Kompetenz" gesehen werden, denn (ebd.): „Eine Schulung in interkultureller Kompetenz (wirkt) in einer Situation von institutionellem Rassismus geradezu kontraproduktiv".

Was meint nun „*Transkulturalität*"? Der Terminus geht auf den Philosophen Welsch (1995) zurück, der damit die komplexe Alltagssituation in heutigen funktional ausdifferenzierten globalisierten (Welt-Migrations-)Gesellschaften adäquat beschreiben möchte. Angesichts von Mobilität, Grenzüberschreitungen und Globalisierung lassen sich „Eigenkultur" und „Fremdkultur" nicht mehr voneinander trennen. Die Folge ist: „Wenn ein Individuum durch unterschiedliche kulturelle Anteile geprägt ist, wird es zur Aufgabe der Identitätsbildung, solche transkulturellen Komponenten miteinander zu verbinden" (ebd.).

Die „*Gefahr*" dieses Konzeptes liegt allerdings darin, reale „kulturelle Differenzen" zu negieren. Als „*Problem*" kann man sehen, dass „Kultur" (nicht „Struktur", „Macht", „Ungleichheit" etc.) der Fokus der Aufmerksamkeit bleibt. Inwieweit die „transkulturelle Perspektive" für eine Pädagogik fruchtbar gemacht werden kann und dadurch Probleme der Interkulturellen Pädagogik, z.B. das Denken in Differenzen oder Polarisierungen (Wir und die Anderen, eigen – fremd, innen - außen usw.) eventuell überwinden hilft, informiert Bolscho (in diesem Band).

c) *„Sozio-kulturelle Kompetenzen"* – eine neue Perspektive?
In einem binationalen deutsch-türkischen Forschungsprojekt zum Thema *„Sozio-kulturelle Kompetenzen von Studierenden mit dem Migrationshintergrund Türkei"* (ausführlich zu dieser Theorieperspektive vgl. Sievers in diesem Band) konzentrieren wir uns u.a. auf die besonderen Fähigkeiten (z.B. *Empathie*), Kenntnisse (*Mehrsprachigkeit*, Politik und Geschichte), Merkmale (Individualisierungstendenzen, *hybride Identitäten* – „ich denke deutsch und fühle türkisch"), Einstellungen (zu „Integration", Diskriminierungen) und Sichtweisen (z.B. der Gesellschaft) von jungen Menschen mit Migrationshintergrund, die bisher eine Art „*erfolgreiche*" Sozialisation durchlaufen haben und als „*integriert*" im Sinne von Schulabschluss, Abitur und „dazu gehören" bzw. „inkludiert sein" gelten können. Ziel ist u.a., von der üblichen Defizit-, Problem-

und Konfliktperspektive der pädagogischen Migrationsforschung weg-
zukommen und konkrete *„Problemlösungen"* aufzuzeigen. Wir erhoffen
uns u.a., dass Fragestellung, Terminologie und Forschungsdesign auch
(wissenschafts-)politische Folgen, z.b. ein *positive(re)s* Bild von Einwanderung und Migranten, zeitigen werden.

d) *„Kulturelle Universalien"* – zurück zur Kulturanthropologie?
In einem weiteren binationalen, nunmehr deutsch-polnischen Projekt
„Kulturelle Universalien im interkulturellen Vergleich", konzentrieren
wir uns auf die alte kulturanthropologische Frage, was allen (!) Menschen jenseits (!) aller Kulturen und Epochen gemeinsam (!) ist; was an
allen Orten zu allen Zeiten Menschen miteinander teilen, was „universell" und kulturübergreifend ist. *Anthropologische Grundprämisse* ist:
Jeder Mensch ist zugleich einzigartig und allgemein; jeder Mensch hat
Individualität und ist allgemeines Mitglied der Gattung Mensch.

Während *Sozialisation* uns jeweils biographisch *einzigartig* (persönliche Identität) und auch *gesellschaftlich* allgemein (soziale Identität)
macht, hat die *Evolution* uns *global* allgemein gemacht. Sie hat die Gattung „homo sapiens" hervorgebracht. Es gilt daher zu fragen und zu untersuchen: Was ist dieses „allgemeine", „universelle", das in allen Kulturen und Epochen auffindbar ist? Und welche Bedeutung und Relevanz
können „kulturelle Universalien" (falls es sie gibt !?) für pädagogische
Erkenntnisse und Prozesse haben? Der (pädagogische) Blick richtet sich
nunmehr auf Individuen als Mitglied der *„Gattung Mensch"*, denn: Was
alle Menschen gemeinsam haben, muss von Relevanz für alltägliches
Handeln und Verstehen, gerade in pädagogischen Kontexten, sein.

Die Ethnologie bzw. Kulturanthropologie als „Wissenschaft von den
Unterschieden und *Gemeinsamkeiten* (!) zwischen den Kulturen und
Gesellschaften der Gegenwart und Vergangenheit" (Streck 1987, S. 7)
hat sich in etlichen „kulturvergleichenden Studien" auf die Suche nach
„kulturellen Universalien" gemacht (vgl. die „Human Relation Area Fi-
les" seit 1937). Beispiele sind „Musik", „Trauer", „Freude", „Liebe"
etc.. Für Soziologen sind z.B. „Herrschaft" und „Ungleichheit" univer-

sell (vgl. Dahrendorf 1961). Aber wie steht es mit dem „Inzestverbot",
mit „Arbeitsteilung" oder „Eigentum"?

Das Konzept der „kulturellen Universalien" stand und steht schon
immer – wie alle Anthropologie – unter Ideologieverdacht, denn es tau-
chen Fragen auf wie: Ist „Familie" universell? Ist das „Streben nach
Glück" oder „Anerkennung" universell? Ist „Religion" eine „kulturelle
Universalie"? Brauchen Menschen „Heimat"? Gibt es eine „universelle
Moral" und/ oder „universelle Werte"? Sind die „allgemeinen Menschenrechte" „universell" oder „kontextabhängige" und interessengelei-
tete Konstrukte? Kulturelle Universalien provozieren Debatten.
Es wird aber auch kritisch gefragt bzw. aufreizend konstatiert (Payer,
in: www.payer.de/kommkulturen/kultur02.htm) – und das ist in unserem
Kontext relevant: „Kulturelle Universalien als Voraussetzung für interkulturelle Kommunikation"! Argumentiert wird äußerst radikal: „Wären
verschiedene Kulturen nur verschieden und lägen ihnen nicht gemeinsame menschliche Züge zugrunde, dann wäre Kommunikation zwischen
Menschen aus verschiedenen Kulturen nur so beschränkt möglich wie
Kommunikation mit Tieren aus anderen Gattungen" (ebd.; vgl. auch
www.sfb511.uni-konstanz.de/publikationen/universalien.html).
Der Fokus der Betrachtung liegt im Konzept der „kulturellen Universalien" nicht beim (kulturell oder individuell) Besonderen oder bei (kulturellen) Differenzen, sondern bei Gemeinsamkeiten? Das Differenz-Para-
digma wird ergänzt durch das „Universalitäts-Paradigma". Damit er-
öffnen sich neue humanwissenschaftliche Fragen und pädagogische
Möglichkeiten (zum o.g. Projekt liegen ausführliche Arbeitspapiere mit
Literaturrecherchen und Vortragsmanuskripte vor; eine umfangreiche
Projektpublikation in polnischer (!) Sprache ist in Vorbereitung).

e) „Entkulturalisierung" – „Individualisierung" und das Konzept der „intersubjektiven Bildungsarbeit"
Als mögliche Reaktionen auf die vielseitig geäußerte Kritik an der Interkulturellen Pädagogik, insbesondere am Kulturbegriff und -konzept,
bieten sich zwei „Lösungen" an:

- *Ein individualistischer Kulturbegriff:* „Kultur" als deskriptive und a-
  nalytische Kategorie wird, im Anschluss an das Theorem der *„Individualisierung"*, nur (noch) in Bezug auf das einzelne, einzigartige
  Individuum verwendet. Jeder Mensch ist biographisch und von den
  Sozialisationserfahrungen und Lernprozessen her einzigartig (vgl.
  oben), d.h. hat eine ganz spezifische individuelle „Kultur" – verstanden als Lebensweise, Lebensstil, Arbeitsverhalten, Denkweise, Gewohnheiten, Art der Gestaltung und Planung des Alltags und Lebens.
  „Kultur" wird hier zu einem individuellen (!) Merkmal und unterscheidet Menschen von einander. Diesen *individualistischen Kulturbegriff* würde ich gegenwärtig favorisieren, weil man davon ausge-
  hen kann, dass sich der Kulturbegriff auf Grund seiner alltäglichen,
  medialen, politischen und wohl auch wissenschaftlichen Beliebtheit
  nicht (mehr) vermeiden lässt. Entsprechend diesem Kulturkonzept
  gibt es dann auch nur *„individuelle Identitäten"*.
- *Das Konzept der „intersubjektiven Bildungsarbeit" (vgl. ausführlich*
  dazu Griese 1996 und 2002, S. 91ff). Da jeder Mensch einzigartig
  ist, ist „Fremdheit" universell, wird zur Normalität und hebt sich
  quasi selbst auf. Wenn es nur noch „Fremde" gibt, gibt es keine
  „Fremden" mehr, nur noch Subjekte, die sich als einzigartige Mitglieder der Gattung Mensch begegnen. Bildungsarbeit ist nur kommunikativ möglich. Die Basis für Verständigung ist die Einsicht,
  dass wir alle allgemein und einzigartig sind, eben Subjekte. Das Subjekt (vom lateinischen Wortsinn her) ist der eigentlich unterworfene
  Mensch (sub-icere), der sich über Bildung befreien, emanzipieren
  und zu sich selbst kommen kann. „Subjekt heißt, zugleich einmalig
  und gleich zu sein ... Individualität und Globalität bzw. Subjekt und
  Menschheit werden zu wesentlichen Kategorien" der intersubjektiven Pädagogik (Griese 2002, S. 95).

  Kommunizieren, pädagogisch Handeln kann ich nur auf der Grundlage einer *Annahme von Inter-Subjektivität.* Der Andere ist, wie ich,
  Subjekt, einzigartiges Mitlied der Gattung Mensch. Damit ver-
  schwinden Distanzen und Differenzen, welche die Bildungsarbeit in
  der Regel erschweren oder gar unmöglich machen (Begegnung auf

Augenhöhe mit wechselseitigem Respekt). „In der pädagogischen Situation geht es dann um Verständigung zwischen Subjekten, d.h. um die *Herstellung von Inter-Subjektivität*, die wiederum Voraussetzung für die weitere Kommunikation im pädagogischen Prozess ist ... In der Bildungsarbeit geht es ... um die ‚Verständigung über Perspektiven‘, d.h. über Sichtweisen, Auffassungen, Deutungen, Interpretationen, Ideologien, um Verständigung über Konstrukte" (ebd., S. 95f).

„Intersubjektive Bildungsarbeit" ist primär ein Konzept für die Jugend- und Erwachsenenbildung, das sich als „*politische Bildung und Ideologiekritik*" versteht, das Konstrukte (Ideen, Ideologien, Alltagstheorien) und Ergebnisse menschlichen Handelns (Institutionen, Gesetze .... bis hin zu pädagogischen Auffassungen, Theorien und Gesellschaftsbildern) zum Gegenstand hat. So kann z.b. die Interkulturelle Pädagogik selbst (als Idee, Konstrukt) zum Gegenstand der intersubjektiven Bildungsarbeit werden. Intersubjektive Bildungsarbeit „anerkennt die Gleichheit der Menschen, aber die Ungleichheit (Differenz) ihrer Konstrukte und Ideologien", die daher zu ihrem Gegenstand werden (ebd., S. 96).

Ausblick

Wohin und wie sich die Interkulturelle Pädagogik entwickeln oder verändern wird, ist angesichts der Ungewissheit der gesellschaftlichen und wohl auch wissenschaftsinternen Entwicklung ungewiss. Ich habe versucht, einige mögliche Tendenzen und Richtungen kurz (meist zu kurz) zu skizzieren.

Als allgemeinste und schwerwiegendste Kritik gilt aber: Interkultureller Pädagogik mangelt es nach wie vor an theoriegeleiteter *empirischer Forschung*, die dann wieder theoriegenerierend wird und wirkt. Allerdings zeichnen sich in der empirischen Forschung in jüngster Zeit m.E. Tendenzen ab, die diesen Mangel langfristig beheben können. Neuere, vor allem *qualitative* Studien (exemplarisch erwähne ich Gültekin 2003, Juhasz/ Mey 2003, Pollock/ Van Reken/ Pflüger 2003 – vgl. dazu meine Rezensionen in socialnet.de), gelangen zu interessanten und weiterführenden Erkenntnissen, die im Einklang mit meinen Prognosen stehen. Als Stichworte müssen hier genügen: „*Third Culture Kids*" als „hochmobile, *transkulturelle* junge

Leute", die in einer „kulturübergreifenden Welt", in einer „Drittkultur" mit „eigenem *Lebensstil*" und „eigenen Besonderheiten" leben; Migranten als „*Etablierte oder Außenseiter*" (Elias) mit einer besonderen *Kapitalausstattung* (Bourdieu), was den Blick auf *Struktur* statt Kultur lenkt und auf die Einzigartigkeit der *Biographien* oder die Analyse des Zusammenhangs von „*Bildung, Autonomie, Tradition und Migration*", welche „Migration als *individuelles* Projekt und *familienorientierten* Prozess" begreift und Migrationsprozesse und ihre Folgen immer multiperspektivisch betrachtet. Aus „interkultureller Kompetenz" wird dann eine „*Perspektivenerweiterungskompetenz*" im Kontext einer „*Theorie der Multiperspektivität*".
Alles in allem: Es kommt Bewegung in die Interkulturelle Pädagogik – und das ist gut so.

Literatur:
Das Argument: Ausländerbeschäftigung und Imperialismus – die Arbeiterklasse im Spätkapitalismus. Jg. 13, Nr. 68/ 1971.
Auernheimer, G. (Hg.): Handwörterbuch Ausländerarbeit. Weinheim 1984.
Ders. (Hg.): Interkulturelle Kompetenz und pädagogische Professionalität. Opladen 2002.
Ders.: Interkulturelle Pädagogik. Eine kritische Zwischenbilanz. In: Zeitschrift für Pädagogik und Theologie. 55. Jg. 2003. S. 104 – 113.
Behrendt, G. M./ Saris, S. (Hg.): Zur Geschichte der Arbeitsmigration. Hildesheim 1995.
Borelli, M. (Hg.): Interkulturelle Pädagogik. Positionen – Kontroversen – Perspektiven. Baltmannsweiler 1986.
Dahrendorf, R.: Über den Ursprung der sozialen Ungleichheit unter den Menschen. In: Recht und Staat in Geschichte und Gegenwart. Heft 232. Tübingen 1961.
Deutsche Shell (Hg.): Jugend 2000. 2 Bände. Opladen 2000.
Essinger, H./ Ucar, Ali (Hg.): Erziehung in der multikulturellen Gesellschaft. Versuche und Modelle zur Theorie und Praxis einer Interkulturellen Erziehung. Baltmannsweiler 1984.
Essinger, Helmut: Interkulturelle Pädagogik. In: Borelli (1986). S. 71 – 95.
Gomolla, M./ Radtke, F.-O.: Institutionelle Diskriminierung. Die Herstellung ethnischer Differenz in der Schule. Opladen 2002.
Gorzini, M. J./ Müller, H. (Hg.): Handbuch zur interkulturellen Arbeit. Wiesbaden 1993.
Griese, H. M.: Ausländer – Zwischen Politik und Pädagogik. Bonn 1981

Ders. (Hg.): Der gläserne Fremde. Bilanz und Kritik der Gastarbeiterforschung und der Ausländerpädagogik. Opladen 1984.

Ders.: Von der ‚Gastarbeiterforschung' zum ‚Interkulturellen Lernen'. Zur Geschichte der wissenschaftlichen Reaktionen auf Einwanderungsprozesse in der Bundesrepublik Deutschland. In: Behrendt/ Saris (1995). S. 62 – 91.

Ders.: Interkulturelle Arbeit als Alternative zu traditioneller Ausländerarbeit? In: Interkulturelle Arbeit in Theorie und Praxis (Hrsg.: IIK Hannover). Hannover 1996. S. 84 – 111.

Ders.: Kritik der „Interkulturellen Pädagogik". Essays gegen Kulturalismus, Ethnisierung, Entpolitisierung und einen latenten Rassismus. Münster 2002.

Gültekin, N.: Bildung, Autonomie, Tradition und Migration. Doppelperspektivität biographischer Prozesse junger Frauen aus der Türkei. Opladen 2003.

Hamburger, F.: Interkulturelles Lernen als Aufgabe und Problem in Schule, Ausbildung und Beruf. In: Zukunftsforum Jugend 2000. Heft 3/ 1995.

Hohmann, M.: Unterricht mit ausländischen Kindern. Düsseldorf 1976.

Institut für Migrations- und Rassismusforschung (Hg.): Rassismus und Migration in Europa. Hamburg 1992 (Argument-Sonderband N.F. 201).

Juhasz, A./ Mey, E.: Die Zweite Generation. Etablierte oder Außenseiter? Biographien von Jugendlichen ausländischer Herkunft. Wiesbaden 2003.

Klinkhammer, G.: Transkulturelle Pädagogik und Begegnung mit Religionen: Berührungspunkte und Konfliktfelder. In: IZA, Heft ¾ - 2003, S. 102 – 106.

Langenohl-Weyer, A. u.a.: Zur Integration der Ausländer im Bildungsbereich. Probleme und Lösungsversuche. München 1979.

Merz-Benz, P.-U./ Wagner, G. (Hg.): Der Fremde als sozialer Typus. Klassische soziologische Texte zu einem aktuellen Phänomen. Konstanz 2002.

Niekrawitz, C.: Interkulturelle Pädagogik im Überblick. Von der Sonderpädagogik für Ausländer zur interkulturellen Pädagogik für alle. Frankfurt 1990.

Nikolinakos, M.: Politische Ökonomie der Gastarbeiterfrage – Migration und Kapitalismus. Reinbek 1973.

Otten, H./ Treuheit, W. (Hg.): Interkulturelles Lernen in Theorie und Praxis. Ein Handbuch für Jugendarbeit und Weiterbildung. Opladen 1994.

Park, R. E.: Migration und der Randseiter. In: Merz-Benz/ Wagner (2002). S. 55 – 71.

Pollock, D. E./ Van Reken, R./ Pflüger, G.: Third Culture Kids. Aufwachsen in mehreren Kulturen. Marburg 2003.

Radtke, F.-O.: Das schick angerichtete Design der Gesellschaft in den 90er Jahren. Multikulturalismus ist ein modernes und gleichzeitig antiquiertes Konzept. In: FR vom 9.9.1992.

Schneider-Wohlfahrt, U. u.a.: Fremdheit überwinden. Theorie und Praxis des interkulturellen Lernens in der Erwachsenenbildung. Opladen 1990.

Schrader, A./ Nikles, B. W./ Griese, H. M.: Die Zweite Generation. Sozialisation und Akkulturation ausländischer Kinder in der Bundesrepublik. Kronberg 1976.

Schütz, A.: Der Fremde. In: Merz-Benz/ Wagner (2002). S. 73 – 92.

Schweitzer, H.: Der Mythos vom interkulturellen Lernen. Zur Kritik der sozialwissenschaftlichen Grundlagen interkultureller Erziehung und subkultureller Selbstorganisation ethnischer Minderheiten am Beispiel der USA und der Bundesrepublik Deutschland. Münster 1994.

Sechster Familienbericht der Bundesregierung: Familien ausländischer Herkunft in Deutschland. Leistungen, Belastungen, Herausforderungen. Berlin 2000.

Simmel, G.: Exkurs über den Fremden. In: Merz-Benz/ Wagner (2002). S. 47 – 53.

Streck, B. (Hg.): Wörterbuch der Ethnologie. Köln 1987.

Weidacher, A. (Hg.): In Deutschland zu Hause. DJI-Ausländersurvey. Opladen 2000.

Weische-Alexa, P.: Sozio-kulturelle Probleme junger Türkinnen in der Bundesrepublik Deutschland. Köln 1977.

Welsch, W.: Verfasstheit heutiger Kulturen. In: Zeitschrift für Kulturaustausch Nr. 45. Heft 1/ 1995, S. 39 – 44.

www.payer.de/kommkulturen/kultur02.html

www.sfb511.uni-konstanz.de/publikationen/universalien.html

Dietmar Bolscho

Transkulturalität – ein neues Leitbild für Bildungsprozesse

1. Einleitung

Pädagogische Konzepte zum Umgang mit Kulturen waren und sind stets eine Reaktion auf gesellschaftliche Entwicklungen sowohl im globalen als auch im lokalen Kontext. Für interkulturelle Pädagogik bedeutet dies, dass sie, trotz ihrer unbestrittenen Erfolge, gegenwärtiger Realität nicht mehr hinreichend gerecht wird, denn interkulturelle Pädagogik geht letzten Endes von einem Kulturverständnis aus, das Kulturen als „Inseln" begreift, zwischen denen es zu vermitteln gilt, z.b., wie es in gängigen Verlautbarungen und Programmen heißt, indem Verständnis für andere Kulturen durch pädagogische Interventionen geschaffen werden soll; Kulturen, die man meint über bestimmte Merkmale beschreiben zu können.

Die grundlegende Annahme zur Begründung von Transkulturalität ist demgegenüber, dass kulturelle Differenzen nicht nur *zwischen* Gesellschaften, sondern gleichermaßen und zunehmend *innerhalb* Gesellschaften bestehen (vgl. Wieviorka 2003).

Transkulturalität reagiert also darauf, dass „Eigenes" und „Fremdes" sich nicht mehr im Sinne „inselhafter Kulturen" trennen lässt, so dass Transkulturalität zum einen die „Relativierung kultureller Bindungen und Muster" betont (vgl. Nell 2000) und zum anderen auf neue Formen kultureller Aneignungen zielt, die jenseits von Eigenem und Fremden angesiedelt sind.

Im folgenden Beitrag wird zu zeigen versucht, dass Transkulturalität ein neues Leitbild für Bildungsprozesse unter der Bedingung sein kann, dass kulturelle *Aneignungsprozesse*, die Menschen sowohl im globalen als auch im lokalen Kontext zu leisten haben, im Mittelpunkt pädagogischer Konzepte stehen. Pädagogik sieht sich herausgefordert, kulturelle *Transformationen* in den Mittelpunkt zu stellen.

2. Transkulturalität – Umrisse und Annäherungen

Bereits 1984 wies Schöfthaler auf die Grenzen von Interkulturalität hin und favorisierte den Begriff *Trans*kulturalität. Sie sei darauf ausgerichtet, „das kulturelle Fremde" als „Anderes und Eigenständiges" wahrzunehmen und dadurch „kulturelle Selbstverständlichkeiten" in Frage zu stellen (1984, S.20). Vor allem das letztgenannte Beschreibungsmerkmal von Transkulturalität weist über Interkulturalität hinaus. Transkulturelle Erziehung sei der Versuch, „zwischen universalistischen und relativistischen Konzepten interkultureller Erziehung zu vermitteln" (1984, S.39).

Welsch hat elf Jahre später offenbar werdende gesellschaftliche Entwicklungen in seiner Kritik an der „traditionellen Beschreibung von Kulturen als Inseln oder Sphären" aufgenommen und dieses Verständnis „in deskriptiver Hinsicht (als) falsch" bezeichnet, „weil Kulturen heute intern durch eine Lokalisierung der Identitäten ausgezeichnet sind und extern durch grenzüberschreitende Konturen" (Welsch 1995, S.42). Die Folgerung liegt auf der Hand: „Es kommt künftig darauf an, die Kulturen jenseits des Gegensatzes von Eigenkultur und Fremdkultur zu denken" (Welsch 1995, S.39) und Menschen zur „transversalen Vernunft" zu befähigen (Welsch 1996).

Eng verbunden mit dem von Welsch charakterisierten und zukünftigen Entwicklungen gerecht werdenden Kulturverständnis ist eine veränderte Auffassung von kultureller Identität, die nicht mehr verstanden werden kann als Identifizierung einer Person mit einem einzigen Kollektiv. In modernen Gesellschaften, die vielfältige individualistische Orientierungen anbieten, können Individuen sich identifizieren (und werden identifiziert) mit jeweils mehreren kulturellen Referenzen. „Wenn ein Individuum durch unterschiedliche kulturelle Anteile geprägt ist, wird es zur Aufgabe der Identitätsbildung, solche transkulturellen Komponenten miteinander zu verbinden. Nur transkulturelle Übergangsfähigkeit wird uns auf Dauer noch Identität und so etwas wie Autonomie und Souveränität verbürgen können" (Welsch 1995, S.43).

Die traditionelle Perspektive *inter*kulturellen Lernens ist darauf ausgerichtet, bei zunehmender Mobilität und Ortsungebundenheit von Menschen und zunehmenden Migrationsbewegungen dem damit verbundenen Aufeinandertreffen verschiedener Kulturen, wenn Konflikte sich abzeichnen, dadurch zu begegnen, dass Menschen befähigt werden, Verständnis für andere Kulturen zu entwickeln.

Diese Perspektive der interkulturellen Kompetenz wird eine bleibende Berechtigung behalten, um kurz- oder mittelfristig notwendige Handlungsstrategien in Regionen und Ländern, in denen verstärkt Migrationsfolgen zu beobachten sind, pragmatisch zu begründen. *Inter*kulturalität in diesem Sinne ist jedoch ein "Übergangsprojekt" (vgl. Holzbrecher 1997).

Mit Transkulturalität wird der Anspruch erhoben, über diese traditionellen Perspektiven hinauszugehen, indem künftige Entwicklungen in den Blick genommen werden, die sich in dem Begriff *Globalisierung* verdichten. Globalisierung droht zwar auf der einen Seite zum Containerbegriff zu werden, in dem alles und jedes seinen Platz finden soll, Globalisierung kann aber auf der anderen Seite analytisch nach drei zu beobachtenden Diskursfeldern differenziert werden, die zur Beschreibung von Transkulturalität nützlich sind:

a) den *ökonomischen* Prozess globaler Produktions- und Marktintegration (vgl. z.B. Martin/Schumann 1997; Altvater/ Mahnkopf 1996 a und b)

b) den *politischen* Prozess globaler Regulierungen (z.B. durch "Weltbürgerparteien", Beck 1998a und b)

c) den *kulturellen* Prozess als Entwicklung zu einer Weltgesellschaft mit einer Vielzahl globaler Dörfer (vgl. Datta 1999; Esser 1999; Beck 1997, 1999 a und b, 2000; Raz 1995).

Für Transkulturalität ist das Diskursfeld *"kulturelle Prozesse"* im Rahmen von Globalisierung von besonderer Bedeutung, ohne die Verschränkungen und Interdependenzen mit den anderen Felder auszublenden, z.B. die Wahrnehmung von Globalisierung als Bedrohung, die für alle drei Diskursfelder Bedeutung hat.

Kulturelle Prozesse im Rahmen von Globalisierung stellen Menschen nicht mehr allein vor die Herausforderung, Identitätsbildungen *zwischen* Kulturen zu leisten, sondern es wird zunehmend um Transformationsleistungen *über* Kulturen *hinaus* gehen, also die *trans*kulturelle Perspektive. Diese Transformationsleistungen erfordern von Individuen Fähigkeiten zur

"Übersetzung der Kulturen" (Lepenies 1995) oder, im gleichen Bild geblieben, Fähigkeiten für "das Zeitalter der Dolmetscher" (Beck 1999b). Es wäre unangemessen, anzunehmen, Prozesse der "Übersetzung der Kulturen" vollzögen sich auf abstrakter Ebene, gewissermaßen im luftleeren Raum. Wir gehen davon aus, dass es unterschiedliche Kontexte sind, die Erfolg oder Misserfolg kultureller Übersetzungsleistungen bestimmen. Diese mitbestimmenden Kontexte können auf biographischen und gesellschaftlichen Ebenen liegen. Es können, bedeutsam für beide Ebenen, "Orte" sein, es können "Zeiten" sein, es können "Zeit-Raum-Verdichtungen" (Albrow 1997, S. 297) sein, wie sie durch Informations- und Kommunikationstechnologien eingeleitet und gestützt werden.

Auf der theoretisch-konzeptionellen Ebene lassen sich, vereinfacht und verkürzt und Überschneidungen vernachlässigend, zwei Positionen in der Auseinandersetzung um kulturelle Prozesse im Rahmen von Globalisierung identifizieren: Optimisten und Skeptiker.

Zu den *Optimisten* kann man alles in allem Ulrich Beck und die in seinem Umfeld zur Zweiten Moderne publizierenden Autoren zählen. Sie sind keine 'naiven' Optimisten, sondern analysieren durchaus kritisch nationale und internationale gesellschaftliche Entwicklungen. Ihr 'Programm' intendiert aber letzten Endes, dass die "Übersetzung der Kulturen" gelingen muss und wird. Bekannte Formeln aus Becks Schriften zeigen dies an, z.B. "Übergang von der nationalstaatlichen in die transnationale, in die kosmopolitische Demokratie" (Beck 1998a), die "Vielörtlichkeit, die Transnationalität der Biografie, die Globalisierung des eigenen Lebens" (1999a), "Globalisierung von innen", "Gott wird wählbar, Plädoyer für ein weltbürgerliches Christentum" (2000).

Aus der Operationalisierung der von Beck diagnostizierten zunehmenden Individualisierung lassen sich Ansatzpunkte für spezifische Fragestellungen gewinnen, z.B. indem man fragt, was "eigentlich die Weltkommunikationsgesellschaft auf der Ebene der Biografie" meine: "Die Gegensätze und Widersprüche der Kontinente, Kulturen, Religionen - Dritte Welt und Erste Welt, Ozonloch und Parteiverdrossenheit, Rinder-Reform und Renten-Wahnsinn - finden im *unabschließbar gewordenen eigenen Leben* statt" (Beck 1999a, S.1). Aus dieser Diagnose ergibt sich die hohe Bedeutsamkeit des biografischen Kontextes für transkulturelle Identitätsbildungsprozesse, für die viele weiteren Variablen bedeutsam sein können, z.B. Bildungsstand, Sprachkenntnisse, die ökonomische Situation, die Zugehörigkeit zu politischen und religiösen Gruppen, der Zugang zu Kommunikationstechnologien.

Sind die im Umfeld der Globalisierungs-*Optimisten* entwickelten Annahmen überhaupt zutreffend? Andere Überlegungen kommen in den Blick, wenn man die Argumente der Globalisierungs-*Skeptiker* aufgreift.

Globalisierungs- Skeptiker äußern sich zwar häufiger in den ökonomischen und politischen Diskursfeldern, aber auch im Diskursfeld "kulturelle Prozesse" finden sich Stimmen, die z.B. vor Tendenzen der Vereinheitlichung von Kulturen, des Eurozentrismus globaler Entwicklungen warnen und die Entpolitisierung künftiger Weltbürger befürchten, da Menschen ihre Identifikationsorte und -räume verlieren, aus denen sich Identitäten entwickeln (z.B. Barber 1997, Bauman 1997a und b; Ritzer 1995 und 1998).

Heins hat diese Skepsis, gerichtet gegen Becks "optimistisches Globalisierungskonzept" (1997, S.10), so beschrieben: "Immer mehr Menschen assimilieren konfektionierte Versatzstücke fremder Kulturen, die sie dem globalen Markt entnehmen. Doch während sie sich dem Fremden zu nähern glauben, verpuppen sie sich um so mehr im Gehäuse einer 'verbrauchorientierten Demokratie', die den Blick nach draußen eher verstellt als öffnet" (Heins 1998, S.31). Aus transkulturellen Identitätsbildungsprozessen können sich also Konfliktpotentiale entwickeln, die in der Dialektik "zwischen Retribalisierung und globaler Integration" gefangen sind (Barber 1997, S.4). Transkulturelle Identitätsbildungsprozesse können also, so die skeptischen Stimmen, in bestimmten biografischen und gesellschaftlichen Kontexten zum Aufbau von Konfliktpotentialen tendieren, die „Zukunft könne dem Ethnischen gehören" (Schöpflin 1999).

Es ist an Situationen gedacht, wie sie bereits in der Alltagssprache umschrieben werden mit Redewendungen wie: *Jemand stehe zwischen den Kulturen* und finde keine Orte und sozialen Räume, von denen aus Identitätsbildungsprozesse ihren Ausgang nehmen können; oder anders gesagt: transkulturelle Identitätsbildungsprozesse gelingen nicht. Dadurch werden

Menschen anfällig für politische Vereinnahmungen, die sich oft in fundamentalistischen Mustern, seien sie ethnischer oder religiöser Art, zeigen. *Zwischen den Kulturen stehen* kann, positiv gewendet, auch als Chance betrachtet werden. Man spricht von *Kreolisierung* und meint mit *kreolisch* „linguistische 'Artefakte' in der Karibik, wie sie die Melange von Sprachen afrikanischer Sklaven und kolonialer Eliten hervorgebracht hat. In Analogie dazu soll die permanente Wechselwirkung der heterogenen Kulturen der Welt zu einer hybriden Mischung führen, nicht zu einem globalen Standard bei lokalem Artensterben und auch nicht notwendig zu antagonistischen Konflikten" (Leggewie 1999, S.6).

Beide bisher skizzierten Betrachtungsperspektiven müssen um einen Bereich ergänzt werden, nämlich die Frage, *wo* sich transkulturelle Identitätsbildungsprozesse ereignen, d.h. ganz konkret die Frage nach dem *Ort* der Prozesse. Es geht um die Frage, inwieweit und ob "entfernte Ereignisse" "lokale Veränderungen" hervorrufen (Bohmann 1997, S.931). Es geht um "das Ineinanderblenden von global und lokal" (Robertson 1995, S.197), um das „Prisma des Lokalen" (Breidenbach, Zukrigl 1999, 2000). Für diese Prozesse hat sich der Begriff *Glokalisierung* eingebürgert.

Im Zusammenhang mit Transkulturalität gehen wir davon aus, das transkulturelle Identifikationsprozesse nach wie vor ihren Ausgang auf der lokalen Ebene nehmen. Dieser These, die von Argumenten, wie Kirby (1989) sie vorgebracht hat, gestützt wird, steht die Annahme entgegen, dass es in Zeiten des zunehmenden Austausches von Nachrichten und Waren das Lokale im Sinne des spezifisch Unterschiedlichen kaum noch gäbe, etwa im Sinne dessen, was früher einmal "Heimat" genannt wurde. Meyrowitz (1989, S.178) hat in Anlehnung an G. H. Mead (Der generalisierte Andere) das "Generalisierte Anderswo" ins Gespräch gebracht, wodurch "die Abhängigkeit des Selbstkonzeptes vom Ort und seinen Bewohnern abgeschwächt (wenn auch sicher nicht aufgehoben)" wird. Es könnte also sein, dass Transkulturalität sich in bestimmten Lebensphasen durchaus in ortsgebundenen und lokalen Kontexten entwickelt, über die Begrenztheit des Lokalen, manifestiert im traditionellen Heimatverständnis, aber hinausgeht. Empirische Anhaltspunkte für diese Annahme gibt es (vgl. Bolscho, Hauenschild, Wulfmeyer 2004).

Was bedeuten die skizzierten Umrisse von Transkulturalität für Bildungsprozesse?

3. Konsequenzen für Bildungskonzepte

Zwei Konsequenzen für Bildungskonzepte liegen auf der Hand. Als erste und grundlegende Konsequenz müssen Bildungskonzepte, die sich Transkulturalität verpflichtet fühlen und ihre Grundannahmen teilen, sich vom *Differenz-Konzept* lösen. Dies bedeutet, dass Einflüsse und Hintergründe verschiedener Kulturen, wie sich in heutigen Biographiemustern von Kindern und Jugendlichen zeigen, nicht als „Abweichung und Störung", sondern als „Normalität" betrachtet werden: „Eine Identität, die mehrere Kulturen und Herkunftsländer verbindet, ist so gesehen nicht länger notwendig instabil und gefährlich. Im Gegenteil, sie ist im Grund durchaus normal" (Beck-Gernsheim 2004, S. 102). Und Beck-Gernsheim spitzt dies in der anschaulichen Metapher zu: „Zwischen allen Stühlen? Auf allen Stühlen!" (ebd.).

Auf der pädagogischen Ebene sollte damit Schluss sein mit unterrichtlichen Vorschlägen, die das „arme Ausländerkind", das sich orientierungslos zwischen den Kulturen bewegt, in den Mittelpunkt stellt. Aber auch Vorschläge sind fehl am Platze, die in harmonisierender Weise das ‚bunte Nebeneinander', oft folkloristisch verbrämt, kultureller Ausformungen ausmalen und damit die gesellschaftlichen Probleme ausklammern, die zweifelsohne mit kultureller Heterogenität und dem gesellschaftlichen Umgang mit kulturellen Minderheiten verbunden sein können.

Die zweite (und für die Praxis von Bildungsprozessen wohl noch gravierendere) Konsequenz ist, dass „aus der Vermischung von Kulturen originale Kulturen entstehen können, ohne diejenigen vollständig zu zerstören, aus denen sie hervorgehen" (Wieviorka 2003, S. 89). Diese Konsequenz richtet sich in aller Deutlichkeit gegen die (oft latente) Erwartung an eine homogene Leitkultur, sei sie nun „deutsch", „abendländisch", „humanistisch" oder „christlich. Bildungskonzepte unter dem Leitbild von Transkulturalität müssen demgegenüber anstreben, bei Lehrenden und Lernenden Interesse „für die Transformation von Differenzen, für das Auftauchen neuer Identitäten und für die Prozesse der Auflösung und Neuzusammensetzungen (denen Kulturen unterliegen" zu wecken (Wieviorka 2003, S. 84). An konkreten biografischen Beispielen wird das „Auftauchen neuer Identitäten" anschaulich (vgl. Römhild 2002, S. 11).

„Katja ist 16 Jahre alt. Sie lebt im Gallusviertel in Frankfurt am Main und geht dort zur Schule. Nach Deutschland kam sie als Tochter russlanddeutscher Aussiedler aus Usbekistan. Viele ihrer Freunde sind "auch Russen", wie sie sagt. In andere Frankfurter Stadtteile, bis in die Region hinein, erstreckt sich das "russische" Netzwerk der Verwandtschaftsbeziehungen, das Geflecht der Cafés und Discotheken, in dem Katja sich bewegt. In ihrem eigenen Viertel und in ihrer Schulklasse hat sie mehr Berührung mit "Türken" und "Jugoslawen". Eine Freundin kommt aus Armenien. Katja legt Wert auf diesen Hinweis, denn die Freundin könnte vom Namen und vom Aussehen her für eine Türkin gehalten werden. Mit Türken aber will Katja angeblich nicht mehr so viel zu tun haben - dabei hat sie ein paar Sätze vorher noch ganz selbstverständlich von den türkischen Jungs in ihrer Clique erzählt".

Katjas Lebenswelt illustriert Transkulturalität. In Lebenswelten wie diese strömen kulturelle Einflüsse aus den unterschiedlichsten Weltregionen ein. Unter spezifischen lokalen Bedingungen verbinden sie sich zu neuartigen Formen des Zusammenlebens. Was dabei herauskommt, ist ein ganz normaler bundesrepublikanischer Alltag. Die Reflexion dieses Alltags in den Mittelpunkt von Bildungsprozessen zu stellen geht über interkulturelle Bildungskonzepte hinaus. Es ist der Kern von transkultureller Bildung: Kulturen „jenseits des Gegensatzes von Eigenkultur und Fremdkultur zu denken" (Welsch 1995, S.39) und „auf allen Stühlen" (Beck-Gernsheim 2004) seinen Platz, seine Identität zu finden.

Literatur:

Albrow, M. : Auf Reisen jenseits der Heimat. Soziale Landschaften in einer globalen Stadt. In: **Beck, U. (Hg.):** Kinder der Freiheit. Frankfurt/Main 1997. S. 288 - 313

Altvater, E./ Mahnkopf, B. : Die globale Ökonomie am Ende des 20. Jahrhunderts. In: Widersprüche, 16 (1996) 31, S. 19- 32

Altvater, E./ Mahnkopf, B. : Grenzen der Globalisierung. Politik, Ökonomie und Ökologie in der Weltgesellschaft. Münster 1996.

Auernheimer, G.: Einführung in die interkulturelle Erziehung. Darmstadt, 1996 (2. überarb. Auflage).

Barber, B. : Dschihad versus McWorld. Globalisierung. Zivilgesellschaft und die Grenzen des Marktes. In: Lettre (1997) 36, S.4-9

Bauman, Z. : Schwache Staaten. Globalisierung und die Spaltung der Weltgesellschaft. In: **Beck, U. (Hg.):** Kinder der Freiheit. Frankfurt/Main 1997a. S.315-332

Bauman, Z. : Flaneure, Spieler und Touristen. Hamburg. 1997b.

Beck, U. : Was ist Globalisierung? Irrtümer des Globalismus - Antworten auf Globalisierung. Frankfurt/Main 1997.

Beck, U. : Weltbürger aller Länder vereinigt euch!. In: Die Zeit, Nr.30, 16.7.1998a, , S.43

Beck, U. (Hg.): Politik der Globalisierung. Frankfurt/Main 1998b.

Beck, U. (Hg.): Perspektiven der Weltgesellschaft. Frankfurt/Main 1998c

Beck, U.: Die "Warum-nicht"-Gesellschaft. In: Die Zeit, Nr.48, 25.11.1999a, S.13-14

Beck, U. : Das Zeitalter der Dolmetscher. In: Frankfurter Rundschau, Sonderbeilage "Das Jahrhundert de Kommunikation", 8.12.1999b , S.1

Beck, U.: Gott wird wählbar. Plädoyer für ein weltbürgerliches Christentum. In: Frankfurter Rundschau, Nr. 95, 23.4.2000 , S.22

Beck-Gernsheim, E.: Wir und die Anderen. Frankfurt/Main 2004.

Bohman, J. : Pluralismus, Kulturspezifität und kosmopolitische Öffentlichkeit im Zeichen der Globalisierung. In: Dtsch. Z. Philos., 45 (1997) 6, S. 927-941

Bolscho, D./Hauenschild, K./Wulfmeyer, M.: Transkulturelle Identitätsbildung – eine Untersuchung mit künftigen Lehrkräften. In: Carle, U./Unckel, A. (Hg.): Entwicklungszeiten. Forschungsperspektiven für die Grundschule. Wiesbaden 2004. S. 206 - 211

Breidenbach, J./ Zukrigl, I. : Im Prisma des Lokalen. Die Dynamik der kulturellen Globalisierung. In: Transit, 17 (1999) , S. 12-32

Breidenbach, J./ Zukrigl, I.: Tanz der Kulturen. Kulturelle Identität in einer globalisierten Welt. Reinbek 2000.

Brunkhorst, H./ Kettner, M.: Globalisierung und Demokratie. Wirtschaft, Recht, Medien. Frankfurt/Main 2000.

Datta, A.: Wozu Bildung im Zeitalter der Globalisierung ? In: Zeitschrift für Internationale Bildungsforschung und Entwicklungspädagogik, 22, 1999, 2, S.2-6

Esser, J. : Der kooperative Nationalstaat im Zeitalter der 'Globalisierung'. In: Döhring, D. (Hg.): Sozialstaat in der Globalisierung. Frankfurt/Main: 1999. S. 117 - 144

Heins, V.: Überall zu Haus. In: Frankfurter Rundschau, 9.12.1997 , S.10

Heins, V. : Unterm Pflaster liegt kein Strand. In: **Die Zeit**, Nr. 34, 13.8.1998, S.31

Holzbrecher, A. : Wahrnehmung des Anderen. Zur Didaktik interkulturellen Lernens. Opladen 1997.

Kirby, A. : Wider die Ortlosigkeit (1989). In: Beck, U. (Hg.): Perspektiven der Weltgesellschaft. Frankfurt/Main 1998. S. 168 - 175

Leggewie, C. et al.: Kulturen der Welt – WeltKultur ? In:Transit, 17, 1999, S. 3-12

Lepenies, W. : Das Ende der Überheblichkeit. In: Die Zeit, 24.11.1995

Martin, H. P./ Schumann, H. : Die Globalisierungsfalle. Der Angriff auf Demokratie und Wohlstand. Reinbek 15.Aufl., 1997.

Menzel, U. : Globalisierung versus Fragmentierung. Frankfurt/Main 1998.

Meyrowitz, J. : Das generalisierte Anderswo (1989). In: Beck, U. (Hg.): Perspektiven der Weltgesellschaft. Frankfurt/Main 1998. S.176 - 191

Münch, R.: Globale Dynamik, lokale Lebenswelten. Frankfurt/Main 1998.

Nell, W.: Multikulturelle oder transkulturelle Gesellschaft? In: Escher, A. (Hg.): Ausländer in Deutschland. Probleme einer transkulturellen Gesellschaft aus geographischer Sicht. Mainz 2000. S. 9 - 18

Raz, J. : Multikulturalismus: eine liberale Perspektive . In: Deutsche Zeitschrift für Philosophie, 43 (1995) 2, S.307-327

Ritzer, G.: Die McDonaldisierung der Gesellschaft. Frankfurt/Main1995.

Ritzer, G.: The McDonaldization Thesis. London et al. 1998.

Robertson, R.: Glokalisierung: Homogenität und Hetegorenität in Raum und Zeit (1995). In: Beck, U, (Hg.): Perspektiven der Weltgesellschaft. Frankfurt/Main 1998. S.192 – 220

Römhild, Regina: Wenn die Heimat global wird. In: Die Zeit, Nr.12, 14. März 2002, S.11

Schöpflin, G. : Globalisierung und Identität. Gehört die Zukunft dem Ethnischen?. In: Transit, 17 (1999) , S. 46 - 54

Schöfthaler, T.: Multikulturelle und transkulturelle Erziehung: Zwei Wege zu kosmopolitischen Kulturellen Identitäten ? In: International Review of Education, 30, 1984, S.11-24

Welsch, W.: Transkulturalität. In: Zeitschrift für Kulturaustausch, 1995, S. 39-44

Welsch, W.: Vernunft. Die zeitgenössische Vernunftkritik und das Konzept der transversalen Vernunft. Frankfurt/Main 1996.

Wieviorka, M.: Kulturelle Differenzen und Identitäten. Hamburg 2003.

Horst Siebert

Interkulturelle Pädagogik – konstruktivistisch betrachtet

Die konstruktivistische Wende der Wahrnehmung

Der Konstruktivismus hat seit Mitte der 1990er Jahre nicht nur in Deutschland eine bemerkenswerte Karriere gemacht. Diese Aufmerksamkeit – auch innerhalb der Pädagogik – lässt sich einerseits aus der Anschlussfähigkeit dieser Erkenntnistheorie erklären, die ihre Wurzeln im Skeptizismus eines Pyrrhon von Elis, in der Erkenntnisphilosophie I. Kants und A. Schopenhauers, in der Kognitionspsychologie J. Piagets, in der Hermeneutik H. Gadamers, in der Wissenssoziologie von P. Berger und T. Luckmann, im Symbolischen Interaktionismus G. H. Meads und H. Blumers hat. Andererseits ist der Konstruktivismus eine Provokation, denn er erschüttert unseren alltäglichen Realismus, demzufolge die Welt so ist, wie wir sie mit unseren Sinnen und unserem Verstand wahrnehmen.

Worum geht es?

Der Konstruktivismus ist keine Ontologie, die das Wesen der Welt zu erklären versucht, sondern eine *Epistemologie*, die sich mit den Möglichkeiten und Grenzen unseres Erkennens beschäftigt. Die *Kernthese* lautet: unser Erkenntnisvermögen bildet die Realität nicht wahrheitsgetreu ab, sondern sie konstruiert Wirklichkeiten eigener Art, die nicht „wahr" sind, sondern die lebenswichtige Orientierungen und ein erfolgreiches, „viables" Handeln in der Welt ermöglichen. Die Realität – so der „radikale Konstruktivismus" – ist uns kognitiv und sensorisch „unzugänglich". Wir sehen nur das, was wir sehen, wir hören nur das, was wir hören.

Unser Erkenntnisvermögen ist *autopoietisch* (d.h. selbsttätig, selbstorganisierend), *selbstreferenziell* (d.h. rückbezüglich, auf frühere Erfahrungen bezogen), *operational geschlossen* (allerdings nicht informatorisch geschlossen) und *strukturdeterminiert* (d.h. determiniert durch unsere kognitiven und emotionalen Strukturen). Wir können nur die Informationen verarbeiten, die unseren Erkenntnisstrukturen zugänglich sind, die von diesen Strukturen verarbeitet werden können.

Der Konstruktivismus ist eine neurobiologisch fundierte Theorie, die sich auf neuere Erkenntnisse der *Gehirnforschung* stützt.

Wesentlich sind zwei Annahmen:

1. Es gibt keine Bewusstseinsinhalte ohne neurophysiologische Substanz, d.h. ohne Neuronen, Synapsen, biochemische und elektromagnetische Vorgänge.

2. Das Gehirn ist nur zum geringen Teil damit beschäftigt, Impulse von außen (z.B. Licht, Schallwellen, Moleküle) zu verarbeiten, es interagiert überwiegend mit sich selbst.

„Die Synapsen, die einem Neuron der Großhirnrinde Signale direkt aus den Sinneseingängen übermitteln, sind immer nur ein kleiner Teil aller Synapsen auf der Oberfläche des Neurons. Der weitaus größte Teil der synaptischen Eingänge eines Neurons im Cortex kommt von anderen corticalen Neuronen... Was hauptsächlich zählt beim Übergang eines Zustands des Gehirns in den nächsten, sind die Beeinflussungen der corticalen Neurone untereinander, die ja die erlernten Zusammenhänge widerspiegeln. Kein Wunder also, dass alles, was man *percipiert*, auf dem Hintergrund von dem gesehen (gehört, gefühlt etc.) wird, was man sowieso schon *denkt*... Es ist auch leicht einzusehen, dass das Theater auf der Bühne des Gehirns auch dann noch weitergeht, wenn die wenigen direkten Sinneseingänge schweigen." (Braitenberg 2004, S. 186 f.).

Unsere mentalen Aktivitäten – also Denken, Erinnerungen, Visionen, Vorstellungen, Emotionen – sind, so der Neurowissenschaftler W. Singer, überwiegend *„innere Monologe"*. Vor allem Bedeutungen werden nicht vermittelt, sondern aufgrund biografischer Erfahrungen und gespeicherter Gedächtnisinhalte konstruiert. Unser Gehirn ist permanent damit beschäftigt, Bilder von uns selbst, unseren Mitmenschen, unserer Umwelt zu erzeugen.

P. Watzlawicks berühmte Anekdote über den *Mann mit dem Hammer* veranschaulicht diese Wirklichkeitskonstruktion treffend:

„Ein Mann will ein Bild aufhängen. Den Nagel hat er, nicht aber den Hammer. Der Nachbar hat einen. Also beschließt unser Mann, hinüber zu gehen und ihn auszuborgen. Doch da kommt ihm ein Zweifel: Was, wenn der Nachbar mit den Hammer nicht leihen will? Gestern schon grüßte er mich nur so flüchtig... Und so stürmt er hinüber, läutet, der Nachbar öffnet, doch bevor er ‚Guten Tag' sagen kann, schreit ihn unser Mann an: ‚Behalten Sie sich Ihren Hammer, Sie Rüpel!" (Watzlawick 2000, S. 37 f.).

Jeder von uns hat seine „Nachbarn". Türken, Homosexuelle, Behinderte – alle sind (nicht nur aber auch) Produkte unserer Fantasie. LehrerInnen konstruieren „ihre" SchülerInnen, Eltern die Lehrer, Professoren die Studierenden, Politiker „ihr" Volk, die Wirtschaft ihre Kundschaft.

Der radikale Konstruktivismus liegt im Trend der soziologischen *Individualisierungsthese*: Individuen sind geschlossene Systeme, die sich prinzipiell fremd und undurchschaubar bleiben. Niemand kann in den Kopf des anderen blicken. Die Normalität menschlicher Kommunikation – so N. Luhmann – ist das Missverstehen. Mehr noch: wir verstehen uns selbst kaum. Gemeinsam ist uns allen die Fremdheit.

Vom individuellen zum soziokulturellen Konstruktivismus

Denken und *Erkennen* sind individuelle, unverwechselbare Vorgänge. *Handeln* aber ist ein sozialer Akt: Handeln (inkl. Unterlassungshandeln) betrifft immer auch andere Menschen. Erkennen und Handeln aber sind untrennbar verknüpft: wir erkennen um zu handeln und handelnd erkennen wir. Wenn also Erkennen und Handeln eine „Einheit der Differenz" bilden, so wäre ein rein individualpsychologisches Menschenbild „halbiert". Menschen sind autopoietische Individuen und zugleich sozialisierte Gesellschaftsmitglieder. Unser Wahrnehmen, Denken, Fühlen, unsere Gewohnheiten und Alltagsroutinen sind sozialhistorisch, kulturell, milieuspezifisch geformt. Vor allem unsere Sprache liefert die Architektur unserer Wirklichkeitskonstruktion.

Auch *Sprache* bildet die Realität nicht ab, sie verweist auf Realität. Sprache ist aufgrund unserer Lebensgeschichte einmalig und individuell, und Sprache ist Ausdruck unseres kollektiven Gedächtnisses, unserer Kultur.

Sprache reduziert Komplexität und ermöglicht dadurch ein Minimum an Verständigung und an Handlungskoordination. Wenn wir einem Kind auf der Straße zurufen: „Vorsicht Auto!", dann wäre es fatal, müssten wir erst exakt definieren, was wir mit „Vorsicht" und was mit „Auto" meinen.

Aber Sprache transportiert auch verallgemeinernde Bewertungen, Sprache ist oft „unterkomplex" und irreführend. Mit solchen „Sprachlosigkeiten" leben wir vor allem in multikulturellen Gesellschaften. „Gastarbeiter", „Ausländer", „Fremdlinge", „Aussiedler", „Asylant" – alle diese Bezeichnungen sind missverständlich. Der vorerst letzte Einigungsversuch lautet „Menschen mit Migrationshintergrund" (man stelle sich einen Politiker im Wahlkampf vor, der seine Rede beginnt: „Liebe Menschen mit Migrationshintergrund!").

Sprache speichert nicht nur Kognitionen, sondern auch *Emotionen*. Emotionen aber sind nicht nur universell, genetisch bedingt, sondern auch kulturell geprägt, man denke an die Formen von Trauer, Zuneigung, aber auch an Tierliebe, Ehrfurcht vor dem Alter, Mitleid.

Kenneth Gergen, ein prominenter Vertreter des „sozialen Konstruktivismus" schlägt vor, Emotionen „als kulturelle Konstruktion zu betrachten. Dabei sehen wir Emotionen nicht als unveränderliche Kraft, die uns zu bestimmten Verhaltensweisen nötigt, sondern als Bestandteil des Lebens." (Gergen 2002, S. 140).

Viele dieser kulturell gefärbten Emotionen sind viabel, da sie „gemeinwohlorientierte" Handlungen unterstützen. Ein beeindruckendes Beispiel ist die Verehrung der Rinder durch die Hindus. Dieser Kult, der eine Tötung der heiligen Kühe verbietet, erscheint uns Europäern als irrational, ist aber unter den ökonomischen, ökologischen und sozialen Lebensbedingungen in Indien „vernünftig" und lebensdienlich. „Rinder erfüllen im indischen Ökosystem Funktionen, die von Beobachtern aus industrialisierten, energiereichen Gesellschaften leicht übersehen werden." (Harris 1997, S. 22). „Es spricht einiges dafür, dass die Empfindung, mit dem Schlachten von Rindern ein unaussprechliches Sakrileg zu begehen, in diesem quälenden Widerspruch zwischen unmittelbaren Bedürfnissen und langfristigen Überlebensinteressen ihre Wurzeln hat. Der Kult um die Kuh mit seinen sakralen Symbolen und geheiligten Lehren schützt den Bauern vor Verhaltensweisen, die nur unter kurzfristigen Gesichtspunkten ‚rational' sind." (ebda. S. 27).

Dieses Beispiel illustriert eine Kernthese des Konstruktivismus, dass unsere Wirklichkeiten *beobachtungsabhängig* sind. Dies ist die Pointe der scheinbar tautologischen These von H. Maturana „Alles Gesagte ist von jemandem gesagt." (Maturana / Varela 1987, S. 32).

Die Welt ist uns nicht objektiv zugänglich. Wir erleben die Welt von einem Beobachterstandpunkt aus, aus einer bestimmten Perspektive, mit einer selektiven Brille. Indem wir beobachten, erzeugen wir blinde Flecke. Beobachtungen – auch wissenschaftliche Forschungen – sind relativ. Beobachtungen beruhen auf Unterscheidungen. Je nach Interesse und Verwendungszweck unterscheiden wir zwischen warm / kalt, wichtig / unwichtig, erwünscht / unerwünscht, entwickelt / unterentwickelt. Soziale Konstrukte enthalten oft Unterscheidungen, die Zugehörigkeit („wir") und Ausgrenzung („die anderen") zur Folge haben. Soziale Milieus, auch Berufsgruppen, aber auch Nationen existieren nur aufgrund ständiger Exklusionen und Inklusionen. Inklusion ist die Grundlage sozialer Identität und verspricht Anerkennung. Zugehörigkeit schließt Distinktion, also die Distanzierung von anderen ein.

Soziale Konstrukte basieren also oft auf Macht und Höherwertigkeitsansprüchen. Es sind *„Fühl-Denk-Verhaltensprogramme"*, die kollektiv überliefert und sozialisiert werden und die die individuelle Wahrnehmung und Interaktion steuern

Ein Extremfall solcher Wirklichkeitskonstruktionen sind *Feindbilder*. Feindbilder sind kollektive Deutungsmuster, die aggressives Handeln gegenüber anderen nahe legen und legitimieren. Da die Feindbilder im eigenen Milieu akzeptiert sind, kann ein entsprechendes feindliches Handeln mit Zustimmung der Bezugsgruppe rechnen. Feindbilder basieren meist nicht auf individuellen Erfahrungen – eher beeinflussen sie umgekehrt Wahrnehmungen, die als Erfahrung bezeichnet werden. So entsteht eine self-full-filling prophecy, ein sich selbst bestätigendes Vorurteil. Feindbilder tendieren zur Selbstbestätigung: Oft wird ein persönlicher Kontakt zu solchen Menschen vermieden, um das Stereotyp nicht revidieren zu müssen. Feindbilder sind soziale und kulturelle Deutungen, die ein Gemeinschaftsgefühl fördern. Die Feindschaft gegen andere verbindet.

„Jeder vernünftige Mensch schüttelt nicht nur aus moralischen Gründen den Kopf, wenn er mit der ‚Auschwitz-Lüge' konfrontiert wird – wie können die Neonazis das Offenkundige leugnen? Ganz einfach: durch internen

Konsens bei systematischer Abschottung gegen die Außenwelt... Je geschlossener das System ist, auf das sich eine Gruppe in ihrem Selbstverständnis einigt, desto höher pflegt der Verlust an Realität zu sein, die ja als Korrektiv nicht immer willkommen ist." (Wagener 1999, S. 26).

Solche Gruppen, die sich aggressiv abgrenzen, sind – im negativen Sinn – selbstreferenzielle, operational geschlossene Systeme. Feindbilder sind Teil ihrer Identität und ihres Selbstbewusstseins. Pädagogische Bemühungen um Aufklärung und Verständigung werden als Bedrohung empfunden und abgewehrt.

Einen lesenswerten Beitrag zur sozialen (und politischen) Konstruktion des Fremden hat Ulrich Beck veröffentlicht. Der Titel des Aufsatzes lautet „Wie aus Nachbarn Juden werden". Aus Nachbarn werden Fremde, aus Fremdbildern werden Feindbilder. Soziologisch betrachtet schließen sich Wir-Gruppen gegenüber unbeliebten Anderen ab, es finden solidarisierende Inklusionen und diskriminierende Exklusionen statt.

„In einer mobilen Welt gibt es... entweder *keine* Fremden mehr, oder *alle* sind Fremde. Fremde also sind Nachbarn, von denen es heißt: sie sind nicht wie ,wir'!... Sie sind Hiesige, aber gehorchen nicht den Stereotypen, die die Hiesigen von sich selbst entwickeln und pflegen... Auch Nähe, auch die Eigenart des Eigenen ist kein Naturzustand, sondern muss angesichts von Widersprüchen sozial konstruiert werden." (Beck 1995, S. 137).

Soziale Konstrukte sind also ein Politikum; sie legen soziale Anerkennung, Zugehörigkeit und Benachteiligung fest. Der Code „Hiesige – Fremde" beinhaltet Unterscheidungen, die zugleich Distanzierungen und Abwertungen sind. „Reflexive Modernisierung" ist als „Beobachtung II. Ordnung" die Selbstaufklärung inhumaner und ungerechter sozialer Konstrukte. In der reflexiven Moderne wird nicht nur die Konstruktion des Fremden, sondern auch des Eigenen „frag-würdig".

Ein anderes Beispiel für den soziokulturellen Konstruktivismus sind interkulturelle Missverständnisse. Während Feindbilder aggressives Handeln initiieren und legitimieren, führen interkulturelle Missverständnisse eher ungewollt und unbeabsichtigt zu Konflikten. Unterschiedliche kulturell bedingte Situationsinterpretationen, Rituale und Konventionen verursachen Missverständnisse und Kommunikations-störungen, die meist nicht reflexiv

„aufgeklärt" werden und die in der Exportwirtschaft die internationale Zusammenarbeit beeinträchtigen. Solche Spannungen entstehen häufig durch Kollisionen des „westlichen" rationalen ökonomischen Denkens mit den Grundüberzeugungen und Lebensstilen asiatischer und afrikanischer Kulturen. Rolf Arnold schlägt vor: „Bei der Suche nach den geeigneten kulturellen Voraussetzungen für modernes Management ist demnach nicht so sehr die Frage nach dem europäischen Einfluss auf diese oder jene Kultur von Interesse, sondern die Frage, welche Affinität die in einer Region jeweils ‚lebendigen' kulturell-religiösen Orientierungen zu den Maximen rationalen Wirtschaftens aufweisen." (Arnold 1991, S. 39).

R. Arnold kommt zu dem Ergebnis: „Weder die These von der Universalität (universelle Gültigkeit) der abendländischen Vernunft, noch die Vorstellung, dass nur die Fremden unreflektiert in ihrer kulturellen Eigenart befangen sind, können heute noch überzeugend vertreten werden." (ebda. S. 47).

Angesichts der Erosion universeller „Metaerzählungen", angesichts der weltweiten Pluralisierung der Lebensstile, der Auflösung kultureller Traditionen und der interkulturellen Verflechtungen plädiert der soziokulturelle Konstruktivismus für eine Anerkennung von Pluralität, Vielfalt der Wirklichkeitskonstruktionen und der „Rationalitäten".

Was lernen wir daraus?

Kaum jemand wird widersprechen, wenn mehr „interkulturelle Kompetenz" gefordert wird. Doch was heißt das konkret und wie erwirbt man eine solche Kompetenz? Interkulturelle Kompetenz lässt sich definieren als die Fähigkeit, die eigene Kultur und fremde Kulturen zu verstehen und diesem Verständnis gemäß zu handeln.

Doch wenn es schon nahezu unmöglich ist, sich selbst und seine/n PartnerIn zu *verstehen*, um wieviel schwieriger ist es, einen buddhistischen Mönch, eine Frau aus der Sahel-Zone, einen palästinensischen Selbstmordattentäter zu verstehen.

Selbstverständlich ist es wünschenswert, mehr über fremde Kulturen zu wissen. Doch auf der Ebene eines Wissenskanons, einer materialen Bildungsidee lässt sich das Kompetenzproblem nicht befriedigend lösen. Außerdem ist Wissen ein Fass ohne Boden: Mit jedem Wissenszuwachs erweitert sich der Horizont des Nichtwissens. Nicht die Quantität des Wissens ist wesentlich, sondern die Qualität, d.h. das Wissen über Zusammenhänge, Hintergründe, Konsequenzen, Nebenwirkungen.

Wissen dient immer weniger dazu, „Bescheid zu wissen", sondern ein Gespür für die Komplexitäten und Ambivalenzen kultureller Prozesse und Konflikte zu erwerben. Wissen fördert nicht nur Urteils*fähigkeit*, sondern vor allem Urteils*vorsicht*.

Der Konstruktivismus hat die pädagogische Diskussion um zwei Begriffe bereichert: *Differenzerfahrung* und *Perturbation*. Das normale Alltagslernen ist ein Anpassungslernen, ein Assimilationslernen. Vorhandene Kenntnisse und Fertigkeiten werden ergänzt. Wer sich häufig in einem englischsprachigen Land aufhält, lernt immer besser Englisch zu sprechen. Dieses Alltagslernen basiert auf dem Prinzip des „mehr desselben".

Horizonterweiternde Lernprozesse erfordern dagegen konstruktive Verunsicherungen. Dazu gehören Erfahrungen von Differenz, von Fremdheit sowie perturbierende Infragestellungen des Gewohnten (vgl. Siebert 2005). Ein solches expansives Lernen (Holzkamp) erfordert einen Wechsel des Standpunkts, der Perspektive, auch die Erprobung neuer „Unterscheidungen".

Ein solches Lernen ist also zunächst nicht nach außen gerichtet, sondern ein *identitätserweiterndes reflexives Lernen*. Da wir Wirklichkeiten nicht „vorfinden", sondern „erfinden", wird die eigene Wirklichkeitskonstruktion zum Lerninhalt. Thema des interkulturellen Lernens ist unser Umgang mit Fremdheit.

Vor allem Ortfried Schäffter hat das „*Fremdheitserleben*" konstruktivistisch interpretiert:

„Fremdheit, nicht als objektiver Tatbestand, sondern als eine die eigene Identität herausfordernde Erfahrung ist Indiz und lebhafter Ausdruck dafür, dass nun neuartige und für das bisherige Selbstverständnis ‚befremdliche' Beziehungen erschlossen werden. Erst wenn Grenzen zu Kontaktflächen werden, wird Fremdheit zu bedeutsamer Erfahrung." (Schäffter 1997, S. 3).

Eigenes und Fremdes gehören zusammen, ergänzen und relativieren sich. Sich auf Fremdes einlassen heißt auch, sich der eigenen Identität bewusst werden. Das Fremde ist so nicht das Bedrohliche, sondern das Anregende, „Perturbierende". Die Beschäftigung mit Fremdem kann das Spektrum der Möglichkeiten (z.b. des Umgangs mit der Natur, dem Tod, dem Alter) erweitern. Das Fremde erschließt neue Beobachtungsperspektiven und Unterscheidungen. Unsere „blinden Flecken" werden sichtbar.

„Fremdheit ist daher keine Eigenschaft von Dingen, Personen oder sozialen Gruppen, sondern ein Beziehungsmodus aus der Perspektive von Eigenheit." (ebda. S. 51).

Lässt sich ein solcher „Beziehungsmodus" pädagogisch beeinflussen? Die meisten pädagogischen Konzepte zum globalen und interkulturellen Lernen sind kognitivistisch „verkürzt". Sie betonen die Argumentation, Abstraktion und Reflexion und vernachlässigen die Emotionalität. Doch schon die Begriffe Fremdenfreundlichkeit und Fremdenfeindlichkeit verweisen auf die affektive Dimension des Umgangs mit Fremden.

Der konstruktivistische Gehirnforscher Gerhard Roth betont die affektive Grundlage des Denkens und Lernens: Die Konstruktion von Wissen und Bedeutungen, so Roth, erfolgt zum großen Teil unbewusst und wird maßgeblich vom limbischen System, d.h. von unseren Affekten und Gefühlen beeinflusst. In einem Interview, das ich mit G. Roth geführt habe, stellt er fest: „Ohne emotionale Komponenten läuft beim Lernen überhaupt nichts... Vernunft ist etwas Wichtiges, aber sie entscheidet nichts, das tun nur die Gefühle... Letztlich geht es um die emotionale Akzeptanz der von der Vernunft aufgezeigten Alternativen und ihrer Konsequenzen... Man ändert Menschen nicht über Appelle an die Einsicht und an die Vernunft." (Roth 2003, S. 17).

In der interkulturellen Pädagogik hat vor allem Renate Nestvogel diese Erkenntnis ernst genommen: Die pädagogische Behandlung von Fremdheit ist überwiegend „kopfgesteuert". „Bekanntlich sind viele Vorurteile, Stereotypen, verinnerlichte Bilder und Assoziationen zu Fremden aber wenig kopfgesteuert, sondern eher affektiv, emotional geladen und auch affektiv von uns gespeichert und verinnerlicht worden. Oft schlummern sie unbewusst, verdrängt in uns, bis sie bei bestimmten Gelegenheiten ,veräußerlicht' werden. Erkenntnisse sollten daher auch über affektive Zugänge erworben werden." (Nestvogel 2003, S. 192).

Vielfach sind die kognitiven Lernziele weniger wichtig als die Lernum-
gebungen, die „Settings", in denen neue Erfahrungen gemacht werden.
Umgang mit Fremdheit ist ein Thema „lebenslangen Lernens". Wünschenswert ist die Gestaltung „*neuer Lernkulturen*", in denen nachhaltige
interkulturelle Umgangsformenformen nicht nur kognitiv gelernt, sondern
auch sozialemotional erlebt werden. In solchen lebensweltlichen Lernkulturen werden interkulturelle Kontakte zu Formen des transkulturellen Zusammenlebens erweitert. Damit wird der kulturalistische Konstruktivismus
– zumindest partiell – zu einem *Dekonstruktivismus* weiterentwickelt, der
die kulturellen Unterscheidungen relativiert und transzendiert. Ausländische Nachbarn sind nicht nur „Träger" kultureller Merkmale, sondern
Mitmenschen.

Seit einigen Jahren ist eine Perspektivenverschränkung von Soziologie
und Pädagogik zu beobachten. Der Begriff „lernende Gesellschaft" verweist auf die „Vergesellschaftung" des Lernens. Die Zukunfts- und Innova-
tionsfähigkeit hängt demnach wesentlich von den gesellschaftlichen Lern-
kapazitäten und Lernpotenzialen ab. Eine multikulturelle Gesellschaft verfügt über mehr Kompetenzen als eine monokulturelle Gesellschaft. Diese
gilt für die alltägliche Lebensführung – am offensichtlichsten im Bereich
Ernährung und Gesundheit, aber auch in der Arbeitswelt. Eine kulturell
gemischte Belegschaft verfügt aufgrund der Vielfalt der Erfahrungen und
auch Sprachkenntnisse über Wettbewerbsvorteile. „Um sich auf internationalen Märkten besser positionieren zu können, implementieren Organisa-
tions- und Personalentwicklungsabteilungen verstärkt ‚Diversity Management Ansätze' in ihr Aufgabenspektrum. Diese definieren die im Unternehmen vorhandene kulturelle Pluralität, welche es durch interkulturelles
Lernen aufzudecken und zu nutzen gilt." (Siefker 2004, S. 144). Allerdings
scheint unsere Mehrheitsgesellschaft die Chancen diese kulturellen Vielfalt
erst in Ansätzen zu realisieren.

Literatur:
Arnold, R.: Interkulturelle Berufspädagogik. Oldenburg 1991
Beck, U.: Die feindlose Demokratie. Stuttgart 1995
Bolscho, D. / de Haan, G. (Hg.): Konstruktivismus und Umweltbildung. Opladen 2000

Braitenberg, V.: Das Bild der Welt im Kopf. Münster 2004

Gergen, K.: Konstruierte Wirklichkeiten. Stuttgart 2004

Harris, M.: Fauler Zauber. Wie der Mensch sich täuschen läßt. München 1997

Maturana, H. / Varela, F.: Der Baum der Erkenntnis. München 1987

Nestvogel, R.: Interkulturelles Lernen. In: Lang-Wojtasik, G. / Lohrenscheidt, C. (Hg.): Entwicklungspädagogik – Globales Lernen – Internationale Bildungsforschung. Frankfurt 2003, S. 186-194

Roth, G.: Interview. In: REPORT 3/2003, S. 14-19

Schäffter, O.: Das Eigene und das Fremde. Humboldt-Universität Berlin 1997

Siebert, H.: Pädagogischer Konstruktivismus. Weinheim 2005, 3

Siefker, J.: Interkulturelle Kompetenz. In: Brödel, R. / Kreimeyer, J. (Hg.): Lebensbegleitendes Lernen als Kompetenzentwicklung. Bielefeld 2004, S. 139-156

Wagener, S.: Feindbilder. Berlin 1999

Watzlawick, P.: Anleitung zum Unglücklichsein. München 2000, 20

Klaus Seitz

Verhängnisvolle Mythen
Nationale Identität und kulturelle Vielfalt

Die Vorstellung, dass menschliche Kulturen homogene und voneinander unabhängige Einheiten sind, schlägt das politische und pädagogische Denken seit mehr als zwei Jahrhunderten in ihren Bann. Johann Gottfried Herder hatte die Metapher von der kugelförmigen und in sich ruhenden Gestalt einer nationalen Kultur auf den Begriff gebracht: „Jede Nation hat ihren Mittelpunkt der Glückseligkeit in sich wie jede Kugel ihren Schwerpunkt" (Herder 1990, S. 35). Der Aufbau der europäischen Nationalstaaten ging einher mit der Konstruktion einer nationalen Identität, die vor allem in Deutschland mit der Vorstellung von einer homogenen Nationalkultur verknüpft war. Tatsächlich aber wurde dabei die sprachliche, kulturelle und ethnische Vielfalt der gewachsenen Gesellschaften ignoriert. Kulturelle Minderheiten wurden von einer nationalen Dominanzkultur unterdrückt oder an den Rand gedrängt. Mit der Entfaltung eines staatlichen Bildungswesens ist gerade die Bildung in die Pflicht genommen worden, den Mythos der homogenen Nationalkultur gesellschaftlich zu verankern.

Bis heute tut sich ein Bildungssystem, das in dieser Tradition wurzelt, schwer, der faktischen Heterogenität der Lernenden gerecht zu werden und die kulturelle Vielfalt der Gesellschaft anzuerkennen. Darüber hinaus verstellt die in den Erziehungs- und Sozialwissenschaften noch immer verbreitete Prämisse, dass die Integration einer Gesellschaft vor allem über gemeinsam geteilte kulturelle Werte vermittelt werden muss, den Blick auf unsere pluralistische soziale Wirklichkeit. Jene Mythen, die eine kulturelle Homogenisierung als Voraussetzung für die Stabilität eines staatlichen Gemeinwesens darstellen, haben in der Geschichte eine verhängnisvolle Wirkung entfaltet – und tun dies noch heute. Sie führen in einer Zeit, in der binnenkulturelle Differenzierungen und die Erfindung neuer, grenzüberschreitender kultureller Ausdrucksformen und kultureller Identitäten eine enorme Beschleunigung erfahren, erst recht in die Irre.

Die pädagogische Konstruktion einer nationalen Kultur

Die Mehrzahl der heute existierenden Nationalstaaten setzt sich aus ethnisch und kulturell heterogenen Bevölkerungen zusammen. Die knapp 200 Staaten der Welt beherbergen nach Angaben des Entwicklungsprogramms der Vereinten Nationen (UNDP) rund 5.000 verschiedene ethnische Gruppen: „In zwei Drittel aller Länder gibt es eine oder mehrere größere Minderheiten, (...) die mindestens 10 Prozent der Bevölkerung ausmachen" (UNDP 2004, S. 2). Von einer sprachlichen, ethnischen oder kulturellen Homogenität kann selbst bei jenen Nationen, die als „Kulturnationen" beschrieben werden, nicht die Rede sein. Doch selbst im Zeitalter einer aufkommenden Weltgesellschaft wird der Nationalstaat von Soziologen gerne zur „Normalform der Gesellschaft" (Giesen 1991, S. 9) stilisiert, die insofern alternativlos zu sein scheint, als sie angeblich eine subjektiv empfundene solidarische Zusammengehörigkeit stiftet, sowie soziale Integration, kulturelle Homogenität und kollektive Selbstbestimmung gewährleisten kann. Dieser Einschätzung muss man freilich entgegenhalten, dass ein solcher Fall von Gesellschaft historisch vermutlich nie existiert hat.

Dergleichen Selbststilisierungen gehören weltweit zum nationalen Projekt. Zwar ist der Nationalismus eine sozialpsychologische Realität – Nationen allerdings, wie sie von den Nationalisten beschworen werden, sind eine Fiktion (vgl. Holenstein 1998, S. 313). Nicht nur die sogenannten „Kulturnationen", sondern auch die „Staatsnationen" anglo-amerikanischen Typs oder die französische „Willensnation" waren nach der Statuierung der nationalen Grenzen darum bemüht, eine Nationalisierung des Staatsvolkes zu vollziehen. Eisenstadt beschreibt die Konstruktion nationaler Identität als den Versuch, „kollektive Identität auf der Basis einer Kombination von primordialen (historisch, territorialen, sprachlichen, ethnischen) Faktoren bzw. Symbolen und politischen Grenzen herzustellen" (Eisenstadt 1991, S. 21). Aus der unterstellten Gemeinsamkeit der kulturellen Lebensform und der angenommenen Gemeinsamkeit der Abstammung entwirft die nationale Gesellschaft ein kollektives Bewusstsein, identifiziert sich als „Wir"-Gruppe, die sich im Zuge der bürgerlichen Revolution zugleich als Subjekt politischer Souveränität begreift. Das Projekt der Ausbildung eines Nationalbewusstseins kommt gerade in einer Epoche zur Blüte, in der sich der gesellschaftliche Umbruch von der mittelalterlichen zur modernen, funktional differenzierten Gesellschaft vollzieht. In der Orientierungslosigkeit, die die Auflösung der starren Sozialbindungen der feudalen Gesellschaft mit sich brachte, bot sich die nationale Identität als neuer Integrationsmodus an, der soziale Zusammengehörigkeit stiften sollte.

Bei dieser Konstruktion eines nationalen Bewusstseins, der Assimilation oder Unterdrückung kultureller, ethnischer und sprachlicher Minderheiten, wie auch bei der Erfindung der Mythen, Symbole und Traditionen, die die Gemeinschaft des Volkes begründen und das „Wir" von den Anderen scheiden, spielte das Programm einer Nationalerziehung eine herausragende Rolle. Die Entwicklung des öffentlichen Schulwesens und die Entfaltung der akademischen Erziehungswissenschaft gehen mit der Formierung des Nationalstaates Hand in Hand. Unser Bildungswesen hat gerade in jener Zeit seine moderne Gestalt angenommen, als der öffentlichen Erziehung die Aufgabe zugedacht war, die Nationenbildung zu befördern und den loyalen Staatsbürger zu formen: „Historically, education has been both parent and child to the developing nation state. The national education system as a universal and public institution first emerged in post-revolutionary Europe as an instrument of state formation" (Green 1997, S. 1).

Motor der staatlichen Bildungsoffensive des 18. und 19. Jahrhunderts sind zunächst nicht wirtschaftliche Interessen. Vielmehr geht es um die Konsolidierung staatlicher Macht, die Konstruktion einer nationalen Identität und die Stärkung des nationalen Zusammenhaltes. Vor dem Hintergrund umfassender bildungsgeschichtlicher Analysen kann Green die strenge Ausrichtung des Bildungswesens auf die Ansprüche der jungen Nationalstaaten in vielen Teilen der Welt belegen: „The major impetus for the creation of national education systems lay in the need to provide the state with trained administrators, engineers and military personel, to spread the dominant cultures and inculcate popular ideologies of nationhood, to forge the political and cultural unity of the burgeoning nation states, and to cement the ideological hegemony of their dominant classes. In all countries there was a need to promulgate popular literacy and to generalize the use of the dominant language or dialect as part of the process of fostering national identity" (Green 1997, S. 35).

Der hier betonten schulischen Sprachenpolitik kam für die Etablierung einer hegemonialen Nationalsprache gerade auch in Deutschland eine zentrale Bedeutung zu. An den öffentlichen Elementarschulen Preußens konnte man zu Beginn des wilhelminischen Kaiserreiches noch unzählige Sprachen hören, darunter Polnisch, Litauisch, Dänisch, Mährisch, Friesisch, Holländisch. Jeder achte Schüler sprach zu dieser Zeit eine nichtdeutsche Erstsprache. Doch noch im Verlaufe des ersten Jahrzehntes nach der Reichsgründung wurden in Preußen alle Sprachen außer Hochdeutsch aus den Schulen und aus dem Geschäftsleben verdrängt (vgl. Hansen/Wenning 2003). Die vielbeschworene deutsche Sprach- und Kulturgemeinschaft ging dem Nationalstaat nicht voraus, sondern wurde erst durch ihn geschaffen. Der „monolinguale Habitus" (vgl. Gogolin 1994) des nationalstaatlich verfassten Bildungswesens ist eine zentrale Säule des nationalen Selbstverständnisses einer Schule, die der vorgefundenen Vielsprachigkeit und kulturellen Pluralität der Schülerschaft die Anerkennung verweigert.

Weltweit geht im Zuge des Nation-building der Aufbau des staatlichen Bildungswesens mit der Ausgrenzung der gegebenen sprachlichen Vielfalt einher. So werden beispielsweise in Afrika heute noch über 2 500 verschiedene Sprachen gesprochen, indes haben nur 13 Prozent der Kinder, die eine Grundschule besuchen, Gelegenheit, in ihrer Muttersprache unterrichtet zu werden. Eine staatliche Sprachenpolitik, die die Sprachen der um politische Mitbestimmung ringenden marginalisierten Bevölkerungsgruppen in Schule und öffentlichem Leben gezielt verbietet, ist in Gesellschaften mit politisch virulenten Identitätskonflikten bis heute ein mächtiges Instrument der Herrschaftssicherung und Unterdrückung. Der Ausschluss von Sprachen aus dem Bildungswesen, wie z.B. des Albanischen in der serbischen Provinz Kosovo, des Kurdischen in der Türkei oder der Amazigh-Sprachen in Marokko ist eine Form kultureller, entfremdender Gewalt. Der auf der schulischen Bühne ausgetragene Sprachenstreit hat häufig die gewaltsame Eskalation von ethno-politischen Konflikten entfacht (vgl. Seitz 2004).

Die pädagogische Konstruktion eines nationalen Gemeinschaftsgefühls ist nach innen, innerhalb der nationalstaatlichen Grenzen, mit der Missachtung oder Unterdrückung der gegebenen kulturellen und sprachlichen Pluralität der Bevölkerung verbunden. Dem Versuch der kulturellen Homogenisierung nach innen korrespondiert eine Abgrenzung nach außen, gegenüber den „Fremden". Diese Differenz muss nicht zwangsläufig mit einer Abwertung anderer Nationen gegenüber der Wir-Gruppe verbunden sein. Doch gerade an der deutschen Bildungsgeschichte lässt sich wiederum ablesen, welch unheilvolle Wirkung eine Nationalerziehung gestiftet hat, die sich zugleich für eine chauvinistische, aggressive Außenpolitik instrumentalisieren ließ. So wurde im Deutschen Reich spätestens mit dem Eintritt Deutschlands in den Wettbewerb der imperialistischen Weltmächte ab 1890 die Schule in den Dienst der „geistigen Aufrüstung" gestellt. Haas hat dies am Beispiel des Geographieunterrichts nachgezeichnet: „Die innere Logik des völkischen Nationalismus führte in der Weltmachtpolitik Wilhelms II. von der Abgrenzung gegen Fremde zur Frontstellung gegen Feinde. Die am völkischen Nationalismus orientierten Geographen sahen die Nachbarn nicht mehr als Menschen mit ähnlichen sozialen und politischen Problemen, sondern definierten sie ausschließlich über ihre feindliche nationale Zugehörigkeit" (Haas 1998, S. 145). Bedenklich stimmt, dass sich gerade die Geographiedidaktik im Rahmen der „Heimat- und Vaterlandskunde" mit einer nationalistischen Propaganda besonders hervorgetan hat. Denn ideengeschichtlich war die Geographie zunächst der Vorstellung von der Einheit der Menschheit entsprungen und dem Ziel der Völkerverständigung verpflichtet.

Trugbilder nationaler Identität

Ohnehin wurzelt das neuzeitliche europäische Bildungsverständnis in weltbürgerlichen Ideen, denen die Vorstellung unterschiedlich wertvoller und voneinander geschiedener Volkskulturen zunächst fremd war. So wurde u.a. von Comenius und später von den Pädagogen der Aufklärung das neuzeitliche Bildungskonzept als ein Programm begründet, das die gesamte Menschheit im Blick hat und von der Einheit der Kulturen und Völker ausgeht. Bildung zielt im pädagogischen Denken der frühen Neuzeit auf Universalisierung, auf das Überschreiten von Horizonten, auf die Dezentrierung der vorgefundenen, überkommenen Weltsicht. Parallel mit der Formierung der Nationalstaaten wurde diese kosmopolitische Anlage des pädagogischen Denkens jedoch von der aufkommenden Nationalerziehung überwölbt.

Herder und Fichte stehen an dieser ideengeschichtlichen Scharnierstelle und haben jene Trugbilder von der kulturellen Identität der Gesellschaft bzw. der Nation auf den Begriff gebracht, die dem Umschlag von einer universalen zu einer nationaler Pädagogik zur Rechtfertigung dient. Sie haben damit auch ein bis heute wirkungsmächtiges essentialistisches Kulturverständnis fixiert. Dabei hat Herder noch einen ausgesprochen weltoffenen Katechismus zur „Bildung der Menschheit" entfaltet, in welchem der Sitte, Kultur und Religion aller Völker großer Respekt entgegengebracht wird. Doch Herder charakterisiert jedes Volk durch eine je eigene und einzigartige Lebensart; über die Vielzahl der Kollektivseelen hinaus gibt es für ihn keine universelle Vernunft. Die allgemeine Vernunft artikuliere sich allein im jeweils kulturell und historisch Besonderen: „Das menschliche Geschlecht hat in allen seinen Zeitaltern, nur in jedem auf andre Art, Glückseligkeit zur Summe" (Herder 1976, S. 30). Für Herder ist – im Unterschied zum kosmopolitischen Universalismus der Aufklärung – die Vervollkommnung der Menschheit gerade nicht durch den weltgeschichtlichen Endzustand ihrer politischen Vereinigung erreicht: vielmehr ist sie in der größtmöglichen Ausprägung der Eigentümlichkeit und Individualität eines jeden Volkes gegeben.

In Fortführung dieser romantischen Wendung verkoppelt Fichte die Menschheitsidee mit der nationalen Idee. In seinen einflussreichen „Reden an die Deutsche Nation" begründet er die Nationalerziehung als allgemeine und allseitige Menschenbildung, die eine bewusste Selbstbindung an universelle Normen intendiert. Diese autonome Selbstbestimmung ist nach Fichte jedoch nur unter den Bedingungen einer freien Existenz in einem souveränen, demokratischen Nationalstaat zu gewinnen. Fichte bringt dabei allerdings ein kulturelles Überlegenheitsdenken zum Ausdruck, das bestimmten Völkern, hier: dem deutschen, eine privilegierte Position zur Beförderung des Fortschritts der Menschheit zuweist. Demgegenüber ist Herder die Idee eines auserwählten Volkes fremd.

In Verbindung mit dem essentialistischen Kulturbegriff Herders allerdings, der Kulturen als homogen, starr, voneinander geschieden und ethnisch fundiert begreift, erfährt die Idee der Nationalkultur bei Fichte eine Zuspitzung, die nicht nur in der deutschen Pädagogik eine verhängnisvolle Wirkung entfaltet hat. Das hier auf den Punkt gebrachte Paradigma der nationalen Identität ist durch drei problematische Prämissen gekennzeichnet:

• durch die Voraussetzung, dass sich die Entfaltung der nationalen Potenziale bereits selbst genügt, sich mithin die Menschheit hinreichend in den einzelnen Nationen verwirklicht, die zu ihrer Selbstvervollkommnung nicht mehr auf den Dialog mit dem Anderen angewiesen scheint,

• durch die Annahme, dass sich gelingendes gemeinschaftliches Zusammenleben, Gerechtigkeit und Freiheit nur im Rahmen einer exklusiven kollektiven Identität und unter Bedingungen der sozialen Ausgrenzung der nicht Zugehörigen verwirklichen lassen,

• und durch die Vorstellung, dass sich diese kollektive nationale Identität nur durch eine Homogenisierung nach innen herstellen lässt, die zugleich mit einem hermetisches Gefühl der Zusammengehörigkeit verwoben ist.

Wie sehr dergleichen Trugbilder über den Zusammenhang zwischen kultureller Identität und staatlichem Zusammenhalt die Politik in weiten Teilen der Welt noch bestimmen, bringt das Entwicklungsprogramm der Vereinten Nationen in seinem Bericht über die menschliche Entwicklung 2004 (vgl. UNDP 2004) zur Sprache. Identitätspolitische Strategien, die mit der Polarisierung zwischen bestimmten Bevölkerungsgruppen operieren, sind in Geschichte und Gegenwart oft genug, so zeigt der UNDP-Bericht, zur Ursache oder zum Katalysator innergesellschaftlicher oder zwischenstaatlicher Gewaltkonflikte geworden. UNDP entlarvt die Prämissen, die einer repressiven staatlichen Identitätspolitik zu Grunde liegen, systematisch als negative „Mythen".

Es sind laut UNDP vor allem drei besonders einflussreiche Mythen, die die Wirklichkeit der kulturellen Vielfalt vernebeln und die kulturelle Homogenität als Voraussetzung für die Stabilität eines Staatswesens propagieren:

Nach dem ersten Mythos steht die kulturelle oder ethnische Identität der Menschen in Konkurrenz zu deren Verbundenheit mit dem Staat. Dem hält der UNDP-Bericht entgegen, dass sich jedes Individuum mit vielen unterschiedlichen Gruppierungen gleichzeitig identifizieren kann. Jeder Mensch kann mehrere sich ergänzende Identitäten einnehmen, bezüglich Sprache, Rasse, Religion und Staatsangehörigkeit. Denn Identität ist, so der UNDP-Bericht, keine Nullsummenspiel (ebd., S. 16), das die Bürger/innen dazu zwingt, sich entweder für die Zugehörigkeit zu einer bestimmten Gruppe oder zur staatlichen Einheit zu entscheiden. Selbst Walzer, ein Vertreter des Kommunitarismus, der gerade auf den Vorrang der kulturellen Integration gewachsener Gemeinschaften gegenüber einer rechtsförmigen Vergesellschaftung setzt, betont die Fähigkeit des modernen Menschen, eine multiple, inklusive Identität einzunehmen. Wenn sich die Identität des Menschen nicht mehr über die exklusive Zugehörigkeit zu einer und nur einer Gruppe definiert, so wäre dies ein Schritt zu einer friedlicheren Welt. Walzer beschreibt sich selbst als „Amerikaner, Jude, Ostküstenbewohner, Intellektueller und Professor" und resümiert: „Man stelle sich eine ähnliche Vervielfältigung der Identitäten überall auf der Welt vor, und die Erde beginnt, wie ein weniger gefährlicher Ort auszusehen. Wenn sich die Identitäten vervielfältigen, teilen sich die Leidenschaften" (Walzer 1992, S. 136).

Ein zweiter Mythos besagt, dass kulturelle und ethnische Vielfalt besonders anfällig für gewaltsame Auseinandersetzungen sei, da die Werte der verschiedenen Gruppierungen miteinander kollidierten. Der innere Friede multikultureller Gesellschaften sei daher stets gefährdet. Dem hält UNDP entgegen, dass die Ursachen von gesellschaftlichen Konflikten in der Regel nicht in kulturellen Differenzen, sondern in der wirtschaftlichen oder politischen Ungleichheit zwischen den Bevölkerungsgruppen liegen. Zahlreiche empirische Erhebungen belegen nach Auffassung des UNDP, dass die Konfliktwahrscheinlichkeit in dem Maße wächst, wie bestimmten ethnischen Gruppen der gleichberechtigte Zugang zu den wirtschaftlichen Ressourcen, zu Einkommen, Arbeitsplätzen, sozialen Dienstleistungen und politischer Mitbestimmung vorenthalten wird. Dabei muss durchaus anerkannt werden, dass kulturelle Identität häufig als Triebfeder für die politische Mobilmachung instrumentalisiert wird, sei es nun im Kampf gegen die erfahrene Ungerechtigkeit, sei es zur Rechtfertigung der gesellschaftlichen Ungleichheit.

Einem dritten Mythos gemäß erfordert kulturelle Freiheit wohl oder übel das Eintreten auch für Traditionen, die die gesellschaftliche Entwicklung behindern und die der Verwirklichung der Menschenrechte entgegenstehen. Demgegenüber betont der UNDP-Bericht, es gehe bei der kulturellen Freiheit um die Ausweitung der Wahlmöglichen des/der Einzelnen, nicht um die Bewahrung von Werten und Bräuchen als Selbstzweck. UNDP versteht unter „kultureller Freiheit", „dass Menschen in der Lage sind, zu leben wie sie wollen und diejenigen zu sein, die sie sein wollen, wobei ihnen ausreichende Wahlmöglichkeiten zur Verfügung stehen" (ebd. S. 5). Zwangsläufig bringen kulturelle Optionen kulturellen Wandel und Erneuerung mit sich. Kultur wird damit nicht als eine Ansammlung von starren Traditionen begriffen, vielmehr wird deutlich, dass sich Kulturen unter dem Einfluss innerer Widersprüche ebenso wie im Dialog mit anderen Kulturen permanent verändern. Das Recht auf kulturelle Freiheit und die Anerkennung von kultureller Vielfalt lassen es gerade als notwendig erscheinen, jenen Bewegungen, die im Namen von irgendwelchen Traditionen eine kulturelle Vorherrschaft anstreben, entschieden entgegenzutreten.

Kultureller Wandel in Zeiten der Globalisierung und der Transmigration

Dass Kulturen ständig in Bewegung sind, sich durch Begegnung und Austausch vermischen und verändern, ineinander fließen und Neues erschaffen, ist kein Phänomen erst der jüngsten Zeit. Die Kulturen der Welt sind längst alle „voneinander kontaminiert", wie Appiah feststellt (zit. nach Nederveen Pieterse 1998, S. 116). Neu allerdings sind im angebrochenen Zeitalter der Globalisierung Ausmaß und Geschwindigkeit, in der sich kultureller Wandel und interkulturelle Zirkulation weltweit vollziehen. Das traditionelle, von Herder geprägte Kulturverständnis, dem gemäß sich Kulturen als Ausdruck eines sprachlich und ethnisch einheitlichen Volkes auf einem abgrenzbaren Territorium gleichförmig entfalten, war schon immer eine Fiktion – eine Fiktion freilich, die unter den Vorzeichen der Nationalkultur identitätspolitisch gewendet und durch die Konstruktion der „vorgestellten Gemeinschaft" der Nation geschichtsmächtig werden konnte. Im Zuge der Globalisierung, die durch eine zunehmende grenzüberschreitende

Verflechtung der wirtschaftlichen, sozialen und kulturellen Beziehungen gekennzeichnet ist, erweist sich dieses Kulturverständnis vollends als irreführend. Die Fiktion, dass sich Kulturraum, Wirtschaftsraum, Sprachgemeinschaft und ein durch gemeinsame ethnische Herkunft charakterisiertes „Volk" auf einem politisch verfassten Territorium zur Deckung bringen ließen, ist in der heutigen postnationalen Konstellation unwiderruflich auseinandergebrochen.

Unter dem Eindruck der Globalisierung bildet sich eine neue, deterritorialisierte und pluralistische Weltkultur heraus: „The world culture is created through the increasing interconnectedness of varied local cultures, as well as through the development of cultures without a clear anchorage in any one territory" (Hannerz 1990, S. 237). Neben der Globalisierung, die den kommunikativen Austausch zwischen den Kulturen beschleunigt und zugleich die politische Gestaltungsmacht des Nationalstaats untergräbt, trägt vor allem das Ausmaß der grenzüberschreitenden Mobilität der Menschen zu einer neuen Qualität des kulturellen Wandels bei. Die vergangenen Jahrzehnte sind nicht nur durch ein explosionsartiges Wachstum des Tourismus, sondern auch durch eine enorme Zunahme der internationalen Wanderungsströme gekennzeichnet. Zwischen 1965 und 2000 ist die Zahl der Migranten weltweit doppelt so schnell gewachsen wie die Weltbevölkerung. Zu Beginn der achtziger Jahre lebten rund 77 Millionen Menschen langfristig (d.h. mehr als ein Jahr) außerhalb ihres Geburtslandes. Für das Jahr 2000 wird bereits von 175 Millionen internationalen Migranten ausgegangen (vgl. Population Division 2002). Jeder 35. Bewohner auf der Erde ist damit ein internationaler Migrant. 56,1 Millionen Migranten leben in Europa. Deutschland ist, nach Russland, das Land mit der zweitgrößten Einwandererpopulation in Europa.

Bemerkenswert ist allerdings nicht nur das quantitative Wachstum der Migration, sondern viel mehr noch die verstärkte Diversifizierung und Komplexität der Wanderungsbewegungen, die es rechtfertigen, von einer „neuen internationalen Migration" zu sprechen. Zahlreiche Länder sind heute gleichzeitig Herkunfts-, Transit- wie auch Zielländer. Nicht zuletzt die wachsende Bedeutung temporärer Migration hat den Charakter der Wanderungsbewegungen verändert. Transmigration, d.h. das Durchwandern mehrerer Länder mit kürzerem oder längerem Aufenthalt, und Pendelmigration, d.h. der mehrfache Wechsel zwischen Heimat- und Zielland, sind heute schon weitaus verbreiteter als die klassische Aus- oder Einwanderung. Die Transmigranten, die weder eine dauerhafte Rückkehr ins Heimatland noch eine kulturelle Assimilation im temporären Aufnahmeland vor Augen haben, schaffen damit auch neue transnationale soziale Wirklichkeiten. Die „globale Diaspora", deren Rücküberweisungen heute nach den ausländischen Direktinvestitionen die wichtigste externe Finanzierungsquelle der Entwicklungsländer darstellen, und die Transmigranten sind herausragende Akteure neuer kultureller Hybridbildungen, die die Kultur der Heimatländer ebenso verändern wie die der Aufnahmeländer. Die neu entstehenden kulturellen Mischformen, die auch zur Überwindung herkömmlicher Multikulturalitätskonzepte nötigen, werden theoretisch recht unterschiedlich gefasst: von „globaler Melange", kulturellem „Synkretismus", „Crossover-Kultur", „Transkulturalität", „Kreolisierung" oder „Hybridität" ist die Rede.

Für die Transmigranten wird die Fähigkeit zum transkulturellen Übergang zu einer überlebenssichernden Kompetenz. Vor allem die der postkoloniale Kritik nahestehenden Stimmen wie Bhabha (1993) warnen allerdings davor, die Hybridisierung der Kulturen, die gelegentlich als Erscheinungsform einer neuen transkulturellen Weltkultur gepriesen wird, zu idealisieren. Denn Hybridität im Sinne Bhabhas entsteht gerade nicht aus einem Dialog der Kulturen „auf Augenhöhe", der es beiden Seiten erlaubt, die kulturellen Ausdrucksformen ihrer Identität frei wählen zu können. Eine hybride kulturelle Identität ist vielmehr widersprüchliches Ergebnis diskriminierender Grenzerfahrungen, die von Unterdrückung und Ausbeutung geprägt sind. Die Transkulturalität der Transmigranten hat in der Regel nichts mit der kosmopolitischen Weltkultur der global citizens aus den Chefetagen der transnationalen Konzerne zu tun, sie kann vielmehr auch Ausdruck einer tiefen kulturellen Entfremdung und Zerrissenheit sein. Dabei darf nicht übersehen werden, dass die aufenthaltsrechtlichen Bestimmungen der meisten europäischen Länder den neuen Formen der Transmigration noch kaum Rechnung tragen und unzählige Migranten ein Leben in der Illegalität und in der Sprachlosigkeit fristen müssen.

Ein veränderter politischer Regelungsbedarf zeigt sich indes nicht nur beim Umgang mit der Migration, sondern auch bei einer zweiten zentralen Quelle, die die Entstehung neuer, transnationaler „dritter Kulturen" befördert: der enormen Dynamik des weltweiten Austauschs kultureller Güter und Dienstleistungen. Mit der wirtschaftlichen Globalisierung geht eine rasante kulturelle Zirkulation einher, die letztlich auch die Ausdrucksmöglichkeiten, derer sich Menschen bedienen können, vermehrt und damit unsere kulturelle Freiheit erweitern kann. Doch während die einen diese kulturelle Globalisierung als Beitrag zur weiteren Differenzierung der Kulturen begrüßen (vgl. Breidenbach/Zukrigl 1998), warnen andere davor, die gewachsene kulturelle Vielfalt sei durch den Globalisierungsdruck massiv gefährdet (vgl. Buess 2005). Tatsächlich zeigt sich neben der generellen Zunahme kultureller Ausdrucksformen auf dem Weltmarkt für kulturelle Dienstleistungen zugleich eine Homogenisierung der Populärkultur, ganz besonders in der Mode, bei Film und Fernsehen, oder in der Popmusik. Durch die Dominanz der US-amerikanischen Kulturindustrie sind zunehmend ähnliche Konsumgüter, Lebensentwürfe, Symbole und Leitbilder weltweit präsent. Kultur ist längst zu einem Handelsgut geworden. Und im Rahmen des allgemeinen Abkommens zum Dienstleistungshandel (GATS) wird seit einigen Jahren über eine Liberalisierung des Handels auch mit kulturellen Dienstleistungen verhandelt. Der Deutsche Kulturrat verlangt, dass Kultur- und Bildungsdienstleistungen vollständig aus dem GATS ausgeklammert werden, da befürchtet wird, dass die Handelsliberalisierung auch die kulturpolitische Regulationskompetenz des Staates aushebeln könnte. Für eine „exception culturelle" tritt auch die französische Regierung seit Jahren lautstark ein. Dergleichen Positionen bringen freilich wiederum, vor allem wenn sie mit der Verteidigung z.B. von Quoten für inländische Musik oder nationale Filmproduktion verbunden sind, einen kulturpolitischen Provinzialismus zum Ausdruck, der der transkulturellen Realität der Weltgesellschaft am Beginn des 21. Jahrhunderts gewiss nicht mehr gerecht wird.

Einen alternativen Weg, um der Liberalisierungsagenda der Welthandelsorganisation ein kulturpolitisches Gegengewicht entgegen zu stellen, beschreitet die UNESCO mit dem Versuch, eine völkerrechtlich verbindliche

Konvention zum Schutz der Vielfalt kultureller Inhalte und künstlerischer Ausdrucksformen auf den Weg zu bringen (vgl. Buess 2005). Diese Konvention soll das Recht auf kulturelle Selbstbestimmung gewährleisten, zugleich aber auch verbindliche Regeln für einen fairen und gleichberechtigten Kulturaustausch zwischen den Ländern der Welt definieren und einen Beobachtungsmechanismus zur Beurteilung der weltweiten Entwicklungen im Bereich der kulturellen Vielfalt etablieren.

Kulturelle Freiheit in der postnationalen Konstellation

Gewiss stellt für viele gewachsene kulturelle Traditionen die Globalisierung eine Herausforderung, ja eine Bedrohung dar: sei es durch die Konfrontation mit kulturellen Alternativen und der Pluralisierung der Lebensentwürfe, sei es durch die Entstehung neuer transkultureller Identitäten, die die Bindung an die traditionellen Werte der Gemeinschaft schwächen, sei es durch die machtvolle Konkurrenz, die die Produkte der US-dominierten Kulturindustrien für das eigene kulturelle Schaffen darstellen. Es wäre jedoch der falsche und letztlich wenig erfolgversprechende Weg, auf diese Herausforderung mit einer rückwärtsgewandten Politik des Bewahrens, mit kulturpolitischem Protektionismus oder gar isolationistischem Nationalismus antworten zu wollen. UNDP empfiehlt eine anderslautende Strategie, die konsequent dem Leitbild der kulturellen Freiheit verpflichtet ist: die Staaten und die Weltgemeinschaft sollen Handlungskonzepte entwickeln, die kulturelle Vielfalt ausdrücklich anerkennen und gerade zur Förderung von Pluralismus beitragen.

Eine solche Politik der Multi- und Transkulturalität ist sehr wohl mit den Anforderungen an staatliche Einheit, soziale Kohäsion und kollektive Identität in Einklang zu bringen. Ihre Nagelprobe erfährt sie freilich im Umgang mit repressiven Bewegungen, die die kulturelle Freiheit und Pluralität einschränken wollen und Intoleranz predigen. Mit Blick auf die wenig erfolgreichen Versuche, z.B. islamistische oder rechtsextreme Parteien zu verbieten, kommt der UNDP-Bericht zu einer überraschenden, aber folgerichtigen Empfehlung: die Mittel, mit denen man die Intoleranz zu bekämpfen sucht, müssen ihrerseits demokratisch und legitim sein. Gerade die demokratische Auseinandersetzung sei die wirksamere Methode, intolerante

Zielsetzungen solcher Bewegungen bloßzustellen und damit ihre Attraktivität zu untergraben (vgl. UNDP 2004, S. 13).

Der UNDP-Bericht zeigt auf, welche zukunftsweisenden Schritte zahlreiche Staaten bereits zur konstruktiven Steuerung der kulturellen Vielfalt unternommen haben. Im Mittelpunkt steht dabei ein „multikulturelles" Demokratieverständnis, das die echte Teilhabe marginalisierter Bevölkerungsgruppen und ethnischer Minderheiten an der politischen Macht gewährleisten kann. Weitere Handlungskonzepte beziehen sich auf die Sicherstellung der Religionsfreiheit, auf die Anerkennung der Sprachenvielfalt, die Überwindung sozio-ökonomischer Ungleichheiten, die die gezielte Förderung von benachteiligten Minderheiten voraussetzt, und auf die Einführung eines Rechtspluralismus, der das traditionelle Gewohnheitsrecht in einen legitimen Rechtsstaat einzubinden trachtet.

Die Sprachenfrage ist gerade auch in der Bildungspolitik einer multilingualen Gesellschaften von herausragender Bedeutung. Die UNESCO empfiehlt die Anwendung der Drei-Sprachen-Formel, wie sie z.B. in Indien bereits seit vier Jahrzehnten gepflegt wird. Demnach sollte der Gebrauch von drei Sprachen in Schulen gelehrt und in öffentlichen Einrichtungen anerkannt werden: der Muttersprache, der regionalen Verkehrssprache, sowie einer internationalen Sprache. Guatemala hat nach dem Ende eines verheerenden Bürgerkrieges, unter dem vor allem die unterdrückte indigene Bevölkerungsmehrheit schwer gelitten hat, als zentrales Element des Friedensprozesses ein beispielhaftes multikulturelles und bilinguales Curriculum eingeführt. Im Mittelpunkt steht dabei das Prinzip der „Einheit in der Vielfalt". Die Kinder sollen in ihren (insgesamt 21 verschiedenen) Maya-Erstsprachen unterrichtet werden; darüber hinaus wird die Mayakultur als originäre Basis der guatemaltekischen Kultur anerkannt und im Lehrplan explizit berücksichtigt (vgl. Tawil/Harley 2004). Bedenkt man, welch fatale Rolle gerade die bildungspolitische Unterdrückung der indigenen Kulturen für die Verschärfung der Spannungen, die schließlich zum Bürgerkrieg geführt haben, gespielt hat, ist die friedensstiftende Funktion dieser curricularen Reformen nicht zu unterschätzen.

Angesichts der in der deutschen Einwanderungsgesellschaft gegebenen Sprachenvielfalt und Multikulturalität müsste auch hierzulande der bilinguale Unterricht für Kinder, die eine nichtdeutsche Erstsprache sprechen, zur Regel werden. Kinder, die in zwei Sprachen leben, sollten Gelegenheit haben, in jeder dieser Sprachen alphabetisiert zu werden. Von den rund 200 Sprachen, die in Deutschland gesprochen werden, haben indes nur wenige offiziellen oder geschützten Status. Entgegen der Mehrsprachigkeit, in der Millionen von Kinder mittlerweile aufwachsen, orientiert sich die Schule nach wie vor an einem „Normalitätskonstrukt", das Monolingualität und die Orientierung an einer deutschen Mittelschichtkultur als Normalfall voraussetzt (vgl. Hansen/Wenning 2003). Auch dieses schulische Normalitätskonstrukt, das multi- und transkulturelle Identitäten, Vielfalt und kulturelle Grenzerfahrungen bestenfalls als Übergangsformen anerkennen will, ist jenen verhängnisvollen Mythen nationaler Identität zuzurechnen. Der anhaltend nationale Habitus der deutschen Schule setzt sich auch darin fort, dass, wie jüngst eine Umfrage des Bündnisses für Demokratie und Toleranz unter den sechzehn Bundesländern ergeben hat, die gegebene kulturelle Heterogenität der Schülerschaft in den Curricula wie auch in der Lehrerausbildung in der meisten Bundesländer noch weitgehend ignoriert wird und die Bildungspläne noch immer am trügerischen Leitbild einer „Monokultur" orientiert sind (vgl. Goddar 2003). Dabei liegt auf der Hand: rund 15 % der in Deutschland lebenden Kinder und Jugendlichen haben einen Migrationshintergrund und leben einen von Mehrsprachigkeit und kultureller Hybridität geprägten Alltag.

Die Auswirkungen von Globalisierung, Einwanderung und Transmigration, die Dynamik des kulturellen Austauschs und der kulturellen Differenzierung stellen wachsende Anforderung an jede/n Einzelne/n, Mehrfachidentitäten auszubilden. Eine nationale, staatsbürgerliche Identität wird damit nicht überflüssig, kann aber im Kontext einer zusammenwachsenden Weltgesellschaft zum einen, der inneren Pluralisierung der Bevölkerung eines Staatswesens zum anderen, nur noch ein Identitätselement neben anderen sein. Wir leben bereits in einer „postnationalen Konstellation", in der zwar der Nationalstaat als Form der politischen Selbstorganisation der Gesellschaft weiterhin Bestand hat, in der aber die Grenzen der Gesellschaft, die Reichweite der wirtschaftlichen, kulturellen, sozialen Beziehungen wie auch die der politischen Herausforderungen, längst nicht mehr mit den

Grenzen der Nation zur Deckung zu bringen ist. Bell hat diese Relativierung des Nationalstaats trefflich auf den Punkt gebracht: "The nation state is becoming too small for the big problems of life, and too big for the small problems of life" (zit. n. Stichweh 2000, S. 25, Anm. 58).

Diese Herausforderung lässt es geraten erscheinen, auch die politische Bildung, die Einübung in die Regeln demokratischen Handelns, zukünftig an einem neuen, postnationalen Modell demokratischer Bürgerschaft auszurichten. Lynch (1992) empfiehlt ein Modell der „education for a multiple-levelled global citizenship", das die Ausbildung von demokratischen Kompetenzen gleichzeitig für drei unterschiedliche Ebenen vorsieht: für die Ebene der Zugehörigkeit zu einer lokalen Gemeinschaft, die Ebene nationaler Staatsbürgerschaft und die weltbürgerliche Ebene. Die Bemühungen um ein solches inklusives Verständnis von nationaler Identität und um ein Mehrebenenkonzept der Bürgerschaft stehen im Mittelpunkt der aktuellen Debatte um die Revision der „civic edcuation" in Großbritannien.

Dergleichen weltbürgerliche Perspektive sollten indes nicht dazu verleiten, das auf der nationalen Ebene prekär gewordene Konzept einer kulturellen Integration der Gesellschaft nunmehr auf der weltgesellschaftlichen Ebene reformulieren zu wollen. Zwar herrscht kein Mangel an Positionen, die darauf beharren, dass jede Form der supranationalen Integration die Ausbildung einer „Wertegemeinschaft" voraussetzt. Die kulturelle Integration der Weltgesellschaft und die Extrapolition der trügerischen nationalen Gemeinschaftsillusion auf die gesamte Menschheit („alle Menschen werden Brüder") wäre freilich wiederum nur als hegemoniales Projekt vorstellbar.

Soziale Integration kann in postnationalen Gesellschaft letztlich nur noch über Beteiligung gewährleistet werden, nicht über das Bekenntnis zu geteilten Werten und Traditionen (vgl. Seitz 2002). Den Stellenwert der Partizipation und des Zugangs aller Bevölkerungsgruppen zu wirtschaftlichen Ressourcen und politischer Macht betont auch die 2001 verabschiedete Allgemeine Erklärung zur kulturellen Vielfalt der UNESCO: „Nur eine Politik der Einbeziehung und Mitwirkung aller Bürger kann den sozialen Zusammenhalt, die Vitalität der Zivilgesellschaft und den Frieden sichern." Und Habermas weist zurecht darauf hin, dass der Prozess der politischen Partizipation „eine Art Ausfallbürgschaft für den Zusammenhalt einer funktional ausdifferenzierten Gesellschaft" übernehmen kann, „wenn die Vielfalt der Interessenlagen, kulturellen Lebensformen oder Weltanschauungen das naturwüchsige Substrat der Herkunftsgemeinschaft überfordern" (Habermas 1998, S. 117).

Die Erweiterung der kulturellen Freiheit, d.h. der Fähigkeit der Menschen, selbst wählen zu können, wer sie sind, und ihre Ermächtigung zur gleichberechtigten Teilhabe an der Mitgestaltung der gesellschaftlichen Verhältnisse sind die wesentlichen Säulen für den sozialen Zusammenhalt der postnationalen Gesellschaft. Die Annahme, dass kollektive Identität über die Bindung an gemeinsame Werte vermittelt werden muss, ist damit obsolet. Der zeitgenössische Transkulturalitätsdiskurs lässt erkennen, dass Menschen über ihre kulturellen Differenzen hinweg zur verbindlichen Verständigung über die sie gemeinsam betreffenden Angelegenheiten gelangen können, ohne dabei ihre vielfältigen kulturellen Wurzeln preisgeben zu müssen. Es ist an der Zeit, dass wir uns von den Mythen, die kollektive Identität, staatliche Einheit und kulturelle Vielfalt in Widerspruch zueinander setzen, verabschieden.

Literatur:
Bhabha, H. K.: The location of culture. London 1993.
Breidenbach, J./Zukrigl, I.: Tanz der Kulturen. Kulturelle Identität in einer globalisierten Welt. München 1998.
Buess, C.: Kulturelle Vielfalt unter Globalisierungsdruck. In: Zeitschrift Entwicklungspolitik 9/2005, S. 28 - 30.
Eisenstadt, S. N.: Die Konstruktion nationaler Identitäten in vergleichender Perspektive. In: Giesen 1991, a.a.O., S. 21 - 38.
Giesen, B. (Hg.): Nationale und kulturelle Identität. Studien zur Entwicklung des kollektiven Bewußtseins der Neuzeit. Frankfurt a. M. 1991.
Gogolin, I.: Der monolinguale Habitus der multilingualen Schule. Münster/New York 1994.
Green, A.: Education, Globalization and the Nation State. Basingstoke 1997.
Haas, M.: Von der Völkerversöhnung und Völkerverständigung zur interkulturellen Erziehung. Frankfurt a. M. 1998.
Habermas, J.: Die postnationale Konstellation. Frankfurt a. M. 1998

Hannerz, U.: Cosmopolitans and Locals in World Culture. In: Featherstone, M. (ed.): Global Culture. Nationalism, Globalization and Modernity. London/New Delhi 1990, S. 237 – 251.

Hansen, G./Wenning, N.: Schulpolitik für andere Ethnien in Deutschland. Münster 2003.

Herder, J. G.: Auch eine Philosophie der Geschichte zur Bildung der Menschheit. Stuttgart 1990 (erstv. 1774).

Herder, J. G.: Journal meiner Reise im Jahr 1769. Stuttgart 1976 (erstv. 1846).

Holenstein, E.: Kulturphilosophische Perspektiven. Frankfurt a. M. 1998.

Goddar, J.: Oft nur ein Papiertiger. In: Erziehung und Wissenschaft 11/2003 (http://www.gew.de/Oft_nur_ein_Papiertiger.html, 10.04.2005).

Lynch, J.: Education for Citizenship in a Multicultural Society. London 1992.

Nederveen Pieterse, J.: Der Melange-Effekt. In: Beck, U. (Hg.): Perspektiven der Weltgesellschaft, Frankfurt a. M. 1998, S. 87 - 124.

Population Division of the Department of Economic and Social Affairs of the UN Secretariat: International Migration Report 2002. New York 2002.

Seitz, K.: Bildung in der Weltgesellschaft. Gesellschaftstheoretische Grundlagen Globalen Lernens. Frankfurt a. M. 2002.

Seitz, K.: Bildung und Konflikt. Die Rolle von Bildung bei der Entstehung, Prävention und Bewältigung gesellschaftlicher Krisen. Gesellschaft für Technische Zusammenarbeit. Eschborn/Wiesbaden 2004.

Stichweh, R.: Die Weltgesellschaft. Frankfurt a. M. 2000.

Tawil, S./Harley, A. (eds.): Education, Conflict and Social Cohesion. IBE, Geneva 2004.

UNDP: Bericht über menschliche Entwicklung 2004. Kulturelle Freiheit in unserer Welt der Vielfalt. Berlin 2004.

Walzer, M.: Sphären der Gerechtigkeit. Frankfurt a.M. 1992.

Asit Datta

Kulturelle Identität in der Migration

Vorbemerkungen:

Das Ziel des Aufsatzes ist es, der Frage nachzugehen, wann und wie ein Individuum seine kulturelle Identität in der Migration entwickelt. Im Kontext des gemeinsamen Themas ist es wichtig herauszufinden, ob, wann und wie Migration die Identitätsbildung beeinflusst. Gibt es Beispiele von Migranten, die sich weniger beeinflussen lasen? Wann entsteht eine Parallelgesellschaft? Verhindert die Gettoisierung ein friedliches Zusammenleben? Wenn ja, warum ist New York mit seinen Stadtteilen wie China Town und Little Italy so attraktiv? Liefert Cosers Theorie sozialer Konflikte eine mögliche Erklärung für die Verschlossenheit einer Minderheitsgruppe in der Migration? Wann und warum verschließt man sich gegen äußere Einflüsse (Keupp 1999, S. 208f, Beck 1986, S. 206f)? Wann kommt man von einer geschlossenen zu einer offenen kulturellen Identität? Welche Rolle spielen Werte und Normen bei der Entwicklung von kultureller Identität?

Methodisch gehe ich text- und selbstanalytisch vor. Zur Legitimation der Selbstanalyse sei nur erwähnt, dass laut Erikson die Identität sowohl einen Selbst-Aspekt als auch einen Ich-Aspekt besitzt, wobei *Ich* das Subjekt und *Selbst* das Objekt ist (Erikson 1979, S.191). Eine Verobjektivierung des Subjekts ist eine Möglichkeit, wissenschaftliche Erkenntnisse zu überprüfen oder neu zu gewinnen.

Geschlossene und offene Kultur:

Verschiedentlich habe ich mich mit dem Begriff ‚Kultur' mit allen Präfixen und Suffixen auseinandergesetzt (Datta 1994,1996, 1998, 2001a, 2001b, 2005). So beschränke ich mich hier auf das Verständnis von Kultur, das bei der Entwicklung der Identität eine wesentliche Rolle spielt.

Weder Huntingtons noch Ritzes Thesen halte ich für richtig. Über Huntingtons falsches Weltbild, falsche Einteilung der Welt in Kulturen und über sein unverhohlenes Feindbild Islam gibt es viele sehr gute Stellungnahmen (z.B. Georgi 1999, S. 139ff. Meyer 2002, S. 92ff und insbesondere Müller 1999). Ritzes These von McDonaldisierung ist gewissermaßen der Gegenpol. Da die beiden Thesen viel diskutiert wurden, gehe ich hier kurz auf sie ein.

Samuel Huntingtons These vom ‚Kampf der Kulturen' geht von der Annahme aus, dass die Kulturkreise in sich geschlossen sind. Huntington unterteilt die Welt in sieben Kulturkreise und meint, ein elementares Merkmal der Kulturkreise sei die Religion (Huntington 1996, S. 57ff).

Thomas Meyer weist zu recht darauf hin, dass die Grundannahme von Huntington auf zwei Theorien basiert, die nicht in Frage gestellt werden: Die Herder'sche Kugeltheorie (vollkommene Geschlossenheit der Kulturen) und die Parson'sche Werttheorie (feststehende Unterschiede zwischen den Kulturen - Meyer 2002,S. 92ff)."Ein Grundproblem bei diesen Theorien (des kulturellen Determinismus – A.D.) ist die ihnen zugrunde liegende Annahme, dass Kultur etwas im wesentlichen Festgelegtes und Unveränderliches sei, wodurch sich die Welt fein säuberlich in einzelne ‚Zivilisationen' und ‚Kulturen' einteilen ließe" (UNDP 2004, S. 7). Noch 1871 konnte Tyler die Kultur als ‚jenes komplexe Ganze definieren, welches Wissen, Glauben, Kunst, Moral, Recht, Sitte und Brauch und alle anderen Fähigkeiten und Gewohnheiten einschließt, welche der Mensch als Mitglied der Gesellschaft erworben hat (Vivelo 1981, S. 50). Davon haben wir uns weit entfernt, nicht nur, aber auch wegen der Globalisierung und Migration.

Die Vorstellung von einer geschlossenen Kultur ist deshalb nicht haltbar, weil es heute kaum noch ein Land gibt, in dem *eine* Menschengruppe lebt. Nachdem neuesten Bericht des UNDP leben in 110 von 182 Ländern Minderheiten, die mehr als 25% der Gesamtbevölkerung ausmachen. Der Anteil der Minderheiten in weiteren 42 Ländern liegt zwischen 10 und 25%, nur in 30 Ländern liegt dieser Anteil bei weniger als 10% (UNDP 2004, S. 37). Meyer beschreibt über die 'Kultur des Westens' wie diese von der geschlossenen Form des Mittelalters bis zum 20. Jahrhundert allmählich zur Offenheit gelangte. Sie entwickelte sich aus der klassischen und christlichen Tradition über die Rechtsstaatlichkeit, über die Trennung von geistlicher und weltlicher Macht, die Ausformung politischgesellschaftlicher Repräsentativ-Organe, individuelle Freiheit bis zum Umgang mit Differenzen in der Moderne (Meyer 2002, S. 26ff).

Bedeutet dies, dass eine McDonaldisierung der Welt im Sinne von George Ritzer stattfindet (Ritzer 1995, S. 15, S.263)? Feststellbar ist eine gewisse weltweite Angleichung in vielen Bereichen des täglichen Lebens (Fast-Food, Bankwesen, Telekommunikation). Die Angst vor der kulturellen Globalisierung, also dass die Werte und Prioritäten der marktorientierten Wirtschaft auf Kultur übertragen werden, ist zwar vorhanden, dennoch ist die Gefahr einer Konvergenz der globalen Kultur, wie Beck mit Hilfe von Roland Robertson und Zygmunt Bauman ('Glokalisierung') argumentiert, relativ gering (Beck 1997a, S. 80ff).

Umgang mit Differenzen:

Wie von der Literaturliste zu ersehen ist, bleibt Kultur ein unerschöpfliches Thema. Ohne hier auf das Thema im Allgemeinen einzugehen, verweise ich auf zwei Aufsätze, die besonders darauf eingehen, wovon auch ich ausgehe: Kultur als Konstrukt (Neubert 2002, S. 63ff; Bukow 2002, S. 121ff; siehe auch den Beitrag von Siebert in diesem Band). Sowohl Bukow als Neubert bemühen sich um eine Neubestimmung des Begriffs ‚Kultur'.

Weitgehend Einigkeit unter den Kulturtheoretikern besteht darüber, dass Kulturen nicht abgegrenzt, konkretisiert, auf das Wesentliche reduziert werden können. „Eine Kultur kann eine starke Kontinuität haben, doch selbst in Kulturen mit sehr langer Tradition können innerhalb von einer oder zwei Generationen rasche Veränderungen auftreten" (UNDP 2004,S. 111, S. 49). Eine Kultur ist immer im Werden, immer im Prozess. Innerhalb einer Kultur unterscheiden sich Gruppen, aus denen sie sich zusammensetzt. Eine Kultur besteht aus Teilen der Gesellschaft, die vielleicht nichts voneinander wissen. Gleichwohl gibt es verschiedene Kulturen und verschiedene Menschen. Menschen sind seit jeher bemüht, sich und ihre Gruppe von den anderen abzusetzen: wir und die anderen. Gleichzeitig haben sich Menschen immer für diese anderen interessiert, weil man zur Überprüfung der eigenen fremde Ideen braucht (Bohmann/von der Elst 2003, S. 94, S. 11, S. 49). Im Zeitalter der Globalisierung, Migration und unbegrenzten, blitzschnellen Kommunikation ist das Lernen des Umgangs mit den Anderen lebensnotwendig geworden. ‚Die Kultur der Moderne ist im Kern eine Kultur des Umgangs mit Differenzen' (Meyer 2002, S. 25). Bevor ich zur kulturellen Identität komme, einige kurze Erläuterungen zu Werten, Normen und Identität.

Werte, Normen und Identität:

„Ein *Wert* ist", zitiert Thome Clyde Kluckhohn, „eine explizit gemachte oder implizit gelassene Auffassung (a conception) vom Wünschenswerten (the desirable), die für ein Individuum oder für eine Gruppe kennzeichnend ist und die Auswahl verfügbarer Handlungsweisen sowie der Handlungs-mittel und -ziele beeinflusst" (Thome 2005, S. 389). Thome macht bei der Definition des Wertes auf drei Punkte aufmerksam: a) Werte als Vorstel-lungen, Ideen und Ideale, b) auf die Differenz zwischen dem Gewünschten (desired) und dem Wünschenswerten (desirable), und c) auf die Funktion von Werten: steuern von Selektion und Wahrnehmung, und so auch hand-lungsleitend (389ff).

Normen sind ebenfalls handlungsleitend, allerdings dienen sie der nega-tiven Auslese. ‚Werte unterscheiden sich von Normen, insofern Normen restriktiv sind', schreibt Joas, 'Werte aber attraktiv. Normen schließen be-stimmte Mittel des Handelns als moralisch oder rechtlich unzulässig aus: auch Ziele des Handelns können verboten sein. Werte dagegen schränken den Radius unseres Handelns nicht ein, sondern erweitern ihn' (Jo-as/Wiegandt 2005, S.14f) Identität[1]: Kultur und Identität sind ein Paar und stehen im dialektischen Verhältnis zueinander. Während die unabdingbare Voraussetzung für die Kultur das Kollektiv ist, ist der Träger der Kultur das Individuum. Das Individuum wird durch die Kultur geprägt (Hansen 2003, S 44f). Aus dem Reservoir von Symbolen, Zeichen und Verhaltensweisen konstituiert das Individuum seine Identität (Bering 2003, S. 158f). Auch wenn man trotz der großen Abhandlung von Norbert Elias den Begriff ‚Kultur' als vorbelastet ansieht und wie veränderlich, prozesshaft und dy-

---

[1] Hier geht es nicht um eine Abhandlung des Begriffs. Die einschlägige Literatur findet man in der folgenden Literaturliste. Darüber hinaus für eine kürze Zusammenfassung der Literatur von George Herbert Mead, Herbert Blumer, Alfred Schütz, Berger und Luckmann oder Erving Goffman siehe Heinz Albers.

namisch man den Begriff auch interpretiert, ist die Grundlage der Kultur das Kollektiv. ‚Kultur ist die Gesamtheit der kollektiven Deutungsmuster einer Lebenswelt (einschließlich materieller Manifestation).' ‚Die Lebenswelt eines Menschen oder einer Gruppe von Menschen besteht wesentlich aus Deutungsmustern, mit denen sie sich in ihrer jeweiligen Lebenswelt orientieren (Nieke 2002, S.50, S. 55; siehe auch Lanfranchi 2002, S. 211f). Identität dagegen ist ein Konstrukt. Die meisten Theoretiker der ‚gesellschaftlichen Moderne' gehen davon aus, dass Individuen ihre Identität konstruieren (Bering 2003, S. 158f., Keupp 1999, S. 63ff., Castells 2002, S. 8ff). Castells z.b. versteht Identität als einen Prozess der Sinnkonstruktion auf der Grundlage eines kulturellen Attributes oder einer entsprechenden Reihe von Attributen, denen gegenüber andere Quellen von Sinn Priorität zugesprochen wird' (8ff). Castells geht von drei Formen des Identitätsaufbaus aus: legitimierende, widerständige und projektgeleitete. Während die erste Art durch die herrschenden Institutionen geformt wird, wobei das Subjekt passiv bleibt, wird es bei den anderen zwei Arten selbst aktiv. Die Identität für den Widerstand entsteht aus einem Gefühl der Entfremdung und aus Ressentiments gegen ungerechte Ausschließung, sei diese politisch, ökonomisch oder sozial. Diese Form des kollektiven Widerstands bezeichnet Castells als den Ausschluss der Ausschließenden durch die Ausgeschlossenen.' Diese zweite Art der Identität bringt Menschen zum ethnischen Nationalismus oder zum religiösen Fundamentalismus (Castells 2002, S. 10f). Diese Form lässt auch eine Parallelgesellschaft in der Diaspora entstehen (Wieviorka 2003, S. 144ff).

Während die ersten beiden Formen der Identität auf eine Gemeinschaft angewiesen sind, bildet das Subjekt die dritte Art – projektgeleitete Identität – aktiv und individuell. Je mehr die Tradition ihren Griff verliert und je mehr das Alltagsleben entsprechend dem dialektischen Wechselspiel zwischen dem Lokalen und dem Globalen konstruiert wird', schreibt Anthony Giddens, desto mehr müssen Individuen über ihren Lebensstil durch Auswahl unter einer Vielzahl verschiedener Optionen entscheiden ... Reflexiv organisierte Lebensplanung ... wird zu einem zentralen Moment der Strukturierung von Ich- Identität' (nach Castells 2002, S. 13). Nur auf diesem Boden kann eine transkulturelle Identität entwickelt werden. Menschen, die nicht in einer Parallelgesellschaft in der Migration leben wollen, sind darauf angewiesen, eigene Identitätsbildung als einen Prozess zu begreifen und selbst aktiv zu gestalten. Vielleicht ist es gewagt anzunehmen, dass alle Menschen in der Spätmoderne ihre Identitäten sich selbst konstruieren, wie der Titel des Buches von Keupp u.a. suggeriert. Aber für Menschen in der Migration ist diese Art der Identitätskonstruktion lebensnotwendig. Nur wer sich mit der neuen Realität arrangiert, wer sich an der neuen Lebenswelt orientiert, wer die neue Realität verarbeitet und fähig ist, darüber zu reflektieren, wird in der Lage sein, sich in der Diaspora zurecht zu finden.

Survival of the fittest :

Wenn hier behauptet wird, dass nur derjenige überleben kann, der sich in der Diaspora anpasst, dann bedeutet dies weder Unterwerfung noch Selbstverleugnung. Darwins Theorie der Anpassung ‚Survival of the fittest' wurde oft missinterpretiert, woraus der Begriff des ‚Sozialdarwinismus' im Sinne *der Macht der Stärkeren* entstanden ist. Darwin hatte aber gemeint, nur solche Tiere und Pflanzen könnten kontinuierlich weiterleben, die sich der Natur und Umwelt anpassen. Diese müssten sich, um zu überleben, mit den fortwährenden Veränderungen der Umwelt auch ständig verändern. Das heißt bezogen auf Überlegungen zur Kultur und Identität heißt, dass nicht nur Minderheiten, sondern auch die Mehrheiten in der Aufnahmegesellschaft sich der veränderten Situation anpassen müssen. Anpassung für Menschen in der Diaspora ist auch nicht Assimilation, die ganz oder teilweise eine Selbstverleugnung voraussetzt (Wieviorka 2003, S. 175). Anpassung bedeutet in diesem Fall, entsprechend der neuen Lebenswelt einen Positionswechsel vorzunehmen (Keupp 1999, S. 312). Nur solche Personen, die gewillt sind eine projektgeleitete Identität aufzubauen, können sich in dieser Form anpassen, können ein Gleichgewicht zwischen den Kulturen des Herkunfts- und Aufnahmelandes finden. Die zentrale Frage lautet daher: ‚Gelingt es dem Subjekt, aus der Vielzahl an Möglichkeiten für sich stimmige Identitätsprojekte zu realisieren und dabei trotz aller Verschiedenartigkeit sich als kohärent zu erleben?' Die Kohärenz – normativ verstanden – kann auch zum Fundamentalismus führen, deshalb ist diese Kohärenz auf eine offene Struktur angewiesen. Eine Voraussetzung für die Anpassung bzw. eine aus der Sicht des Subjekts befriedigende Identitätsbildung liegt darin, dass das Subjekt sich in der Lage sieht, Projekte zu entwerfen und diese auch zu realisieren (Keupp 1999, S. 243ff).

Kulturelle Identität:

Die Frage, ob Europa eine kulturelle Identität hat, meint Wagner, ist deshalb schwer zu beantworten, weil Europa (sich) zu einem Pol der Veränderung in der Welt gemacht hat. ‚Nichts bleibt hier gleich und beständig'. Zudem hat er Zweifel daran, ‚ob es heute...möglich ist, die Welt in Gruppen – nennen wir sie Kulturen, Zivilisationen, Nationen, Glaubensgemeinschaften – so aufzuteilen, dass Grenzen entstehen, innerhalb derer Werte geteilt werden...'. Dennoch beantwortet er die Frage nach der kulturellen Identität Europas mit einem vorsichtigen *ja* (Wagner 2005, S. 494, S. 496, S. 510). Diese Identität definiert er als ‚*Einheit der Vielfalt*' (S. 494). Diese Definition ist deshalb merkwürdig, weil mit denselben Worten Rabindranath Tagore einhundert Jahre zuvor, im Jahre 1905, die Einheit Indiens definiert hat (‚Unity in diversity'). Offenbar trifft diese Definition nicht nur auf Europa, sondern auch auf alle anderen Vielvölkerstaaten wie Indien zu. Mittlerweile sind die meisten dieser Welt Länder (darunter auch Deutschland) – nicht nur durch die Zuwanderung - zu Vielvölkerstaaten geworden (siehe oben- UNDP 2004, S. 37). Macht das ‚*Nicht Identische*' die kulturelle Identität aus? Es ist nicht nur paradox, sondern auch problematisch, sowohl für Individuen als auch für Gruppen, wie auch für Staaten (Keupp 1999, S. 172).

Von der Parallelgesellschaft zur transkulturellen Identität:

Necla Kelek beschreibt in ihrem kürzlich erschienen Buch ‚Die fremde Braut', wie ein Teil der Migranten (in diesem Fall aus der Türkei) in einer geschlossenen Parallelgesellschaft lebt. Obgleich sie viele statistische Materialien aus vielen Ländern heranzieht und eine Vielzahl von ‚importierten' Frauen und Jugendlichen der zweiten und dritten Generation interviewt hat, ist Keleks Buch keine wissenschaftliche Abhandlung. Kelek beschreibt aber sehr präzise, wie eine Parallelgesellschaft entsteht und wie sie am Leben gehalten wird. Hierzu zählt die Macht der Umma (= Gemeinschaft aller Muslime), die Zwangsheirat, der Import von Ehepartnern (mehrheitlich Frauen) und die Koranschule. ‚Jede arrangierte Ehe', behauptet Kelek, ‚entfremdet die Türken ein Stück weiter von der deutschen Gesellschaft' (S. 214f, S. 218ff., S. 224). Ohne in Details auf das Buch einzugehen, sei hier nur erwähnt, dass Kelek für die Entstehung und Aufrechterhaltung der türkische Parallelgesellschaft in Deutschland Zwangs- und arrangierte E- hen für maßgeblich hält. Der Import von Ehepartnern spielt dabei eine wesentliche Rolle. Allein im Jahre 2001 sollen 21447 Personen aus der Türkei nach Deutschland zugezogen sein (Grund: Familienzusammenführung- S. 219f). Die Ehen werden sehr früh geschlossen (die Frauen sind häufig 15 Jahre alt) und die importierten Bräute werden wie Sklavinnen streng bewacht zu Hause gehalten, ohne Außenkontakt, ohne Sprachkenntnis, ohne Kenntnis eigener Rechte (S. 170ff).

Der zweite wichtige Faktor ist die Macht der Umma (nach Kelek türkisch-islamische Gemeinschaft) und Kaza (Parallelgesellschaft). Islam – zumindest wie er in der Migration praktiziert wird - kennt keine Trennung zwischen geistlicher und weltlicher Macht und die Kaza sorgt dafür, dass alles untereinander und miteinander nach den Regeln der türkisch-islamischen Umma geregelt wird (S. 212).

Zum Dritten ist die Macht der Koranschulen von besonderer Bedeutung. Die meisten Kinder zwischen dem vierten und 13. Lebensjahr besuchen die Koranschulen (S. 173). So ist es kein Wunder, dass selbst bei den Jugendlichen der dritten und vierten Generation eine Identifizierung mit der Religion zunimmt (S. 236, S. 243).

Alle diese Mechanismen haben zur Folge, dass die Betroffenen davon überzeugt sind, die Deutschen nicht zu brauchen (S. 204ff). Wie lässt sich diese Geschlossenheit durchbrechen? Kelek macht einige Vorschläge. Diese gehen von der Gesetzesänderung, um Zwangsheirat zu erschweren über die Festsetzung des Mindestalters für die Familienzusammenführung und den Nachweis eines eigenen Haushalts bis zu Sprach- und Integrationskursen (S. 225ff). Kelek geht rigoros vor, auch in der Frage des Kopftuches vertritt sie eine andere Meinung (die Reduktion der Frau auf ihr Geschlecht – S. 242) als z.B. Beck-Gernsheim (S. 59ff) Wie hat sie es selbst geschafft, sich aus dieser Umklammerung zu befreien? Der familiäre und biographi-

sche Bezug und eine Selbstanalyse erklärt einiges. Sie hat nicht nur früh-
zeitig die deutsche Sprache gelernt, sondern auch später mehrfach studiert.
Eine Ehe mit einem Deutschen ist zwar nach einem Jahr gescheitert, aber
sie hat offenbar gelernt, für sich eine' projektgeleitete Identität zu entwickeln.

Kelek nennt Beispiele von bekannten Migranten, die aus demselben Herkunftsland stammen und in Deutschland integriert und anerkannt sind. Keleks These lautet: Wenn die Migranten die Realität des Aufnahmelandes
akzeptieren und in diesem Fall die deutsche Sprache beherrschen, dann
werden sie auch von der Mehrheit der Bevölkerung akzeptiert (S. 259). Die
Toleranz von Minderheiten setzt eine Akzeptanz der Grundrechte wie
Selbstbestimmung, Gleichberechtigung der Frau voraus (S. 247).

Die Fragen, mit denen Kelek sich nicht beschäftigt, sind

ob die Geschlossenheit von einem großen Teil der türkischen Migranten
in Deutschland der Grund für die Entstehung der Parallelgesellschaft ist
oder eine Folge der tatsächlichen oder vermeintlichen Reaktion von der
Mehrheitsbevölkerung? Ob nicht hier Cosers Theorie sozialer Konflikte
eine Erklärung bieten kann. Nach dieser Theorie schließen sich Minderheiten bei äußerer Bedrohung zusammen. Bei dieser tatsächlichen oder vermeintlichen Bedrohung von außen oder durch die Mehrheit schließen sich
die Minderheitengruppen auch dann zusammen, wenn es innerhalb der
Gruppen Differenzen oder Konflikte gibt. Bei einer äußeren Bedrohung
spielen innere Konflikte keine Rolle mehr (Coser 1972).

Ob der Teufelskreis von Sozialhilfeempfängern typisch nur für Migrantenfamilien aus der Türkei ist. Oder ob nicht von diesem Teufelskreis auch
andere Bevölkerungsgruppen, also auch Deutsche, betroffen sind. Mit dem
Teufelskreis ist gemeint, dass manche Familien über Generationen hinweg
Sozialhilfeempfänger bleiben. Bedenklich ist nur, wenn Zweidrittel einer
Gemeinschaft davon betroffen ist (vgl. SZ vom 7.4.2005 und HAZ vom
14.4.2005). Kelek schlägt zwar Änderungen von Gesetzen vor, erwähnt
aber nicht, dass diese nicht allein ausreichen. Auch Sprach- und Integrati-
onskurse genügen nicht. Andere flankierende Maßnahmen wie bessere
schulische Bildung, Förderung benachteiligter Kinder u.a. sind notwendig.

Andererseits kann ich die These von Kelek bestätigen, dass das Erlernen der Sprache des Aufnahmelandes nicht nur eine unabdingbare Voraussetzung für die Integration, sondern für eine Entwicklung eigener Identität in der Diaspora ist.

Exkurs: Fallanalyse

Angeregt durch Keleks Beispiele versuche ich zu analysieren, wie es bei mir (der Fall D.) war. Der Fall D. ist weder besonders wichtig noch interessant, auch nicht vergleichbar mit den berühmten Fällen, die Kelek als Gegenbeispiel erwähnt. Der einzige Grund für die Auswahl ist der, dass ich den Fall gut kenne. Es gibt einige Gemeinsamkeiten mit den Migranten der ersten Generation. Auch ich kam ohne Sprachkenntnis und mit der festen Absicht, spätestens nach Beendigung des Studiums nach Indien, meinem Herkunftsland zurückzufahren. Wie bei den meisten Migranten der ersten Generation bin ich doch durch äußere Umstände hier geblieben. Da ich an einer anderen Stelle darüber etwas ausführlicher geschrieben habe (Datta 1998), konzentriere ich mich hier auf die Anfangsphase meines Aufenthaltes. Zu Beginn habe ich etwa drei Monate in Darmstadt und danach etwa ein Jahr in Landshut/Bayern gelebt. In beiden Orten kannte ich keine Person aus Indien. So und auch wegen meines beabsichtigten Studiums war ich sehr früh auf das Erlernen der deutschen Sprache angewiesen. Trotz des irregulären Unterrichts an der Volkshochschule gelang mir zu meiner eigenen Überraschung die Zulassung über die Sprachprüfung an der Universität München. Aus Geldmangel und ohne Stipendium konnte ich das Studium nicht sofort, sondern erst anderthalb Jahre später beginnen. Seit ich aber die deutsche Sprache einigermaßen verstehen konnte, fing ich an, seriöse, überregionale Zeitungen und Zeitschriften zu lesen. Nicht unbedingt mit der Absicht, die Sprache besser zu lernen, sondern eher aus Gewohnheit, weil ich in Indien mit Printmedien zu tun gehabt hatte. Es gab zwar in meinem Freundeskreis viele Menschen, die nicht aus Deutschland stammten, aber die Mehrheit waren Deutsche. Dies änderte sich auch nicht später in München, wo ich dann mein Studium begann. In der Stadt lebten zwar schon damals einige hundert Menschen aus Indien, aber gut kannte ich nur fünf, die alle dasselbe Fach – Germanistik studierten. Anfangs in Landshut gab es manche kulturellen Missverständnisse oder Überraschungen. Ich kannte viele Tischsitten nicht, mein Fehlverhalten trug häufig eher zu Belustigungen meiner GastgeberInnen bei. Umgekehrt war ich irritiert, wenn mich jemand fragte, welcher Religion ich angehöre. In Indien wäre so eine Frage eine Normverletzung – zumindest in der Mittelschicht. Obwohl es dort mehr als 70 verschiedene Religionen gibt. Viele ähnliche Überraschungen, sprachliche und kommunikative Missverständnisse gab es täglich. Dennoch denke ich gerne an diese Zeit zurück. Vielleicht habe ich die unschönen Erlebnisse verdrängt, vielleicht aber auch deshalb, weil meine damaligen Freunde bemüht waren, über meine Unzulänglichkeiten hinwegzusehen, oder diese für sie nicht wichtig waren

Nicht alle beleidigenden, erniedrigenden Erlebnisse habe ich vergessen, manche habe ich schon früher in Aufsätzen erwähnt (1996, 1998, 2001a, 2001b). Solche Erfahrungen habe ich in kleineren Orten und eher von Personen bildungsferner Schichten gemacht. Auch dieses Phänomen ist nicht neu. Menschen aus Orten mit einem geringen Zuwandereranteil verhalten sich auffällig gegenüber Menschen aus anderen Kulturkreisen. Entweder sind sie überfreundlich, besonders zurückhaltend oder aggressiv. Aggressiv sind häufig Menschen aus bildungsferner Schicht. Vielleicht trifft auch hier Cosers Theorie zu, nur umgekehrt. Nicht eine Minderheit fühlt sich von der Mehrheit, sondern die Mehrheit von den Minderheiten bedroht.

Vielleicht erinnere ich mich an dir unschönen Erlebnisse in der Anfangsphase deshalb wenig, weil ich offenbar damit beschäftigt war, eine projektgeleitete Identität zu entwickeln.

Kulturelle Vielfalt oder kulturelle Freiheit:

Wenn kulturelle Vielfalt kulturellen Konservatismus bedeutet, der den Menschen nahe legt, ihrem kulturellen Hintergrund treu zu bleiben und nicht zu versuchen, andere Lebensweisen anzunehmen, schreiben die AutorInnen des UNDP-Berichts, dann führt die kulturelle Vielfalt zu einer antifreiheitlichen Position (UNDP 2004 S. 23). Kulturelle Freiheit brauchen sowohl Mehrheiten als auch Minderheiten nicht nur um zusammenzuleben, sondern auch um individuelle Identitäten zu konstruieren.

Literatur:

Albers, H.: Interaktion, Identität, Präsentation. Eine kleine Einführung in interpretative Theorien der Soziologie, Opladen 2004[3]

‚Allahs rechtlose Töchter. Muslimische Frauen in Deutschland', in: DER SPIEGEL 47/2004, S. 60-94.

Bade, Kl.J./Oltmer, J.: Normalfall Migration, Bonn 2004

Auernheimer, G.: Interkulturelle Kompetenz und pädagogische Professionalität, Opladen 2002.

Bohannan, P./van der Elst, D.: Fast nichts Menschliches ist mir fremd. Wie wir von anderen Kulturen lernen können, Wuppertal 2003[3]

Beck, U.: Risikogesellschaft. Auf dem Weg in die Moderne, Frankfurt/M (Ffm) 1986, Sonderausgabe 1996.

- **Ders.**- : Was ist Globalisierung? Ffm 1997 a.

- **Ders.**- (Hg): Kinder der Freiheit, Ffm 1997 b.

- **Ders.**- (Hg): Perspektiven der Weltgesellschaft, 1998.

- **Ders.**- : Der kospolitische Blick oder: Krieg ist Frieden, Ffm 2004.

Beck-Gernsheim, E.: Wir und die Anderen, Ffm 2004.

Bering, K.; Über die Notwendigkeit kultureller Kompetenz, in: Bering, K./ Bilstein, J./Thurn, Th, P. (Hg): Kultur- Kompetenz, Oberhausen 2003, S. 145 – 164.

Breidenbach,J./Zukrigl, I.: Tanz der Kulturen. Kulturelle Identität in einer globalisierten Welt, Reinbek 2000.

Bukow, W.-D.: Plädoyer für eine Neubestimmung von kulturellen Diskursen innerhalb der postmodernen Entwicklung, in: Neubert/Roth/Yildiz (Hg): a.a.O., S. 121-144.

Castells, M.: Das Informationszeitalter II: Die Macht der Identität, Opladen 2002.

Coser, L.: Theorie sozialer Konflikte, Neuwied/Berlin 1972[4]

‚Das Prinzip Kopftuch. Muslime in Deutschland', in: DER Spiegel 40/2003, S. 82-97.

Diamond, J.: Der dritte Schimpanse. Evolution und Zukunft des Menschen, Ffm. 1999[2]

Datta, A.: Interkulturelles Lernen – Anmerkungen zu einigen Begriffen, in:

Lohmann, I./Weiße, W. (Hg): Dialog zwischen Kulturen, Münster/New York 1994, S. 349 – 357.

Datta, A.: Das Heimische und das Fremde, in: Mühlhausen, Ulf (Hg): Die Schule – das Verfügbare und das Unverfügbare, Hannover 1998, S. 36 – 38.

- **Ders.**- : Schwierigkeiten der Integration und Reintegration, in: **Gabue, T. u.a (Hg)**: 30 Jahre Reintegrationsdiskussion an den deutschen Hochschulen, AASF-Jahrbuch, Ffm 1998, S. 27 – 35.

- **Ders.**-: Gute Ausländer, schlechte Ausländer, in: Dies. (Hg): AASF-Jahrbuch ‚Ffm 2001a, S. 17 – 29.

- **Ders.**-: Der alltägliche Rassismus, in ; Die Brücke 6/2001b, S. 66 – 68.

-**Ders.**-: Interkulturelles Lernen – warum heute, warum so, in : Die Brücke 1/2005, S. 34 – 36.

Deutsches Ausländerrecht, Beck-Texte in dtv, Münschen 2005[19]

'Deutsche Türken in Armut', in: Süddeutsche Zeitung (SZ) vom 7.4.2005.

Eagelton, T.: Was ist Kultur? München 2001.

Elias, N.: Über den Prozess der Zivilisation, Bd 1 + 2, Ffm 1977[2]

Erikson, n. E. H.: Identität und Lebenszyklus, Ffm 1979[5]

-**Ders.**-: Dimensionen einer neuen Identität, Ffm 1975.

Fukuyama, F.: Der Konflikt der Kulturen. Wer gewinnt den Kampf um die wirtschaftliche Zukunft, München 1997

Georgi, V.: Zur Vielfalt multikultureller Gesellschaftsentwürfe, in: Kiesel, D./-Messerschmidt, A./Scherr, A. (Hg): Die Erfindung der Fremdheit. Zur Kontroverse um Gleichheit und Differenz im Sozialstaat, Ffm 1999, S. 123 – 144.

Hahn, H. (Hg): Kulturunterschiede. Interdisziplinäre Konzepte zu kollektivern Identitäten und Mentalitäten , Ffm 1999.

Hansen, K. P: Das Menschenbild der modernen Kulturwissenschaft, in: Bering/-Bilstein/Thurn(Hg): Kultur-Kompetenz, a.a.O, S. 27- 46.

Huntington, S.: Kampf der Kulturen, München-Wien 1996.

Joas, H./ Wiegandt, K. (Hg): Die kulturelle Werte Europas, Ffm 2005.

Kelek, N.: Die fremde Braut. Ein Bericht aus dem Inneren des türkischen Lebens in Deutschland, Köln 2005.

Keupp, H. u.a.: Identitätskonstruktionen. Das Patchwork der Identitäten in der Spätmoderne, Reinbek 1999.

Krüger-Potratz, M.: Interkulturelle Bildung. Eine Einführung, Münster 2005

Lanfranchi, A.: Interkulturelle Kompetenz als Element pädagogischer Professionalität. Schlussfolgerungen für die Lehrerausbildung, in; Auernheimer, a.a.O., S. 206- 233.

Meyer, Th.: Identitätspolitik. Vom Missbrauch kultureller Unterschiede, Ffm 2002.

Migration Policy Group: European Zivic Citizen Ship & Inklucion Index 2005 www.britishcouncel.org/brussels-europe-inclusion-index.htm

Müller, H.: Das Zusammenleben der Kulturen. Ein Gegenentwurf zu Huntington, Ffm 1999[3]

Neubert,St./Roth, H.-J./Yildiz, E. (Hg): Multikulturalität in der Diskussion, Opladen 2002.

Neubert, St.: Konstruktivismus, Demokratie und Multikultur. Konstruktivistische Überlegungen zu ausgewählten theoretischen Grundlagen der anglo- amerikanischen Multikulturalismusdebatte, in: ebenda, S. 63 – 98.

Nieke, W.: Interkulturelle Erziehung und Bildung. Wertorientierung im Alltag, Opladen 2002[2]

Ritzer, G.: McDonaldisierung der Gesellschaft, Ffm 1995.

Robertson, R.: Globalisierung: Homogenität und Heterogenität in Raum und Zeit, in: **Beck, U. (Hg)**: Perspektiven der Weltgesellschaft, Ffm. 1998, S. 192-220

Sassen, S.: Migranten, Siedler, Flüchtlinge. Von der Massenwanderung zur Festung Europas, Ffm 1996

Terre des femmes (Hg): Zwangsheirat. Lebenslänglich für die Ehre, Tübingen 2002.

Thome, H.: Wertewandel in Europa aus der Sicht der empirischen Sozialforschung, in : Joas/Wiegandt, a.a.O.: S. 386-443.

‚Türkisch, ungebildet, arm', in: Hannoversche Allgemeine Zeitung(HAZ) vom 14.4.2005.

UNDP (Hg): Bericht über menschliche Entwicklung 2004. Kulturelle Freiheit in unsrer Welt der Vielfalt, Berlin 2004.

Vivelo, F. R.: Handbuch der Kulturanthropologie, Stuttgart 1981.

Wagner, P.: Hat Europa eine kulturelle Identität, in: Joas/Wiegandt, a.a.O., S. 494-511.

Welsch, W.: Transkulturalität. Die veränderte Verfassung heutiger Kulturen, in: Texte zur Wirtschaft

www.tzw.wiz/www/home/article.php?p_id=409

Wieviorka, M.: Kulturelle Differenz und kollektive Identität, Hamburg 2003.

İnci Dirim

Verordnete Mehrsprachigkeit

Migrantensprachen und Sprachkontakt in Europa

Seit der Einwanderung der ersten Arbeitsmigranten gehört Mehrsprachigkeit immer mehr zum Alltagsleben der europäischen Großstädte. Viele der Migrantensprachen, denen ursprünglich nur eine kurze Überlebenszeit in Europa prognostiziert wurde, zeugen heute von großer Vitalität. Die wahrscheinlich wichtigste Migrantensprache in Deutschland und in vielen anderen europäischen Ländern ist das Türkische. Diese Sprache wird von den Kindern und Kindeskindern der türkischen Arbeitsmigranten weitergesprochen, durch politische Flüchtlinge und neue Familienmitglieder aus der Türkei erhält sie seit Jahren neuen Auftrieb und entwickelt sich – auch durch die Möglichkeit der Nutzung türkischer Fernsehkanäle - am Vorbild des Türkeitürkischen weiter (Reich/Roth 2002, S. 8f). Außerdem wird im Rahmen des Herkunftssprachlichen Unterrichts Türkisch unterrichtet, wenn auch meist in geringem Umfang. In einer Ende der 1990-er Jahre in Hamburg durchgeführten empirischen Studie konnte gezeigt werden, dass das Türkische in ethnisch gemischten Jugendlichengruppen als Kommunikationsmittel verwendet wird – manchmal sogar dann, wenn kein Jugendlicher aus türkischem Elternhaus anwesend ist (vgl. Dirim/Auer 2004). In letzter Zeit wird auch durch die vermehrte Kommunikation per Internet die Erfahrung der Nutzung des Türkischen als lingua franca gemacht.

Durch die vielfältigen und intensiven alltäglichen Kontakte zu den europäischen Sprachen bilden sich neue Register der Migrantensprachen heraus, die andere Merkmale als die Varietäten in den Herkunftsländern der Migranten besitzen, z.B. die Tendenz in Deutschland im Türkischen die Personalpronomen öfter zu benutzen als in der Türkei. Die Regel des Türkeitürkischen ist, dass die Personalpronomen nur zum Zweck der Hervorhebung benutzt werden, da die Person durch eine Verbindung ausgedrückt wird. Im Hinblick auf das Türkische in Deutschland werden diese Veränderungen diskutiert und sind bereits in einigen Aufsätzen veröffentlicht worden (vgl. z.B. Pfaff 1993, Pfaff 1998, Backus/Boeschoeten 1998, Dirim/Gülender 2002, Schroeder 2004, Pfaff 2005).

Auch die Sprachen der Mehrheitsgesellschaften sind Teil dieses Veränderungsprozesses; so wird in Deutschland unter Jugendlichen ein Ethnolekt des Deutschen benutzt, der vermutlich vom Türkischen beeinflusst wurde und deshalb bestimmte Merkmale aufweist, zum Beispiel den Wegfall des unbestimmten Artikels im Akkusativ („Hast du Schere?") (vgl. Dirim/Auer 2004, S. 204f). Dieser Sprachgebrauch wurde bereits von Künstlern und Medienproduzenten aufgegriffen und unter verschiedenen Titeln wie „Dönerdeutsch", „Balkanslang", „Kanaksprak" verarbeitet und vermarktet (vgl. z.b. die Romane „Kanaksprak" oder „Abschaum" des türkischstämmigen Autors Feridun Zaimoğlu und die Diskussion der Sprache dieser Romane in Pfaff 2005, aber auch die Comedy-Sendung „Was guckst du?" des Moderators Kaya Yanar beim Sender SAT1). Auch in anderen europäischen Ländern wurden Ehnolekte bzw. gemischtsprachliche Register beobachtet wie z.b. das Rinkeby-Schwedisch, das außer dem Stockholmer Schwedisch Elemente einiger Migrantensprachen enthält (s. z.B. Bijvoet 2003).

Multilinguale Kommunikationspraktiken

In Folge der intensiven Sprachkontakte zwischen den Migratensprachen und den Sprachen der Mehrheitsgesellschaften haben sich in den europäischen Ballungsgebieten verschiedene Formen der *multilingualen Praxis* herausgebildet, die sich folgendermaßen zusammenfassen lassen:

1. Der monolinguale Gebrauch der einzelnen Sprachen

Der Hinweis darauf, dass die (Amts-)Sprachen in Europa monolingual verwendet werden (können), scheint auf den ersten Blick banal. Diese Feststellung kann jedoch zur Problematisierung dessen genutzt werden, was unter „monolingual" zu verstehen ist, zumal alle Sprachen ständig von den anderen Sprachen „inspiriert" werden und deren Elemente aufnehmen. Sogar das Englische als eine Sprache, die es allem Anschein nach nicht nötig haben dürfte, aus anderen Sprachen Wörter zu übernehmen, erweitert auf diesem Weg den eigenen Wortschatz. Beispiele dafür sind die deutschen Fremdwörter ‚Blitzkrieg', ‚Hinterland', ‚Eigenwert' und ‚Rucksack'; einige davon wurden offenbar in jüngster Vergangenheit übernommen, z.B. das Wort ‚Waldsterben‘. „Monolingual" ist also nicht im Sinne einer „reinen Sprache" zu verstehen, die nur als ideologische Wunschform existiert (s. Gogolin 1998). Nicht nur die Übernahmen aus anderen Sprachen, sondern auch die Soziolekte, Regiolekte, Dialekte und Idiolekte einer Sprache, die oft in einer Kommunikationssituation abwechselnd gebraucht werden, verleiten zur Erkenntnis, dass jeder monolinguale Mensch „muttersprachlich mehrsprachig" (Wandruszka 1979) ist.

Unter dem „monolingualen Gebrauch" einer Sprache ist unter den Bedingungen der Mehrsprachigkeit also zu verstehen, dass diese Sprache auf eine solche Art und Weise verwendet wird, dass auch Personen, die keinen besonders intensiven Kontakt zu anderen Sprachen haben, das Gesagte verstehen können, wenn es ihrem Bildungsstand entspricht bzw. der Gebrauch einer Sprache in der Form, wie sie von einer anerkannten Institution festgelegt wurde (z.B. von der DUDEN-Redaktion).

2. Der gemischte Gebrauch von Sprachen

Dies ist die Art und Weise, wie Sprachen in den europäischen Einwanderungsgebieten im Alltag üblicherweise verwendet werden. Es gibt unterschiedliche Möglichkeiten, Sprachen zu mischen, zum Beispiel in sprechstrategischer Absicht. So kann eine Ablehnung dadurch bekräftigt werden, dass sie in der anderen Sprache ausgesprochen wird. Dies ist der Grund dafür, warum einige Migranteneltern gerne das deutsche Wort „Nein!" benutzen...

Der gemischte Gebrauch der Sprachen wurde jahrzehntelang und wird teilweise noch immer als ein Ergebnis mangelhafter Sprachkompetenz angesehen – bedauerlicherweise handelt es sich um eine Haltung, die auch von den Personen geteilt wurde und wird, die die Sprachen selbst manchmal gemischt verwenden. Dies hängt mit dem mangelhaften Wissen über die Frage, wie Sprachkompetenz zu beurteilen ist, zusammen und mit der schwierigen Reflexion des eigenen Sprachgebrauchs unter Missachtung der Meinung der „Experten". Auf Grund dieses Wissensdefizits und der negativen Bewertung von Sprachmischungen wurden und werden Kinder in der Praxis nicht selten als „doppelseitig halbsprachig" bezeichnet, einem unzulässigen Begriff, zumal er kindliche Äußerungen an der Sprache der Erwachsenen misst und im Hinblick auf die Migrantensprachen die Erfüllung eines Sprachstandards voraussetzt, dem die Kinder meist nur in Fernsehsendungen begegnen und für dessen Vermittlung kein (ausreichender) Unterricht angeboten wird (vgl. zu dem Problem z.b. Gogolin 1988, die alternativ den Begriff der „lebensweltlichen Zweisprachigkeit" vorschlägt, der an den tatsächlichen sprachlichen Gegebenheiten und Bedürfnissen orientiert ist). Die Vermittlung von monolingualen Sprachen ist in der Einwanderungsgesellschaft eine Aufgabe der Institution Schule, diese Sprachen selbst können nicht immer vorausgesetzt werden; ein Eingriff in die Privatsphäre im Sinne der Bestimmung der dortigen Sprachpraxis wäre aber unzulässig.

Der gemischte Sprachgebrauch existiert je nach Kontext in verschiedenen Formen (s. Dirim 1997) und in allen Einwanderungsgebieten Europas. Dass Sprachmischungen an sich die Sprachkompetenz nicht negativ beeinflussen bzw. nicht zwingend das Ergebnis mangelhafter Sprachkompetenz sein müssen, verdeutlichen u.a. die Ergebnisse einer Untersuchung in Dänemark, nach denen die „fleißigen" Sprachenmischer auch diejenigen sind, die die Einzelsprachen vergleichsweise gut beherrschen. (vgl. Reich/Roth 2002, S. 32).

Der abwechselnde Gebrauch von Sprachen ist nicht auf Migranten beschränkt; so wurden zum Beispiel die oben erwähnten Hamburger Jugendlichen nicht türkischer Herkunft dabei beobachtet, wie sie in ihren Interaktionen untereinander Elemente des Deutschen und des Türkischen abwechselnd verwenden (vgl. Dirim/Auer 2004).

3. Der ethnolektale Gebrauch von Sprachen

Die Sprachen der Einwanderer und die der Mehrheitsbevölkerungen verändern sich und werden wie oben dargelegt, inzwischen auch in ethnolektaler Form gebraucht. Auch hier sind es nicht nur die Hamburger Jugendlichen, die einen Ethnolekt des Deutschen verwenden, der mit dem Türkischen assoziiert wird („Hast du Zigarette?", vgl. Dirim/Auer 2004, S. 204f). Umgekehrt werden Menschen in der Türkei oft an ihrer türkischen Sprache als Türken aus Deutschland identifiziert.

4. Übersetzungen

Das Übersetzen ist eine Fähigkeit, die in alltagspraktischen und berufsbezogenen Kontexten eine immer wichtigere Rolle spielt und in den europäischen Ländern in Zukunft immer öfter nötig sein wird. Diese Fähigkeit ist in den europäischen Einwanderungsgebieten oft Teil des Spracherwerbs, auch wenn sie bisher in pädagogischen Kontexten nicht besonders berücksichtigt wurde. Eine erste Untersuchung zur Entwicklung der Übersetzungsfähigkeit im schulischen Kontext wird in Hamburg durchgeführt (vgl. Dirim 2004).

Mehrsprachige Praxis versus Ideologie der nationalen Einsprachigkeit

Darauf, dass diese multilinguale Situation in Europa nicht neu ist, haben jüngst und nicht zuletzt Hinnenkamp und Meng hingewiesen: „Weder Migration noch Mehrsprachigkeit sind neuartige Erscheinungen. Über die Jahrhunderte haben sich verschiedene Formen von Migration entwickelt: durch die deutsche Ostexpansion und -besiedelung (beispielsweise die sorbische Sprachminderheit), durch Grenzveränderungen, durch die Aufnahme von Vertriebenen, Flüchtlingen und Emigranten (in der Gegenwart: Bürgerkriegsflüchtlinge, Asylsuchende), durch die Mobilisierung von Zwangsarbeitern während des Zweiten Weltkriegs und vor allem in den letzten Jahrzehnten durch die Anwerbung von ‚Gastarbeitern' und andere Formen der Internationalisierung des Arbeitsmarktes sowie durch politisch motivierte Entscheidungen (Aussiedler als Remigranten, Kontingentflüchtlinge russisch-jüdischer Herkunft u.a.)" (Hinnenkamp/Meng 2005, S. 8). Trotz dieser historischen Entwicklung gebe es aber zwei „Mythen", die Hinnenkamp und Meng benennen und auf die auch von anderen Autoren hingewiesen wurde, nämlich den Mythos, dass Deutschland ein einsprachiges Land ist und den, dass Staat, Volk, Sprache und Nation homomorph sein müssen – ein Überbleibsel aus der Zeit der europäischen Nationalstaatenbildung (a.a.O, S. 7, vgl. auch Gogolin 1994, dies. 1994a) Nach Hinnenkamp und Meng handelt es sich bei der Vorstellung, Deutschland sei ein einsprachiges Land, um ein „antiquiertes Selbstverständnis", das aber in den Köpfen hartnäckig verankert sei. Der schweizer Linguist Lüdi spricht in diesem

Zusammenhang von der „Einsprachigkeitsideologie" (Lüdi, zitiert nach Hinnenkamp/Meng 2005, S. 8), Gogolin unter Rekurs auf das Bourdieusche Habituskonzept vom „monolingualen Habitus", der im Zuge der Nationalitätenbildung entstanden sei. Damit bezeichnet Gogolin die Grundannahme, dass Einsprachigkeit den Normalfall darstellt (vgl. Gogolin 1994).

Die Grundannahme bzw. Ideologie der Einsprachigkeit wurde im Zuge der Nationalitätenbildung teils gewaltsam durchgesetzt; so mussten beispielsweise in Frankreich Kinder, die eine Minderheitensprache sprechen, eine Geldstrafe zahlen. Die Schule war die Hauptinstitution, durch die und in der die Einsprachigkeit und die Grundannahme von der Normalität der Einsprachigkeit durchgesetzt wurden: "Im Zusammenhang mit der Installierung der öffentlichen, für alle Kinder des jeweiligen Landes resp. Staates gedachten Schule, der unter anderem die Aufgabe zugedacht wurde, die sprachlich-kulturelle Einheit zu befördern und zur Bildung einer nationalen Identität beizutragen, wurde sprachlich-kulturelle Pluralität zunehmend negativ gesehen, als etwas Störendes, das entweder zu ‚beseitigen' oder – wo dies nicht mehr möglich sei – zum Ausnahmefall zu deklarieren sei" (Krüger-Potratz 2005, S. 13). In einer Welt, Europa mit einbegriffen, in der Mehrsprachigkeit sich immer weiter verbreitet, ist diese Sichtweise als höchst problematisch zu bezeichnen.

Folgen der Einsprachigkeitsideologie für Erziehung und Bildung

Eine Folge der Einsprachigkeitsideologie für Bildung und Erziehung besteht darin, dass die oben beschriebene mehrsprachige Praxis aus den staatlichen Bildungsprozessen weitgehend ausgeklammert wird und dass Kinder und Jugendliche meist nur in der Amtssprache des Staates, in dem sie sich befinden, Unterricht erhalten. Es gilt im Allgemeinen als selbstverständlich, dass viele Kinder in einer Sprache eingeschult werden, die sie u.U. nicht ausreichend beherrschen. Die internationalen Schulleistungsstudien PISA 1 und 2 und haben zumindest im Falle von Deutschland gezeigt, dass viele Jugendliche mit Migrationshintergrund nur ein mangelhaftes Leseverstehen entwickeln konnten (Trim/North/Coste 2002). Bis auf einzelne Projekte, z.B. die Europaschulen in Berlin (s. Niedrig 1999) oder die bilingualen Grundschulen in Hamburg (s. Grevé/Neumann/Roth 2004), gibt es in

Deutschland und auch in den meisten anderen europäischen Ländern nicht die Möglichkeit, in zwei Sprachen unterrichtet zu werden. Anglo-amerikanische Langzeituntersuchungen zeigen jedoch, dass die besten Bildungserfolge erzielt werden, wenn zweisprachige Kinder in beiden Sprachen über einen langen Zeitraum hinweg Unterricht erhalten (vgl. Reich/Roth 2002, S. 22f). Diese Erkenntnis wird in den schulpolitischen Entscheidungen bisher üblicherweise nicht berücksichtigt (1). Zweifellos gibt es Kinder und Jugendliche mit Migrationshintergrund, die es auch unter den gegebenen Umständen schaffen, glänzende Schulerfolge zu erzielen – diese Kinder sind allerdings quantitativ in der Minderheit (vgl. Gogolin/Neuman/Roth 2003, S 1f). Es kann am Beispiel Deutschlands festgehalten werden, dass die europäischen Nationen die Einsprachigkeitsideologie nicht überwunden haben und dass im schulischen Bereich die gelebte Mehrsprachigkeit weiterhin nur einem sehr geringen Umfang genutzt wird

Die Utopie vom mehrsprachigen Europabürger

Seit der Gründung der Europäischen Union gilt das Interesse der Europapolitik u.a. der Schaffung einer transnationalen europäischen Identität, die die vorhandene sprachlich-kulturelle Vielfalt in ein Ganzes integriert. Der Zusammenhalt soll unter Wahrung der Verschiedenartigkeit hergestellt werden, das Motto lautet „Vielfalt in der Einheit". Also gilt es nun, das nationale Selbstverständnis der Einsprachigkeit, das die Menschen verinnerlicht haben, zu überwinden. In den Dokumenten der Europäischen Union ist Einiges dazu zu lesen: „Das Erlernen einer *lingua franca* allein reicht nicht aus. Der Aufbau einer Union, in der die Bürger willens und fähig sind, mit ihren europäischen Nachbarn zu kommunizieren, und die Entwicklung einer Arbeitnehmerschaft, die bestimmte Grundfertigkeiten beherrscht, setzt voraus, *dass jeder Bürger in der Lage ist, neben seiner Muttersprache mindestens zwei Fremdsprachen zu sprechen* [Hervorhebung im Original]. Ziel dabei ist es, dass sich jeder Europäer in mindestens zwei Fremdsprachen verständlich machen kann, diese Sprachen jedoch nicht unbedingt fließend sprechen können muss. Dieses Ziel kann je nach den persönlichen Umständen unterschiedlich interpretiert werden: die gewählten Sprachen können bis zu einem bestimmten Kenntnisstand gelernt werden;

die Kombination der vier Fertigkeiten (mündlicher und schriftlicher Ausdruck, Hör- und Leseverstehen) kann variieren; die Fähigkeiten können mit der Zeit je nach Bedürfnissen oder Interessen erweitert werden. Jeder kann selbst festlegen, welches Repertoire an Sprachkenntnissen er im Laufe seines Lebens erwerben will, das Gesamtziel muss jedoch erreicht werden" (Kommission der Europäischen Gemeinschaften 2002, S. 8f).

Hier ist eine neue Perspektive auf das Sprachenlernen erkennbar: Die zukünftigen europäischen Bürger sollen die Fähigkeit besitzen, mit andersssprachigen Europäern Kommunikationsbeziehungen aufzunehmen, ohne deren Sprachen im herkömmlichen monolingualen Sinn perfekt zu beherrschen. Es kommt offensichtlich nicht mehr auf die komplette Beherrschung einer Sprache an, sondern auf *den Besitz lernbereichspezifischer sprachlicher Kompetenzen*. Die zuständige EU-Kommission hat dabei die berufliche Flexibilität besonders im Blick: „Das Sprachenlernen am Arbeitsplatz sollte unbedingt stärker gefördert werden. Für die Unternehmen ist es wichtig, sich zu mehrsprachigen Organisationen zu entwickeln, die flexible und hochwertige Dienstleistungen anbieten; die Anbieter von Sprachkursen sollten ihr Kursangebot auf die speziellen Bedürfnisse der Unternehmen zuschneiden. Die KMU [Kleine und mittlere Unternehmen] müssen nach Möglichkeiten suchen, ihren Angestellten den Zugang zum Lernen zu erleichtern (z.B. gemeinsam mit anderen Unternehmen, durch Lernnetze und gemeinsame Nutzung von Kompetenzen, in Zusammenarbeit mit Beratungsdiensten). Durch regelmäßige Sprachaudits können die Arbeitgeber überprüfen, ob sie über die für den Erfolg ihres Unternehmens auf wettbewerborientierten Märkten erforderlichen Sprachkenntnisse verfügen, sowohl was die Arbeitssprachen innerhalb des Unternehmens als auch die Sprachen für Außenkontakte betrifft" (a.a.O. 2002, S. 11).

Für das Sprachenangebot an Schulen und in außerschulischen Bildungseinrichtungen werden zwar zunächst die „Weltsprachen" „Chinesisch, Japanisch, Arabisch und Russisch sowie die Sprachen der Nachbarländer, Handelspartner und andere europäische Sprachen" (a.a.O. 2002, S. 11) vorgeschlagen, es wird aber darauf hingewiesen, dass das Sprachenangebot neben den größeren auch die kleineren europäischen Sprachen und die Regional-, Minderheiten- und Einwanderersprachen umfassen soll. Die Schulen werden dazu aufgefordert, die Vorteile von Konzepten der mehrsprachigen Verständigung besser zu nutzen: „Der Unterricht in der Muttersprache oder der ersten Fremdsprache bietet zahlreiche Möglichkeiten, lexikalische oder grammatikalische Ähnlichkeiten mit anderen Sprachen derselben Sprachfamilie anzusprechen. Er kann den Lernenden die Botschaft übermitteln, dass viele Wörter einer ‚Fremdsprache' leicht zu verstehen oder zu erraten sind, und sie ermutigen, *eine rezeptive Mehrsprachigkeit zu entwickeln*" (a.a.O. 2002, S. 13, Hervorhebung im Original).

Diese Vorgaben widersprechen den bisherigen Vorstellungen der Spracherziehung und verlangen den Schulen ein Umdenken ab. Der neue Auftrag an die Institution Schule wird folgendermaßen formuliert: „Die Rolle der Schule für das Sprachenlernen geht über den reinen Sprachunterricht hinaus und betrifft nicht nur die Sprachlehrkräfte. Die Schulen müssen heutzutage die Kinder darauf vorbereiten, Mitglied einer Gesellschaft zu werden, die anderen Kulturen offen gegenüber steht und in der sie mit Menschen aus vielen verschiedenen Ländern und mit vielen verschiedenen Traditionen in Berührung kommen können. Die Schulen haben außerdem den umfangreichen Auftrag, den Kindern zu helfen, ihre Kommunikationsfähigkeiten voll zu entfalten, in ihrer Muttersprache, der Schulsprache (falls diese eine andere ist) und in Fremdsprachen, sowie interkulturelle Fähigkeiten zu vermitteln. Jede Schule braucht daher eine kohärente, einheitliche Politik, deren Ausgangspunkt das sprachliche und kulturelle Angebot der lokalen Gemeinschaft ist und in der Sprachkenntnissen, der Anwendung von Sprachkenntnissen in der Praxis und der Vermittlung der Fähigkeit, Sprachen zu lernen, ein angemessener Stellenwert eingeräumt wird." (a.a.O. 2002, S. 13) Um diese Ziele zu erreichen, wurde der „Gemeinsame europäische Referenzrahmen für Sprachen" entwickelt.

Der Gemeinsame Europäische Referenzrahmen für Sprachen

Im Jahr 2001 veröffentlichte der Europarat den „Gemeinsamen europäischen Referenzrahmen für Sprachen: lernen, lehren, beurteilen" (Trim/North/Coste 2001). In diesem Werk werden die Kriterien vorgestellt, die künftig der Modellierung der sprachlichen Lernprozesse von europäischen Bürgern zu Grunde gelegt werden sollen und die sowohl von den

Lernenden zur Selbstevaluation als auch von den Lehrenden zur Festlegung und Prüfung sprachlicher Lernziele genutzt werden sollen. Die sprachlichen Lernziele, die in dem Referenzrahmen formuliert werden, stehen in deutlichem Gegensatz zum Verständnis traditioneller fremdsprachlicher Bildung. Das erwünschte Ziel sprachlicher Bildung ist nach dem Referenzrahmen kein abgeschlossenes der perfekten Beherrschung einer Sprache. Statt dessen werden die Sprachen in verschiedene Rezeptions- und Produktionsbereiche bzw. die klassischen Lernbereiche unterteilt („Sprechen", „Verstehen", „Lesen" und „Schreiben") und innerhalb dieser Bereiche werden unterschiedliche Niveaustufen (Profile) definiert. Es werden also bereichsspezifische Sprachkompetenzen gewürdigt; das (fremdsprachliche) Lernen wird als ein Prozess begriffen, der sich im Fluss befindet und den neuen Veränderungen entsprechend erweitert bzw. verändert wird.

Der Gemeinsame Europäische Referenzrahmen verdeutlicht durch die klare Formulierung der sprachlichen Lernbereiche, dass das Ziel sprachlicher Lernprozesse nicht mehr die Erlangung der perfekten Sprachkompetenz in einer oder mehreren Sprachen ist, sondern vielmehr *die Entwicklung einer sprachlichen Handlungsfähigkeit in multilingualen Kontexten*. Es werden innerhalb der einzelnen klassischen Lernbereiche vorbildliche Sprachkompetenzen formuliert, z.B. das Verstehen einer Sprache, auch wenn die Möglichkeit der Sprachproduktion kaum vorhanden ist. Der Referenzrahmen ist somit nicht nur als eine Hilfe für die Festlegung von Rahmenplänen und Unterrichtsprozessen zu sehen; er ist gleichzeitig ein politisch-pädagogisches Instrument, das zum Beispiel in Form eines Sprachportfolios, das ein Leben lang bearbeitet wird, dazu verhelfen soll, sprachlich-flexible Menschen zu schaffen, die ohne Scheu anderssprachigen Personen begegnen und bereit sind, mit ihnen unter Einsatz ihrer sprachlichen Mittel und Sprechstrategien mit ihnen zu kommunizieren und die dabei ein multilinguales Selbstverständnis entwickeln (vgl. Birko-Flemming o.J.).

Verordnete Mehrsprachigkeit versus gelebte Mehrsprachigkeit
Der Referenzrahmen hat das Ziel, durch schulische Instruktion in Form von Sprachunterricht bzw. der Verwaltung aller Sprachlernprozesse in Form von Portfolios mehrsprachige Bürger zu formieren, die sich mit der

Idee der europäischen Einheit in der Vielfalt identifizieren. Mit dem Referenzrahmen soll also Monolingualität überwunden werden, Menschen sollen lernen, sich einer multilingualen Welt zugehörig zu fühlen und in einer multilingualen Welt zurecht zu kommen. Der Vergleich der im Referenzrahmen formulierten Sprachkompetenzen mit den oben beschriebenen Formen der multilingualen Sprachpraxis in den europäischen Einwanderungsgebieten zeigt jedoch, dass in dem Referenzrahmen selbst Monolingualität nicht überwunden wurde. Auch hier sind die sprachlichen Fertigkeiten einzelnen Sprachen zugeteilt, auch hier ist das Jonglieren mit den Sprachen, das Switchen zwischen ihnen, der Transfer von einer Sprache in die andere und weitere Varianten des multilingualen Handelns nicht vorgesehen, sie werden nicht als sprachliches Lernziel benannt. Die Untersuchungen zum multilingualen Sprachgebrauch zeigen aber, dass diese Fähigkeiten gerade das sind, worauf es ankommt, wenn in einer multilingualen Kommunikationssituation gehandelt wird.

Damit kann festgehalten werden, dass der Referenzrahmen sich nicht an der praktizierten Mehrsprachigkeit orientiert, sondern an einer weitgehend fiktiven und unterrichtsgeleiteten Vorstellung davon. Das Vorbild der Konstrukteure des Referenzrahmens scheinen nicht die Menschen gewesen zu sein, die in den europäischen Großstädten tagtäglich mit der sie umgebenden Mehrsprachigkeit in produktiver Weise umgehen, sondern eher die Mitglieder der europäischen Verwaltungsgremien und deren sprachlichen Bedürfnisse (vgl. Ross 2003), z.B. dass im Rahmen einer Besprechung mündliche Beiträge in der eigenen Sprache formuliert werden können und dass diese Beiträge von den Anwesenden verstanden werden, auch wenn sie diese Sprache selbst nicht sprechen können. Dadurch würden komplizierte und teure Verdolmetschungen erspart bleiben.

Letztendlich kann die Frage nicht beantwortet werden, ob die nach dem Referenzrahmen modellierten sprachlichen Lernprozesse zu einer mehrsprachigen Flexibilität wie sie in der Praxis zu beobachten ist, führen können und zu einem mehrsprachigen Selbstverständnis.

Ausblick

Es konnte gezeigt werden, dass der Gemeinsame Europäische Referenzrahmen für Sprachen trotz des erklärten Ziels der Verankerung der Mehrsprachigkeit die gelebte mehrsprachige Praxis nicht aufgreift und eine Art von Mehrsprachigkeit „verordnet", die in der Lebenspraxis der europäischen Einwanderungsgebiete kaum vorhanden ist, nach der also bisher wohl auch kaum ein Bedürfnis bestand. Eine offene Frage ist bislang, ob die Vorgaben derart erfolgreich implementiert werden können, dass durch die Verordnung ähnlich wie im Zuge der Nationalitätenbildung das sprachliche Selbstverständnis der Bürger bestimmt werden kann – auch wenn die Rahmenbedingungen und das Ziel nicht dieselben sind und die Mittel der Durchführung erfreulicherweise auch nicht dieselben sein werden. Eine weitere unbeantwortete Frage bezieht sich darauf, ob durch die Implementierung des Referenzrahmens die Sichtweise auf die mehrsprachige Praxis im positiven Sinne verändert werden könnte. Also in der Art und Weise, dass die gelebte Mehrsprachigkeit besser bewertet werden würde, im Sinne des Besitzes von Teilkompetenzen. Dies wäre aus der Sicht der vielen Migrantenkinder, die mehrsprachig sind und mehrsprachig handeln, wünschenswert. Durch eine größere Akzeptanz ihrer sprachlichen Verhältnisse könnte zu ihrem Selbstverständnis so beigetragen werden, dass sie ein positives Bild von sich und ihrer Mehrsprachigkeit entwickeln – genau dies wäre ein großer Erfolg und auch ein Beitrag zur Verbesserung der Bildungssituation von Migrantenkindern sowie ein konstruktiver Beitrag zum europäischen Vereinigungsprozess.

Eine weitere Frage ist, ob die hier entfaltete Sichtweise auf das Sprachenlernen als lebenslanger Prozess und die Betonung der sprachlichen Handlungskompetenz als erwünschtes Ziel dazu führen könnte, dass die gelebte Mehrsprachigkeit (endlich) in die Unterrichtskommunikation integriert werden könnte, um den Kindern die Chance zu geben, ihr gesamtes Sprachpotential für das Lernen zu nutzen (2). Auch das wäre eine wünschenswerte Folge der veränderten Sichtweise auf sprachliche Lernprozesse. Allerdings müsste in diesem Fall auch Raum für „Code-Mixing" und andere mischsprachliche Phänomene gegeben sein – an eine Wahrnehmung und eine positive Sicht auf diese Elemente der Sprachpraxis hat die europäische Sprachenpolitik sich derzeit noch nicht angenähert, geschweige denn der Legitimation einer solchen Praxis.

Abschließend soll die Leistung des Europäischen Referenzrahmens ausdrücklich gewürdigt werden, eine neue und realitätsnahe Sicht auf „Sprache" eingeführt zu haben – wünschenswert wäre, dass die Bildungspolitiker im nächsten Schritt die gelebte Praxis der Mehrsprachigkeit rezipieren und nach Wegen suchen, diese zu nutzen und weiter zu entwickeln.

Anmerkungen:

(1.) Die Notwendigkeit, ein besonderes Augenmerk auf die sprachliche Förderung der Kinder mit Migrationshintergrund zu legen, ist in Folge der jüngsten Diskussion den Bildungspolitikern deutlich geworden. Dies wird daran erkennbar, dass in diesem Bereich vermehrte Anstrengungen unternommen werden, zum Beispiel die Finanzierung und Durchführung des Modellprogramms „Förderung von Kindern und Jugendlichen mit Migrationshintergrund" durch die Bund-Länder-Kommission für Bildungsplanung und Forschungsförderung (Gogolin/Neumann/Roth 2003).

(2.) Zur bilingualen Kommunikation im Unterricht s. Dirim 1998; zu Vorschlägen zur Integration der Mehrsprachigkeit in die Unterrichtskommunikation s. Dirim 2005.

Literatur:
Auer, P.: Sprachliche Interaktion. Tübingen 1999.
Backus, A.: Patterns of language mixing: a study in Turkish-Dutch bilingualism. Wiesbaden 1992.
Bijvoet, E.: Attitudes towards "Rinkeby Swedish", a group variety among adolescents in multilingual suburbs. In: Fraurud, K./Kenneth H.: Multilingualism – Global and Local Perspectioves). Stockholm 2003, S. 307 – 318.
Birko-Flemming, N. u.a.: Mein Sprachenportfolio. Hessen o.J.
Boeschoeten, H./Backus, A.: Language Chance in immigrant Turkish. In: **Extra, G.:** Multilingualism in a multicultural context. Case Studies on South Africa and Europe. Tilburg 1998.
Cummins, J.: Linguistic interdependence and the educational development of bilingual children. In: Review of Educational Research 49 (1979), S. 222 - 251.

Cummins, J./Swain, M.: Bilingualism in education. Aspects of theory, research and practice. London 1986.

Deutsches PISA-Konsortium: PISA 2000. Opladen 2001.

Dirim, İ.:Außerschulische und außerfamiliäre Sprachpraxis mehrsprachiger Grundschulkinder. In: Gogolin, I./Neumann, U.: Großstadt-Grundschule. Eine Fallstudie über sprachliche und kulturelle Pluralität als Bedingung der Grundschularbeit. Münster 1997, S. 217 - 250

Dirim, İ.: Var m□lan Marmelade?" - Türkisch-deutscher Sprachkontakt in einer Grundschulklasse. Münster 1998

Dirim, İ: Translation ability development of bilingual children in a bilingual school class. Prospects of a new research project. In: Copenhagen Studies 36 (2004), S. 204 – 211.

Dirim, İ.: Mehrsprachigkeit einbeziehen. In: Rösch, H.: Deutsch als Zweitsprache. Sprachförderung in der Sekundarstufe 1. Grundlagen, Übungsideen, Kopiervorlagen. Braunschweig 2005, S. 58 - 59.

Dirim, İ./Auer, P.: Türkisch sprechen nicht nur die Türken. Über die Unschärfebeziehung zwischen Sprache und Ethnie in Deutschland. Berlin 2004.

Dirim, İ./Gülender, S.: Belegte Brötç□. Deutsche Einflüsse auf die türkische Sprache in Deutschland. In: Grundschule Sprachen 8 (2002), S. 34 – 35.

Gogolin, I.: Erziehungsziel Zweisprachigkeit. Konturen eines sprachpädagogischen Konzepts für die multikulturelle Schule. Hamburg 1988.

Gogolin, I.: Der monolinguale Habitus der multilingualen Schule. Münster/New York 1994.

Gogolin, I.: Das nationale Selbstverständnis der Bildung. Münster/New York 1994a.

Gogolin, I.: Sprachen rein halten – eine Obsession. In: Gogolin, I/Graap, S./List, G.: Über Mehrsprachigkeit. Festschrift für Gudula List zum 60. Geburtstag. Tübingen 1998, S. 71 - 96.

Gogolin, I./Neumann, U./Roth, H.-J.: Förderung von Kindern und Jugendlichen mit Migrationshintergrund, Gutachten im Auftrag der Bund-Länder-Kommission für Bildungsplanung und Forschungsförderung. Berlin 2003.

Grevé, A./Neumann, U./Roth, H.-J.: Schulversuch Bilinguale Grundschulklassen in Hamburg. Bericht 2004. Hamburg 2004

Hinnenkamp, V./Meng, K.: Sprachgrenzen überspringen. Sprachliche Hybridität und polykulturelles Selbstverständnis. Einleitung. In: Hinnenkamp, V./Meng, K.: Sprachgrenzen überspringen. Sprachliche Hybridität und polykulturelles Selbstverständnis. Tübingen 2005, S. 7 - 18.

Kommission der Europäischen Gemeinschaften: Arbeitsdokument der Kommissionsdienststellen. Förderung des Sprachenlernens und der sprachlichen Vielfalt – Konsultationen. Brüssel 2002. http://europa.eu.int./comm/education/policies/lang/policy/consult/consult_de.pdf

Krüger-Potratz, M.: Interkulturelle Bildung. Eine Einführung. Münster/NewYork 2005.

Niedrig, H.: Exkurs: Die Staatliche Europa-Schule Berlin (SESB). In: Gogolin, I./Neumann, U./Reuter, L.: Schulbildung für Kinder aus Minderheiten in Deutschland 1989-1999. Münster 1999, S. 77 – 95.

Pfaff, C. W.: Turkish Language Development in Germany. In: Extra, G./Verhoeven, L.: Immigrant Languages in Europe. Clevedon 1993, S. 119 – 146.

Pfaff, C. W.: Language Development in a bilingual setting: the acquisition of Turkish in Germany. In: **Koç, S.**: Studies in Turkish Linguistics. Ankara 1998, S. 351 – 386.

Pfaff, C. W.: "Kanaken in Allemanistan": Feridun Zaimoğlu's Representation of Migrant Language. In: Hinnenkamp, V./Meng, K.: Sprachgrenzen überspringen. Sprachliche Hybridität und polykulturelles Selbstverständnis. Tübingen 2005, S. 195 – 228.

Reich, H.-H./Roth, H.-J. u.a.: Spracherwerb zweisprachig aufwachsender Kinder und Jugendlicher. Ein Überblick über den Stand der nationalen und internationalen Forschung. Hamburg und Landau in der Pfalz 2002.

Ross, A.: Europäische Einheit in babylonischer Vielfalt. Frankfurt a.M. u.a. 2003.

Schroeder, Ch.: Orthographie im Sprachkontakt Türkisch-Deutsch, Vortragsmanuskript, Jahrestagung 2004 der DGfS, AG „Sprache und Kommunikation in multilingualen Kindergärten und Schulklassen". Mainz 25.-27.03.2004.

Trim, J./North,B./Coste, D.: Gemeinsamer Europäischer Referenzrahmen für Sprachen: lernen, lehren, beurteilen. Berlin/München u.a. 2002.

Wandruszka, M.: Die Mehrsprachigkeit des Menschen. München 1979.

Zaimoğlu, F.: Kanak Sprak. Hamburg 1995.

Zaimoğlu, F.: Abschaum. Hamburg 1995.

Harry Noormann

Transkultureller Fundamentalismus?
Globale Trends im Christentum

1. Transkulturelle Transformation des Christentums – diametrale Trends in Nord und Süd?

Der Begriff „Transkulturalität" wird in der religionswissenschaftlich-theologischen Diskussion selten bemüht. Der Sache nach aber sind transreligiöse Phänomene seit einem guten Jahrzehnt allgegenwärtig,[2] für Jugendliche eine Normalität, die man unaufgeregt gelassen betrachtet. Man ist Christ oder Protestant, was nicht hindert, sich in das Enneagramm zu vertiefen, am Kettchen das taoistische Yin-Yan-Zeichen zu tragen, sich den (positiv) gepolten Reinkarnationsgedanken zueigen zu machen, Jesus gut muslimisch als eine prophetische Gestalt zu deuten, Yoga zu praktizieren oder christlichen Zen, mit esoterischen Heil(ung)sversprechen zu liebäugeln oder sich von Magie und Astrologie faszinieren zu lassen.

„Transkulturelle Transformation" von Religion meint, Zeichenfragmente aus dem Fundus der Religionen „autopoietisch" in einer Weise zu kombinieren, dass sie der Sinnhaftigkeit der eigenen Lebensführung dienlich sind. Der mentale und virtuelle Sinnsurfer hat auch in religiösen Fragen keine andere Wahl als zu wählen auf dem globalen Markt der Religion, ohne je eindeutige und „lebenslängliche" Entscheidungen treffen zu können. Der sozialtheoretische Theorierahmen für diesen vielfach beschriebenen, zeit-

---

[2] Einer der Gründe wird sein, dass der in der Fachdiskussion hoch besetzte, schillernde Begriff „Synkretismus" den Zugang zum Theorem der Transkulturalität versperrt. In seiner allgemeinsten Bedeutung bezeichnet Synkretismus die „Vermischung von kulturellen, religiösen oder weltanschaulichen Vorstellungen und Praktiken unterschiedlicher Herkunft" (Pitzler-Reyl 2000, I-5.3, 1). Die Kategorie ist durch negative Konnotationen in der konfessionellen und religionstheologischen Polemik bis in die Gegenwart so stark diskreditiert, dass allein die Begriffsgeschichte gute Gründe bietet, auf sie zu verzichten. Der Synkretismusbegriff erfährt in der jüngeren empirischen Fachdiskussion eine Renaissance „zur Charakterisierung typischer Erscheinungsmerkmale der religiösen Gegenwartsszene." Obwohl er zu einer unerlässlichen „Diagnosevokabel" geworden ist und V. Drehsen die „Synkretismusvirulenz" gar für den Fokus jugendlicher Religionsorientierung hält (Drehsen 1994, S. 314), wird hier der Begriff „transkulturelle religiöse Orientierung" vorgezogen.

typischen Modus religiöser Selbstverständigung wird gemeinhin abgesteckt durch die Begriffe: Migration und kulturelle Globalisierung – religiöse Pluralisierung – Zerbröseln religiöser Sozialmilieus – *Individualisierung der religiösen Orientierung.* Ihre idealtypische Ausdruckgestalt spiegeln Zuschreibungen wie religiöse „Bricolage" (Levi-Strauss), Collage (Clifford), Hybridisierung (Kunstmann u.a.) Patchworkreligion (Luckmann), oder, mit negativem Unterton: „Design-Glauben / Designreligion", „Switsch- und Schnupperreligion", der religiöse homo zappans.[3]

Die heiße Debatte um die postmoderne Vollendung der Religionsfreiheit, die besonders Religionspädagogen herausfordert, wird bis heute aus einem ausgesprochen eurozentristisch verengten Blickwinkel heraus geführt; denn hinter ihrem Rücken hat sich auf der südlichen Erdhalbkugel in den vergangenen dreißig Jahren ein gänzlich anderer Typus „transkultureller Transformation von Religion" durchgesetzt: ein atemberaubendes Wachstum charismatischer und pfingstlicher („pentakostaler") Gemeinschaften, wie es dieses in der Kirchengeschichte „noch niemals" gegeben hat (W. Hollenweger).

Hier ist der „Tanz der Kulturen" (Breidenbach/ Zukrigl) ganz wörtlich zu nehmen – eine emotionale, ekstatische und enthusiastische Frömmigkeit, die sich offenbar mit großer Leichtigkeit den Kulturen in Mittel- und Südamerika, Afrika, Asien und zunehmend auch in Europa anzuverwandeln vermag. Transkulturalität unter entgegengesetzten Vorzeichen: Hier zählt religiöse Gemeinschaftssolidarität, nicht das vereinzelte Individuum mit der Freiheit und Ohnmacht zur Wahl, hier herrschen knallharte moralische Normen und glasklare Glaubensgrundsätze statt ein postmoderner Habitus des Fragezeichens und des ‚sowohl als auch'. Die kulturüberschreitende Transformation von Religion reimt sich hier nicht auf weltläufige Offenheit und Toleranz mit neugieriger Lernbereitschaft gegenüber dem Fremden, im Gegenteil. Der missionarische Erfolg scheint sich der entschlossenen und exklusiven Verteidigung einer „eisernen Glaubensration" zu verdanken.

Ihre rasante Verbreitung im Süden macht die „christliche Trendreligion" zu einem verstörenden und erklärungsbedürftigen Phänomen. Optimistische

---

[3] Vgl. Supermarkt der Religionen, DER SPIEGEL Nr. 52/25.12.2000: Warum glaubt der Mensch? Jenseits des Wissens, S. 124ff.

Schätzungen rechnen mit einem Anteil von 20 – 25 % Charismatikern und Pfingstlern an der derzeitigen Weltchristenheit.[4] Prognosen, nach denen die Zahl der Christen, die schon heute die größte Glaubensgemeinschaft der Erde bilden, bis 2025 weiter anwachsen wird, wovon 50% in Lateinamerika und Afrika leben werden und weitere 17% in Asien, und eine Mehrheit dieser Mehrheit pfingstlichen Kirchen angehören werden, stützen sich zum einen auf die demographische Entwicklung in diesen bevölkerungsreichsten Regionen und zum anderen auf die Missionserfolge der Pfingstkirchen in den letzten Jahrzehnten (Jenkins 2003, S. 81). Das hieße für die Zukunft – bei aller Skepsis, aus unzuverlässigen Statistiken Hochrechnungen zu extrapolieren:

- Das Gewicht der Weltanschauungen und Religionen auf der Erde verschiebt sich – entgegen den sorgenvollen Minen von Kirchenjuristen und Theologen hierzulande – *zugunsten* des Christentums;

- das „Gesicht" des Christentums wird maßgeblich lateinamerikanisch, afrikanisch und asiatisch geprägt sein, genauer: vorwiegend geprägt von den Armen, Marginalisierten und Ausgeschlossenen dieser Kontinente; bis 2050 soll „der Anteil nicht lateinamerikanischer Weißer an den Christen dieser Welt auf etwa ein Fünftel gesunken sein" (Jenkins, 2003, S. 81). „Typische Christen" des 21. Jahrhunderts sind nicht länger wohlhabend, weiß, männlich und in fortgeschrittenem Alter. Sie leben – mehrheitlich weiblich und jung – in den Megacities wie Seoul oder Sao Paulo, in den Dörfern Nigerias und in brasilianischen Favelas (Jenkins 2003, S. 2);

- kultur- und kontinentübergreifend besitzt eine charismatisch-pfingstliche Frömmigkeit die stärkste missionarische Dynamik – eine einfache, die Bibel „beim Wort" nehmende, antiintellektuelle, wundergläubige, sinnlich-extrovertierte, be-geisterte Frömmigkeit. Und diese „Drittweltkirchen kümmern sich einen Pfifferling um das, was in Rom, Hannover, Genf, Basel oder Canterbury dekretiert wird" (Hollenweger,

---

[4] Jenkins stützt sich auf Daten von David B. Barret in der *World Christian Encyclopaedia* sowie auf Statistiken der UN und der US-Regierung (Jenkins 2002, S. 202). Er weist ausdrücklich auf die mangelnde Validität der Zahlen hin. Skepsis ist zudem angebracht, weil die „sonstigen" und „unabhängigen" Kirchen gerade der charismatisch-pfingstlerischen Szene in unzählige Gruppierungen zersplittert sind (vgl. Bergunder, M., 2000, S.138).

2004, S. 25). Der Hinweis, dass schon heute etwa 10% der Bevölkerung auf dem „katholischsten Kontinent" Lateinamerika Pfingstler sind, diese aber, wenn man sie den aktiven, praktizierenden Katholiken (einschließlich der Basisgemeinschaften) gegenüberstellt, schon heute eine gleichstarke Kraft darstellen, ist nicht von der Hand zu weisen (Self, 2000, S. 69f).

Auch für die deutsche Szene kann ein Kenner (trotz fehlender präziser Statistik) die Feststellung treffen, dass sich in neuen, unabhängigen Freikirchen ein evangelikaler, vor allem aber pfingstlich-charismatischer Frömmigkeitstyp ausbreitet, „dessen weltweite Erfolgsstory auch im deutschsprachigen Kontext Westeuropas zunehmend erkennbar wird, wenn auch in vergleichsweise gebremster Form." Christliches Leben scheine am augenfälligsten in diesen Gemeinschaften zu pulsieren (Hempelmann, 2003, S. 7). Eine bedeutende Rolle spielen dabei die neuen Immigrationskirchen in Deutschland und Westeuropa mit überwiegend pfingstlich-charismatischer Spiritualität, deren Zahl sich zwischen 1990 und 2000 verdoppelt, wenn nicht verdreifacht haben soll (Hollenweger, 2001, S. 28).

Der folgende Beitrag fokussiert den letzt genannten Aspekt: Wie lässt sich verstehen, dass eine charismatische Religionspraxis länder- und kontinentübergreifend – transkulturell – eine solche Anziehungskraft ausübt? Und wie ist diese Entwicklung zu bewerten?

2. Sind Pfingstler und Charismatiker Fundamentalisten?[5]

Wenn von „Evangelikalen", „Charismatikern" oder „Pfingstlern" (zumeist in deren Abwesenheit) die Rede ist, ist das Etikett „Fundamentalisten" schnell bei der Hand. Stigmatisierende Alltagstheorien entlasten von einer inhaltlichen Auseinandersetzung.[6] Aber auch der seriöse Versuch einer differenzierten Charakterisierung ist schwierig, weil

---

[5] Titel eines Aufsatzes von Russel P. Spittler: Sind Pfingstler und Charismatiker Fundamentalisten? Eine Übersicht über den amerikanischen Gebrauch dieser Kategorien. In: Bergunder, M., 2000, S. 43 – 56.

[6] Dies dürfte ein maßgeblicher Grund für Theologen und Religionswissenschaftler sein, sich für diese exotisch anmutenden Fremdkörper im Corpus Christianum nicht zu interessieren, wie Walter Hollenweger wiederholt beklagt hat: „...Aber die Theologen schlafen. Sie wissen viel über die altbabylonische Religion und ihre Rezeption oder Ablehnung im biblischen Kanon. Aber sie wissen fast nichts über ähnliche oder gleiche Prozesse bei den 100 Millionen Christen in China. Sie können genauestens Auskunft

a) die Zuschreibungen in unterschiedlichen Weltregionen verschiedene Bedeutungen haben,

b) die Begriffe, aber auch die Strömungen selbst oszillieren und keine trennscharfen Abgrenzungen zulassen. Sie sind unterscheidbar *und* weisen Affinitäten auf: es gibt evangelikale Fundamentalisten wie auch fundamentalistische und evangelikale Charismatiker,

c) die intra- und internationale Vielgestaltigkeit etwa der Pfingstbewegung jeder Beschreibung problematische Stilisierungen aufzwingt.

Hilfreich ist ein theologie- und kirchengeschichtlicher Zugang.[7] Der evangelikale und der charismatische Frömmigkeitstypus wurzeln beide in der methodistischen Erweckungsbewegung im England des 18. und frühen 19. Jahrhunderts (in Reaktion auf die Industrialisierung). Ideengeschichtliche Querverbindungen weisen auf den deutschen Pietismus (17./18. Jh.) sowie auf die deutsche Erweckungsbewegung im Vormärz. Kennzeichnend für die erweckliche Frömmigkeit dieser antiklerikal und ökumenisch eingestellten Laienbewegung waren u.a. vier Momente:

▪ die wortgetreue Auslegung der Bibel als einziger Norm (Literalismus),
▪ die Betonung der persönlichen Glaubenserfahrung (Geistempfang, Bekehrung: Spiritualismus),
▪ die Nächstenliebe als Ausdruck der lebensverändernden Zuwendung Gottes („Heiligung") sowie
▪ ein (unterschiedlich) ausgeprägtes Endzeitbewusstsein (Zeit als geschenkte Frist zu missionarischer und diakonischer Aktivität, Geschichte als universale Kampfarena zwischen Gott und dem Satan).

„Evangelikalismus" und „Charismatikertum" lassen sich als Vereinseitigungen der beiden erstgenannten Motive „Bibeltreue" und „Geisterfahrung" interpretieren.

Evangelikale Christen verteidigen die absolute, nicht hinterfragbare Autorität der Bibel in allen Angelegenheiten des Glaubens und der Moral, ihre

---

geben über die Gnosis in Kolossää, wissen aber nichts über die Aladura-Kirchen, die Cherubim- und Seraphim-Kirchen, die Zionisten in Afrika oder die tausende von unabhängigen Kirchen in Indien – alles Millionenkirchen mit entscheidendem politischen Gewicht... Man darf doch von einem Theologen erwarten, dass er mehr als theologische Archäologie bietet" (Hollenweger,W., 2004, S. 25).

[7] Vgl. zum Folgenden die einschlägigen Kapitel in: Grübel / Rademacher (Hg.), 2003; Hempelmann (Hg.), 2001 sowie Reller (Hg.), 2000.

(nicht unumstrittene) Irrtumsfreiheit gipfelt in der altorthodoxen Lehre von der Verbalinspiration.

Charismatische Christen verabsolutieren hingegen die persönliche Glaubenserfahrung, den lebensverwandelnden Empfang des göttlichen Geistes, der sich manifestiert in den Geistesgaben (Charismata), wie sie das 12. bis 14. Kapitel des 1. Korintherbriefes beschreiben: die Gabe, Krankheiten zu heilen, zu weissagen, „Geister zu unterscheiden" und schließlich: das trancehafte Reden „in fremden Zungen" (Glossolalie).

Beide Auszweigungen haben die weiteren Merkmale des Erweckungschristentums in ihr gemeinsames Erbe genommen: die Pflicht zur aktiven Mitgestaltung der Gottesbeziehung in der „Heiligung" durch eine bibeltreue Lebensführung sowie das Endzeitbewusstein mit einer ausgeprägt dualistischen Weltsicht und einem starken missionarischen Impetus. Ferner verbindet sie ein im Prinzip egalitärer Grundzug und die Erwählungsgewissheit, zur Schar der wahrhaft Gläubigen zu zählen. Das soziale Engagement, ein Kernanliegen der frühen Pietisten und Methodisten („social gospel), hat dagegen nur gebrochen und partiell in charismatischen und evangelikalen Strömungen überlebt („social concerned evangelicals").

Aus dem evangelikalen und dem charismatischen Frömmigkeitstypus sind historische Gebilde hervorgegangen, die bei allen geschichtlichen Mutationen ihre Muttermale beibehalten haben.

Evangelikale Protestanten organisierten sich erstmals 1846 in der internationalen „Evangelischen Allianz". Zu einer weltweit erstarkenden Bewegung entwickelten sich die Evangelikalen nach dem 2. Weltkrieg, ausgehend von Großevangelisationen und Massenveranstaltungen US-amerikanischer Prediger wie Billy Graham (Campus für Christus). Eine neue Blüte bescherten den Evangelikalen die 1980er Jahre, die Zeit ihrer starken Politisierung durch die Präsidentschaft Ronald Reagans und durch einflussreiche Fernsehprediger der „Moral Majority" (Jerry Falwell). Im Jahr 2004 haben die bibeltreuen und politisch konservativen Evangelikalen nach vorliegenden Analysen auch zur Wiederwahl des methodistischen Präsidenten George W. Bush, der sein Amt ausdrücklich in christlich-evangelikaler Mission versteht, maßgeblich beigetragen.

Die US-amerikanische Ökumene der „evangelicals" ist mehrheitsfähig. Gleich, welcher Denomination sie formell angehören, verbindet sie ein religiös überhöhter Wertekonsens: das exklusive, gegenüber anderen Religionen abgrenzend bekräftigte christliche Bekenntnis als dem einzigen Heilsweg, biblischer Literalismus auch in politischen Fragen, was u.a. heißt: Kampf dem Bösen in der Welt (vor 1989 dem Kommunismus), für freien Markt und Unternehmergeist, Ablehnung von Homosexualität, Schwangerschaftsabbrüchen und Pornographie.[8]

Anders als die Evangelikalen, die sich zumeist in gut pietistischer Tradition als entschiedene Christen *innerhalb* bestehender Kirchen und Denominationen verstehen („ecclesiola in ecclesia"), haben sich die Charismatiker, ausgehend von der „Holyness"-Bewegung in den USA, als eine eigenständige *Pfingstkirche* etabliert, weil die bestehenden Kirchen die „Schwarmgeister" in ihrer Mitte nicht dulden wollten. Von der „alten Negerkirche" in der Azusa Street in Los Angeles, wo der ausgeschlossene afroamerikanische Pastor William J. Seymours mit Gleichgesinnten in ekstatischen Gemeinschaftsritualen ein neues Pfingsten erlebte, ging im Jahr 1906 das Fanal für eine rasch anschwellende Massenbewegung aus, deren Enthusiasmus noch im selben Jahr nach Europa herübersprang. Die erstaunliche Ausstrahlungskraft der Azusa-Street Mission namentlich unter der schwarzen Bevölkerung ist soziologisch u.a. vor dem Hintergrund der Rassenschranken in allen Lebensbereichen zu deuten. Auch außerhalb des Südens der USA war eine strikte ethnische Segregation Alltagsnormalität. Seymour und seine Pfingstler praktizierten ein antirassistisches Gemeindeleben, in dem Schwarze und Weiße ein knappes Jahrzehnt gleichberechtigt kommunizierten – Anlass genug für Argwohn und Feindseligkeit (Robeck, 2000, S. 62ff).

---

[8] Vgl. Bush, die Religion und die Welt. Artikelserie in Publik-Forum, Nr. 22 / 2004, S. 8 –12. Ferner: Arnd Festerling: Konservativ und bibeltreu, in: FR, 5.11.2004, S. 2.; Markus Brauck: Bill aus Gottes eigenem Land. Mr. Hybels kommt aus den USA und er ist ein Star unter den evangelikalen Christen – auch in Deutschland, in: FR 22.2.05, S. 8 (Der evangelikale Pastor Bill Hybels gründete 1977 die Willow-Creek-Gemeinde bei Chicago, in der heute 450 hauptamtliche Mitarbeiter tätig sind. Die Willow-Creek Missionsstrategie für kirchenferne Menschen ist ein Exportschlager. Der Artikel berichtet über Schulungen und Kongresse der Gemeinde in Deutschland. Der bisher größte Kongress im Februar 2005 in der Stuttgarter Schleyerhalle zog knapp 11.000 Menschen an.)

„Tief verwurzelte moralische Voreingenommenheiten, einseitige Wertvor-
stellungen und soziale Vorurteile, manchmal systematisch in strukturellen
Formen wie Sexismus, Klassenideologie oder Rassismus ausgedrückt, er-
fahren in der charismatischen Umgestaltung der Kirche durch den Heili-
gen Geist ein eschatologisches Gericht. Alle Trennungsmauern der alten
sozialen Ordnung werden für immer niedergerissen in der koinonia („Ge-
meinschaft", H.N.),...., die Zeugnis ablegt vom inclusiven Charakter der
Herrschaft Gottes, die keine Unterschiede unter den Menschen kennt"
(Dempster, M.W., 1991, zit. nach Robeck, 2000, S. 64).

Die anfänglich antirassistisch-egalitären Impulse der Pfingstler wurden
alsbald verdrängt vom „Rückzug aus dem sozialen Kampf und einer passiven Ergebenheit in eine Welt..., die sie hassten und der sie zu entfliehen
suchten" (Anderson, R.M., zit. nach Robeck, 2000, S. 64f). Als bleibendes
Erbe schwarzer Spiritualität behielt die Pfingstbewegung „die Betonung
einer mündlichen, fortlaufenden Liturgie, eine maximale Beteiligung des
Körpers und die Freiheit, Dinge wie Visionen und Träume mit einzubezie-
hen" (Jones, C.B., 2000, S. 113). Diese lange verdrängte und vergessene
Ursprungsgeschichte der Pfingstbewegung kehrt erst heute allmählich in
ihr kollektives Gedächtnis zurück.

Das auffälligste Charakteristikum sowohl der klassischen Pfingstbewegung der ersten Hälfte des 20. Jh. wie auch der neuen, „globalisierten"
Pfingstler blieb das Versprechen und die konkrete Erfahrung von göttlicher
Nähe für jeden Einzelnen in stark emotionalisierten, sinnlichen Gemein-
schaftserlebnissen. Die urwüchsige, doktrinenarme und lebensnahe Religiosität erhöhte ihre Anpassungsfähigkeit (zum Beispiel an die Traditionen
afrikanischer Heilkunst) und war ihrer globalen Verbreitung ebenso förderlich wie ihr institutionenkritischer Grundzug, der zu zahllosen, wenn auch
tausendfach zersplitterten Gemeindegründungen geführt hat. Die Stärke
dieses Protestantismus liegt darin, wie K.-F. Daiber prägnant formuliert,
„dass Emotionalität der Rationalität entgegengestellt wird, die Gemein-
schaftsbindung der Vereinzelung, ein festgegründetes, unhinterfragbares
Wertefundament der unendlichen Diskussion in offenen Gesellschaften"
(Daiber, 2000, S. 111).

Das stetige grenzenlose Wachstum der Pfingstbewegung seit den 1960er Jahren machte vor den traditionellen Kirchen nicht Halt. Pfingstlerischer Enthusiasmus erfasste auch Teile der kirchlichen Klientel und führte, zunächst in den USA, zur Herausbildung der *Charismatischen Bewegung* quer zu den etablierten Konfessionskirchen. Erweckungsprediger entdeckten die nie gekannten Möglichkeiten der elektronischen Medien und betrieben in großem Stil „Missionsfeldzüge" mit Show- und Eventcharakter, deren Höhepunkte die Gegenwart des Heiligen Geistes in Trancezuständen, Glossolalie und Heilungszeugnissen manifestierten. Die charismatische Religionspraxis und ihr Lebensstil erfasste nahezu alle Großkonfessionen und Weltregionen (einschließlich der orthodoxen Kirchen). Spittler bezeichnet die Charismatiker eingängig als „Pfingstler im großkirchlichen Gewand" (Spittler, 2000, S. 45). Zugleich kam es aber zur Gründung zahlreicher neuer, teils transdenominationeller Gemeinschaften und unabhängiger Kirchen mit charismatischer Ausrichtung.

Seit vier Jahrzehnten agieren somit drei missionarisch stark offensive, christliche Strömungen mit massenhaftem Erfolg vor allem in Ländern des Südens: die Pfingstkirche, die evangelikale und die charismatische Bewegung. Ihre theologischen Grundanschauungen besitzen Affinitäten (dämonologische, dualistische Weltsicht, Bibelverständnis, biblizistische Ethik), die sie empfänglich machen für eine vierte Strömung, die in den USA der 1980er Jahre Profil und Einfluss gewonnen hat: der *neue Fundamentalismus*. Sein Spezifikum ist die Übersetzung religiöser Anschauungen in politische Programmatik, sein exklusives Wahrheitsbewusstsein drängt in die politische Arena, zur Weltveränderung nach seinem – vermeintlich dem göttlichen – Bilde. Der religiöse Fundamentalismus hat per se eine theopolitische Vision – das unterscheidet ihn, wenngleich in nächster Verwandtschaft zu den Evangelikalen, von den genannten drei modernen Missionsströmen. Während Assimilations- und Überlagerungsprozesse zwischen evangelikalen, pfingstlichen und charismatischen Anschauungen immer neue Legierungen und Synthesen hervorbrachten (z.B. „pfingstlich-

charismatisch", „evangelikal-charismatisch"), fanden auch fundamentalistische Auffassungen Eingang in die Semantik der neuen Kirchen.[9]
Der klassische christliche Fundamentalismus – übrigens eine Selbstbezeichnung – orientierte sich an den fünf „Fundamentals", die durch eine
zwischen 1910 und 1915 in Chicago herausgegebene Taschenbuchreihe
weite Verbreitung fanden: Irrtumslosigkeit der Heiligen Schrift, der Glaube
an die Jungfrauengeburt, an die leibliche Auferstehung Christi, seinen
stellvertretenden Sühnetod und seine Wiederkunft. Der militante religiös-
ideologische Reflex auf Säkularismus, Darwinismus und Liberalismus
wandelte sich nach dem ersten Weltkrieg in ein reaktionäres politisches
Bündnis, das mit patriotischem Pathos Front machte gegen die Evolutions-
lehre (der sog. Affenprozess 1925), gegen Prostitution, Alkoholgenuss und
andere Formen sittlicher Verwahrlosung (Vgl. Grübel / Rademacher, 2003,
S. 612ff).

Der neue Fundamentalismus seit den 1980er Jahren ist politisch weitaus
bedeutsamer und hat nicht nur wegen des erstarkten Islamismus ein kom-
plexeres Erscheinungsbild. Trotzdem lassen sich eine Reihe von Struktur-
merkmalen ausmachen, die einer fundamentalistischen Lebensanschauung
eigen sind:
- ein weltanschaulicher Dualismus mit dämonologischen Vorstellungen
  (geschlossenes Weltbild mit einem binären Schema von „gut" und „bö-
  se", „teuflisch" und „göttlich"), damit zusammenhängend:
- ein aggressiver Universalismus (absoluter Wahrheitsanspruch, der zur
  Rettung der Menschen und der Welt drängt),
- Antimodernismus (Deutung der Gegenwart im Modus von Verfall und
  Niedergang),
- Komplexitäts- und Kontingenzreduktion (Vereinfachung der Viel-
  schichtigkeit, Widersprüchlichkeit und Unübersichtlichkeit der Wirklichkeit mithilfe „fundamentaler", einfacher Deutungen und Lösungen;
  persönliche Schicksalsschläge, Kriege und Katastrophen werden als Teil
  des göttlichen Heilsplans oder seines Strafgerichts gedeutet),

---

[9] Als exemplarischer Repräsentant für den „flow" von evangelikalen, charismatischen, pfingstlichen und
fundamentalistischen Elementen kann die Theologie des pflingstlichen Evangelisten Reinhard Bonnke
gelten; vgl. die Analyse von Kürschner-Pelkmann, 2002.

- Diskursunfähigkeit und Intransigenz (Kompromissunfähigkeit, andere, gegenteilige Auffassungen stellen eine Bedrohung dar, besonders, wenn sie an nicht hinterfragbare Überzeugungen rühren; Unfähigkeit zum Perspektivenwechsel),
- Autoritarismus (der Bereitschaft zur bedingungslosen Unterwerfung unter die Autorität einer religiösen Wahrheit entspricht der Gehorsam gegenüber Personen mit einer Deutungsvollmacht über diese Wahrheit) (nach N. Grübel, in: Grübel / Rademacher, 2003, S. 616).

Sind Charismatiker und Pfingstler Fundamentalisten? Russel P. Spittler, Pastor der „Assemblies of God" und einer der Väter der nordamerikanischen Pfingstbewegung, die stärker als in anderen Erdregionen dem Einfluss des Fundamentalismus ausgesetzt war und ist, urteilt aus der Binnenperspektive (Spittler, 2000): Ein Wechsel von Nähe und Distanz bestimmten die historischen Beziehungen zwischen Pfingstkirche und (dem klassischen) Fundamentalismus. So seien zwischen 1940 und 1970 die Pfingstler zunehmend evangelikal geworden, danach übernahmen die Evangelikalen zunehmend pfingstliche Elemente. Der natürliche Verbündete des Fundamentalisten bleibt wie in der Vergangenheit der Evangelikale, der im Kampf um die rechten Glaubensdoktrinen das „Banner der klassischen Orthodoxie" hochhält. Nach einer einprägsamen Formel ist ein Fundamentalist ein (politisierter) Evangelikaler, „der über etwas verärgert ist" (Spittler, 2000, S. 51). Die Pfingstler hingegen, so Spittler, leben schlicht „nach einer anderen Tagesordnung". Ihnen gehe es nicht um Lehrfragen („Orthodoxie"), sondern um die „Kraft-verleihende Erfahrung" („Orthopathie") „für das christliche Leben und Zeugnis" („Orthopraxie") (a.a.O., S. 55). Für den Großteil der Pfingsttheologen heute ist daher die Unterscheidung von „evangelikal" und „pfingstlich" grundlegend für ihr Selbstverständnis, das Attribut evangelikal oder fundamentalistisch wird von ihnen eher als kränkend empfunden (Bergunder, 2000, S. 30).

Trotzdem lautet Spittlers Fazit: Pfingstler teilen mit den Fundamentalisten die grundlegenden Glaubensüberzeugungen, ihre Moral und den „biblischen Stil", ohne diese jedoch politisch zu transformieren. Sie denken und glauben fundamentalistisch, ohne dem politischen Aktionismus der Fundamentalisten zu folgen. In diesem Sinne gilt: „Pfingstler sind fundamentalistisch, selbst wenn sie keine klassischen Fundamentalisten sind. Die adjektivische Bezeichnung trifft besser auf sie zu als das Substantiv" (Spittler, 2000, S. 56).[10] Wer nun meint, mit dieser Antwort sein Weltbild bestätigt zu finden, wird enttäuscht. Spittlers klares Jein auf die gestellte Frage hat Nordamerika und den traditionellen Pfingstler im Blick, ausdrücklich nicht die zahlreichen asiatischen, schwarzen und hispanischen Pfingstler, „ganz zu schweigen von den Millionen anderer Pfingstler – vor allem in der Dritten Welt – , die über den Globus verstreut sind" (a.a.0., S. 44). Einiges spricht dafür, dass diese Wirklichkeit unseren Begriffen längst davon gelaufen ist. Dann wäre das Maßband des Fundamentalismusverdachts Teil des Problems, das Fremde zu verstehen, statt Teil seiner Lösung.

3. Theoretische Deutungskategorien: Wie „funktioniert" pfingstliche Religionspraxis im Kontext von Armut und Ausgrenzung?

Lateinamerika ist ein prototypisches Beispiel für den konfrontativen Streit um den gesellschaftlichen Charakter und die Funktion der Pfingstbewegung, da die Expansion von charismatischen Gemeinden in den 1980er Jahren zeitgleich mit der Erlahmung und Zurückdrängung befreiungstheologisch orientierter Basisgemeinden einherging: Als die Befreiungsvisionen an Boden verloren, so besagt eine verbreitete Alltagstheorie, überschwemmten die Pfingstler, nach Kräften unterstützt von US-Missionaren mit prall gefüllten Taschen, die Favelas mit ihrer verzückten, weltflüchtigen, Frömmigkeit (vgl. Bergunder, 2000, S. 23ff). Auch soziologische Makrostudien[11] bedienten das pauschale Urteil über Charismatiker und Pfingstler, sie seien ein spätes Paradebeispiel für die Marxsche Religionskritik: Religiöse Apologeten des status quo, Verführer der Hoffnungslosen zu fatalistischer Passivität und Duldsamkeit, der Heiligenschein des Jam-

---

[10] Riesebrodt zeigt, wie auch unter soziologischen Gesichtspunkten zwischen dem „literalistischen" Fundamentalismus von Evangelikalen und den charismatischen Pfingstlern differenziert werden muss. Der erste ist primär ein Mittelschichtsphänomen mit gemischter Klientel, Pfingstler sind hingegen unterschichtsbezogen. Sie unterscheiden sich markant in ihrer Sozialmoral hinsichtlich des Autoritätsverständnisses, der Rolle der Frau, ihres Verhältnisses zur Politik (vgl. Riesebrodt 2000, S. 97ff).
[11] Vgl. den vorzüglichen Forschungsüberblick bei Bergunder, 2000, S. 7 – 42, dem ich im Wesentlichen folge.

mertals, die imaginäre Blume an der Kette, Ausdruck des Elends und ohnmächtige Protestation gegen das Elend – Opium des Volkes...[12] Die gängige polemische Rhetorik „Befreiungstheologie versus Pfingstlertum" weicht heute, wenn auch nur zögerlich, einer differenzierteren Wahrnehmung auf beiden Seiten, zumal ethnologische, biografische und lebensweltliche Forschungsansätze *die subjektiven Motive* von Pfingstlern sowie die *Wirkungen der Religion* auf ihr psychosoziales Selbstkonzept und ihre Alltagskultur in den Mittelpunkt gerückt haben.

Gleich, ob Studien Persönlichkeitsveränderungen, familiäre Beziehungen, soziales Verhalten oder die Rolle der Frau fokussieren, verweisen sie auf denselben sozialen Nährboden der Pfingstmission unter den Ärmsten der Armen, wo sie das stärkste Echo erfährt: „Die katholische Kirche optiert für die Armen, weil sie keine Kirche der Armen ist. Pfingstkirchen optieren nicht für die Armen, weil sie bereits eine Arme-Leute-Kirche sind. Und das ist der Grund, warum arme Leute sich für sie entscheiden" (Mariz, C.L., 1994, zit. nach Bergunder, 2000, S. 19). Was macht *diese* Frömmigkeit für *diese* Menschen so anziehend?

Die geistliche Botschaft der Prediger verheißt persönliche Annahme, Würde und Einzigartigkeit solchen Menschen, deren Lebensumstände ihnen alltäglich suggerieren, ein Niemand zu sein, mittellos, häufig von Mann oder Eltern verlassen, Krankheiten und Schicksalsschlägen ausgeliefert, unfähig und selbst schuldig am Unglück, überflüssig und ausgeschlossen vom Leben der Schönen und Reichen, das unablässig über den Bildschirm flimmert. Verlierer verwandeln sich mental in Erwählte einer göttlichen Macht und Kraft, die im gottesdienstlichen Ritus leibhaftig einströmt in Körper und Geist. Sie finden Aufnahme und Anerkennung von Gleichgesinnten und Gleichgestellten in einer Gemeinschaft, die Unpersonen zu Schwestern und Brüdern macht. Die totale Verkehrung der Werte und Wirklichkeitskonstruktion hat weit reichende Folgen im persönlichen und sozialen Verhalten. Die puritanisch sittenstrenge pfingstliche Ethik verlangt eheliche Treue, gegenseitige Anteilnahme, Fürsorge und Hilfe in Familie und Netzwerk sowie eine strikte Ablehnung von Trinken, Rauchen und an-

---

[12] Karl Marx: Zur Kritik der Hegelschen Rechtsphilosophie. Einleitung. In: Marx / Engels: Über Religion, Berlin (Ost) 1958, S. 30ff.

deren Drogen oder die kriminelle Beschaffung des Allernötigsten. „Erlösung" hat einen sehr handfesten, konkreten Inhalt, bedeutet sie doch nicht weniger als ein Stück Kontrolle über das eigene Leben in zumeist „anomischen", chaotischen Verhältnissen (zurück-)zugewinnen, für Männer z.b., das karge Familienbudget nicht dem Alkohol zu opfern:

„Die kleine, fest zusammenhaltende Gemeinschaft der ,Brüder' hilft, den Alkoholiker von der Welt zu befreien, während Gottes absolute, moralische Macht die Befreiung von den multiplen Kräften liefert, die der Moral beraubt sind. Die Pfingstbewegung hilft so dem Individuum, seine Autonomie zu entdecken, in dem sie die gesellschaftliche Unterdrückung mit einem anderen sozialen Modell bekämpft und die geistige Unterdrückung mit einer stärkeren und moralisch übernatürlichen Macht bekämpft" (Mariz, C.L.: Deliverance and Ethics, 1998, S. 220, zit nach Bergunder, 2000, S. 14).

Frauen, die meist Aktiveren, steigen selten in Führungsämter auf, finden aber nicht nur ein neues soziales Betätigungsfeld, sondern auch Unterstützung, um die ehelichen Beziehungen gegen den Machismo des Mannes neu auszutarieren (Bergunder, 2000, S. 14f).

Eine Studie aus Südafrika (vgl. der Überblick 1/2005, S. 6-12) bestätigt Berichte aus Südamerika und Asien, dass der moralische Rigorismus von aktiven Pfingstlern den maßgeblichen Antrieb schafft, um ihren Alltag besser zu bewältigen und ihr Leben zu meistern. Offenbar gelingt dies Pfingstlern weitaus besser als anderen Menschen in ihrem Umfeld. Damit einher geht in Teilen der Pfingstbewegung eine Abkehr von der weltentsagenden Traditon hin zur positiven Sicht von Konsum und Wohlstand, für den man den göttlichen Segen erbittet (vgl. der Überblick 1/2005, S. 21ff, 32ff. u.a.).

Die unverkennbar sozialkritischen Antriebe werden in aller Regel jedoch nicht in gesellschaftliches Engagement zur Veränderung der Verhältnisse umgesetzt, sondern werden von einer Gemeinschaftskultur in einer Art Parallelgesellschaft absorbiert, in der die Ausgegrenzten zu leben gewöhnt sind – ohne politische Beteiligungsmöglichkeiten, ohne geregelte Arbeit, im Überlebenskampf des informellen Wirtschaftssektors, mit düsterem Realismus über die Chancen, dem Ghetto je zu entrinnen. Die „apolitische

Haltung" von absolut armen Pfingstler hat so besehen durchaus eine Eigenlogik.

Die qualitative Empirie zum „pfingstlichen Habitus" in Lateinamerika zeigt aber auch in dieser Hinsicht ein facettenreicheres Bild (ebd., S. 19-22). Ihre Einblicke in die kleinräumige Binnenwelt des pfingstlichen Gemeindelebens bieten der berechtigten Forderung, „genauer hinzuschauen", gleichermaßen lebendigere Befunde als die abstrakt systemtheoretischen Ansätze.[13]

4. Zusammenprall der religiösen Kulturen?

Der jüngste Versuch, die Pfingstbewegung als Phänomen globaler Transformationsprozesse zu begreifen, zeigt wenig Interesse an differenzierender Betrachtung. Für den US-amerikanischen, katholischen Theologen Philip Jenkins steht außer Frage: „Die Konfessionen, die sich im Süden der Welt durchsetzen – radikale protestantische Sekten, evangelikale oder Pfingstkirchen oder orthodoxe Formen des römischen Katholizismus – sind stramm traditionell oder sogar reaktionär, wenn man sie mit den Maßstäben erfolgreicher Wirtschaftsnationen vergleichen will" (Jenkins, 2003b, S. 81; vgl. 2003a, S. 8). Weil er Maßstäbe aus der US-Politsemantik anlegt, gibt es für Jenkins im Kern nur eine nördliche, liberale, und eine südliche, deutlich konservativere Variante des Christentums. Jenkins verknüpft diese Hypothese mit weiteren Annahmen zu einem globalen Zukunftsszenario:

1. Die totgesagte Religion ist auf die politische Bühne zurückgekehrt, sei es als Motiv, Legitimation oder Alibi; bei der religiösen Rechten in den USA, den blutigen Krawallen zwischen Hindus und Moslems in Indien,

---

[13] Als Ausdruck einer „Protestantisierung Lateinamerikas" begreifen die Studien von D. Martin (1990) und D. Stoll (1990) die enorme Resonanz des Charismatikertums (vgl. Bergunder, 2000, S. 10ff). Protestantisierung ist zum einen im konfessionellen Sinne zu deuten (S. Stoll), meint aber im weiteren Sinn den soziologischen Frömmigkeitstypus: Subjektive Autonomie des Individuums, sein unmittelbares Recht auf Glaubensfreiheit und Gemeinschaftsbildung mit der Folge gesellschaftlicher Individualisierung und Differenzierung sowie die positiven Wirkungen einer „rigorosen Ethik". Martin konstruiert eine strukturelle Parallele zwischen der Rolle des Methodismus in der frühen Phase der nordamerikanischen Gesellschaft und der Funktion der gegenwärtigen Pfingstbewegung. Die Pfingstbewegung verbinde paradoxe Tendenzen, vereinige das „ganz Alte" (Formen der afroamerikanischen Volksreligiosität) mit dem „ganz Modernen" (subjektive Autonomie) – dies wäre der Schlüssel für ihre transkulturelle Dynamik (Bergunder 2000, S.10f; 16f). Mir erscheint die Plausibilität, die Pfingstbewegung zum Katalysator lateinamerikanischer Modernisierung zu stilisieren, allerdings zweifelhaft.

Muslimen und Christen auf den Philippinen, in Nigeria, Indonesien und im Sudan oder im Islamismus arabischer Provenienz, um wenige von einer wirklich beeindruckenden Beispielvielfalt zu nennen. Jenkins zieht die Bobachtung zu der kühnen Prognose aus, dass sich individuelle und kollektive Identitäten im Süden künftig wieder „vorwiegend" über religiöse Loyalitäten definieren werden (proportional zum nationalstaatlichen Verlust an Autonomie und Autorität, vgl. 2003b, S. 81).

2. Die globale Religionsgeografie, die Bevölkerungsentwicklung und die Ausbreitung charismatisch-pfingstlicher Denominationen besonders auf der südlichen Erdkugel nötigt nach Jenkins zu der Einsicht, dass dem Christentum im 21. Jahrhundert eine neue, glänzende Blütezeite bevorstehe (Jenkins, 2003a, 13). Sie verdanke sich der heraufziehenden, weltweiten und zahlenmäßig mehrheitlichen, christlichen Avantgarde in Gestalt des pfingstlichen Charismatikertums. Wieder wagt Jenkins eine weit reichende Folgerung. Er bemüht eine historische Analogie zum „christlichen Abendland" des Mittelalters mit einer einzigen hegemonialen Religion und einem einheitlichen Wertekosmos, um zu pointieren, wohin die Reise geht (Jenkins 2003a, S. 12f); daher der mit Bedacht gewählte Buchtitel „The next Christendom". Das charismatisch-pfingstliche Christentum „könnte" die religiöse Grundierung abgeben für eine „transnationale Ordnung" in der südlichen Hemisphäre, wie man sie zuletzt im christlichen Abendland kannte (ebd.)

3. Die Analogie „christliches Abendland" – „globale Herrschaft des konservativen Christentums" hat ihre Spitze im christlich-islamischen Konflikt – damals und in Zukunft. So wie das christliche Abendland auf der Schattenseite von Intoleranz, Häretikerjagden, Feindschaft und Kreuzzüge gegen den Islam gekennzeichnet war, erwartet Jenkins den zwischen und in den nationalen „Giganten" mit muslimischer oder christlicher Bevölkerungsmehrheit fanatisierte Konflikte – im „worst-case-Szenario" ein neues Zeitalter christlicher Kreuzzüge und islamischer Djihads: „Stellen Sie sich die Welt des 13. Jahrhundert vor, bewaffnet mit nuklearen Sprengköpfen und Anthrax" (a.a.O., S. 13, 166ff). *Die Zukunftsfrage ist daher die nach den Chancen einer friedlichen Koexistenz zwischen Christen und Muslimen.*

Huntingtons „The Clash of Civilisations" (1996) lässt grüßen. Der "Zusammenprall der Kulturen" mutiert bei Jenkins zum Clash zwischen konservativ-*religiös* gegründeten Kulturen. Huntington hält er kritisch vor, seine Analyse greife zu kurz, weil nur das westliche Christentum im Blick gehabt und die christliche Explosion um Süden gänzlich übersehen habe (a.a.O., S. 5f).[14] Jenkins Studie verdient – schon wegen der bisher ignorierten oder unterschätzten empirischen Datenbasis – eine differenzierte kritische Würdigung. Ob er auf eine „Allianz zwischen dem vorvatikanischen Katholizismus und dem Drittwelt-Christentum spekuliert, wie Hollenweger mutmaßt, sei dahingestellt (Hollenweger, 2004, S. 25). Überdeutlich aber ist, dass Jenkins' Untersuchung in eine statisch-monolithische Betrachtung des Pfingstlertums und seine schablonenhafte Bewertung als konservativ-reaktionäre Kraft zurückfällt, vor der ihn die jüngere ethnologisch-soziologische Forschung eindringlich hätte warnen können. Es gibt gegenüber den fehlenden Indizien für die Jenkinsthese im Gegenteil überraschende Anzeichen, dass im pentakostalen Diskurs Elementen und Sichtweisen der Befreiungstheologie eine wachsende Bedeutung beigemessen wird.

5. Pfingstbewegung und Befreiungstheologie: Paradoxien und Konvergenzen

Benedita da Silva, die erste schwarze Gouverneurin des Bundestaates Rio de Janeiro und 20 Jahre Mitglied der „Assembléia de Deus", der ältesten indigenen Pfingstkirche in Brasilien, ist ein prominentes Beispiel für transreligiöse Biografien, in denen immer häufiger Pfingstgemeinden eine Schlüsselrolle einnehmen.

Dreifach stigmatisiert, als Schwarze, als Frau und Kind armer Eltern, wuchs Benedita in einer Favela auf (vgl. Mandonca/ Benjamin, 1999, S. 79 - 88). Jeder kannte ihre Mutter, die eine wichtige Funktion als Medium des afrobrasilianischen Umbanda-Kults innehatte, einer Mischung aus katholi-

---

[14] Für die Studie von Jenkins trifft die solide Kritik an Huntingtons „grandiose Spekulationen", wie Riesebrodt sie entwickelt hat (vgl. Riesebrodt, 2000, S. 15ff). Zur Kritik an Huntington vgl. hier den Beitrag von A. Datta, S. 69ff.

schen Elementen und der Candomblé-Religion, die sich die afrikanischen Sklaven über die Jahrhunderte bewahrt haben. Der „Terreiro", der Umbanda-Kultplatz, war zugleich eine Art Sozialstation, in der die Mutter Beneditas Geburtshilfe leistete, Essen und Kleidung beschaffte oder Ehe- und Geldkonflikte schlichtete. Dieses Engagement hat sie stark geprägt, zu den Orixás (Gottheiten) in der Musik, dem Tanz und den Trommelrhythmen des Umbanda blieb sie auf Distanz. Zu stark war der Kult verquickt mit Strafen und Schlägen einer zwanghaften, autoritären Erziehung.

Mit 18 Jahren kam sie über die katholische Sozialarbeit mit Basisgemeinden in Berührung. Sie lernte von Mitchristen, „mit Bibel in der Hand" die Unterdrückung von Schwarzen, Indios und Frauen anzuklagen „auf der Suche nach dem ewigen Leben im Hier und Heute". „Theorie und Praxis verhalten sich wie Glaube und Werk. Getrennt führen sie zu nichts. Die Verbindung von beiden ist die Vision einer lebendigen Kirche" (ebd., S. 81). Das war ihre Lesart von Befreiungstheologie.

Der Fortgang ihrer Erzählung bedürfte einer genauen Exegese: Die Basisarbeit lehrte sie den aufrechten Gang, dann aber beschlich sie Enttäuschung. Einschüchterung und Druck von außen während der Diktatur lähmte die inneren Kräfte. „Ich war innerlich leer...., wenn ich kein Licht am Ende des Tunnels sehen konnte" (ebd).

Gefühle völliger Ohnmacht überwältigten sie, als 1968 der Sohn starb, der Mann dem Alkohol verfiel, sie eine Abtreibung vornehmen ließ und ihre Ehe in die Brüche ging. „Ich fühlte mich unglücklich und brauchte etwas *Ruhe und Frieden*" (Herv. H.N.). Das war der Moment, in dem sie sich mit 26 Jahren der Assembléia de Deus anschloss. Sie bekennt: „Die evangelische Kirche hat meine geistliche Leere gefüllt, aber politisch konnte sie mir nichts geben" (a.a.O., S. 82).

Das Credo blieb gültig trotz massiver Vorbehalte gegenüber den traditionalistischen Pfingstlern, die „alles und alle verteufeln" – singen, tanzen, Feste feiern. Benedita fügte sich bestimmten Regeln, ohne ihre innere Unabhängigkeit aufzugeben, verzichtete auf das Rauchen (aus Gesundheitsgründen) und den Sambatanz. Ihre politische Arbeit wurde in keiner Weise eingeschränkt, und es gab genügend „fortschrittliche" Pfingstler, die eine überfällige Bodenreform zur Glaubenssache erklärten. Sie fühlten sich wie

Benedita als „PT-costal" (eine Wortverbindung aus dem Namen der Arbeiterpartei PT und „Pfingstler", vgl. ebd. 84). Die unerbittliche Ehemoral ihrer Pfingstkirche führte nach 20 Jahren zum Bruch. Die Leitung widersetzte sich der zweiten Heirat von Benedita, die kurzerhand zur Presbyterianerkirche wechselte: „Gott will, dass die Menschen glücklich sind" (a.a.O., S. 83). Punkt.

Die religiösen Fusionierungen und Legierungen im Leben des Umbandakindes, der revolutionären Christin, Menschen- und Frauenrechtlerin, Pfingstlerin und Politikerin Benedita da Silva werden seit einigen Jahren auch auf theoretischer Ebene diskutiert. Im pfingstlichen Diskurs, wie ihn ausschnitthaft die authentischen Beiträge im Sammelband von Bergunder (2000) dokumentieren, entfalten eine bemerkenswerte Agenda für einen konstruktiven Dialog zwischen Pfingstlern und befreiungstheologisch orientierten Basisgemeinden.

Sie erinnern an die prophetisch-sozialkritischen Kraftquellen der pfingstlichen Anfänge (Robeck 2000, S. 57ff; Johns, 2000, S. 112ff) und den *gemeinsamen Ursprung* von Pfingstbewegung und christlicher Befreiungsbewegung *in der Welt der Armen*. J. Sepúlveda (2000) arbeitet die völlig unterschiedlichen historischen Kontexte heraus. Die Befreiungstheologie habe Einfluss gewonnen in einer Zeit des Aufbruchs und der „überschäumenden Hoffnung auf Veränderung (‚wir bauen das Reich Gottes auf')", während die Pfingstler in einer Zeit des „historischen Pessimismus" Zulauf bekamen, in einem Klima der Hoffnungslosigkeit und einer Grundstimmung, nichts mehr erwarten zu dürfen und ändern zu können (ebd. S. 84ff). Das hat die Spiritualität beider Phänomene nachdrücklich geprägt, in der Sepúlveda Widersprüche und Konvergenzen entdeckt.

So deuten beide Bewegungen die gesamte Wirklichkeit „durch die Linse der Bibel". Die Auswirkungen der *Wieder-Entdeckung der Bibel* durch das einfache Volk („Wir sind zwar in weltlichen Maßstäben arm und unwissend, aber reich an Gottes Wort und Geist") meint Sepúlveda mit der Bibelübersetzung Luthers vergleichen zu können (ebd., S. 88f). Unversöhnlich widersprüchlich erscheinen dagegen Exegese und Hermeneutik. Die buchstabengetreue Auslegung der Pfingstler neigt dazu, im unkritischen Globalisierungsreflex die Wirklichkeit, Krankheit, Armut und Not zu *dä-*

monisieren und die „Erlösung" vom Elend zu *spiritualisieren* in der Hoffnung auf übernatürliche, wundersame Hilfe. Die Bibelhermeneutik der Befreiungstheologie hält demgegenüber dazu an, die strukturellen Ursachen von Gewalt und Verelendung *rational zu analysieren* für eine subversive Bewusstseinsbildung und eine lebensförderliche politische Aktivität.[15] Beide Hermeneutiken teilen wiederum auf der anderen Seite das Verständnis von der „*Materialität des Heils*" (M. Volf).

Strukturelle und inhaltliche Analogien zwischen Pfingst- und Basisbewegung verlassen gar C.E. Self, einen „revolutionären Ökumenismus" vorzuschlagen (Self, 2000, S. 80ff). Gemeinsam sei beiden die konstitutive Bedeutung der *Gemeinschaftserfahrung*. Sie besitze eine stark heilende, bewusstseinsverwandelnde Kraft für Menschen, deren Selbstwertgefühl von Wertlosigkeit, Verlassenheit, und Fatalismus bestimmt sei. Die persönlichkeits- und sozialpsychologischen Mechanismen des starken Gemeinschaftserlebens sind durchaus vergleichbar: eine kontrastscharfe Diskontinuität zum bisherigen Lebenskonzept, die Erfahrung von Anerkennung und Achtung durch andere Menschen und der höchsten Macht, lebenswert und gewünscht zu sein, die Sicherheit der Zugehörigkeit zu einer Gruppe, deren Glaube Berge zu versetzen verspricht.

Beiden christlichen Strömungen sei es ein besonderes Anliegen, für die echte *Gleichstellung der Frauen* einzutreten und den „gottlosen Machismo" in die Schranken zu weisen. Die antihierarchische, statusgleiche Kommunikation[16] in der Gemeinschaft („allgemeines Priestertum") hat ihre Wurzel im „gleich machenden Glauben", der nach außen den *Einsatz für die Würde der Mensche*n und die *Gleichbehandlung der Rassen, Ethnien und Kulturen* verlangt.

---

[15] Sepúlveda will diese Deutung nicht gelten lassen, da auf beiden Seiten bei genauerer Betrachtung die Aneignung der Texte aus der eigenen Lebenserfahrung heraus das Entscheidende sei (a.a.O., S. 90). Die unterschiedlichen Folgerungen dürften nicht verabsolutiert werden, da sie sich einer Subjektivität in verschiedenen historischen Kontexten verdankten. Dafür spricht eine Beobachtung von Mariz bei ihren Interviews. Wenn Pfingstler Unrecht, Laster und Sucht dem Wirken des Teufels zuschreiben (personalisieren / dämonisieren), stehe dieser als Chiffre für die „Verwerflichkeit" der Gesellschaft (Welt), berge also durchaus „sozialkritische Impulse" (zit. nach Bergunder, 2000, S. 14).
[16] Self spricht von der „schöpferischen Spannung" der pfingstlichen „Mischung aus Freiheit und Patronsautorität" (a.a.O., S. 81).

„Viel gemeinsamen Boden" erkennt Self auch im sensibelsten Dissens, dem *sozialen Engagement* nicht nur im karitativen Sinn, sondern darüber hinaus gegen institutionelle und strukturelle Mechanismen von Verarmung und Unterdrückung. Nach seiner Überzeugung begegnen Pfingstchristen und radikale Katholiken gemeinsam den „zerstörerischen Kräften der Macht, der Unterdrückung und des gehorteten Reichtums mit einer Botschaft des Dienens, der Befreiung und des Miteinanderteilens" (a.a.O., S. 81). Die Gleichzeitigkeit von quietistischen und sozialkritischen Strömungen innerhalb der Pfingstbewegung entspricht der Ambivalenz des Weltverständnisses, wie sie die Geschichte der pietistischer Frömmigkeit begleitet hat. Der entschiedene Glaube zeitigt paradoxe Konsequenzen: die weltverneinende Innerlichkeit *oder* einen rastlosen Aktivismus der Mitarbeit am „Reich Gottes."

Der zugegeben vereinseitigte Blick auf den dialogischen Flügel der Pfingstbewegung soll zweierlei deutlich machen: die spannungsvolle Vielgestaltigkeit des Phänomens und die dynamischen Potenziale zur Anpassung an andere religiöse, kulturelle und politische Kontexte. Umso entschiedenere Aufmerksamkeit verlangen fundamentalistische und totalitäre Tendenzen, an denen auch Benedita da Silva gescheitert ist. Aber wiederum ist genaues Hinsehen angeraten. Benedita persönlich ist aus leidvoller Erfahrung für das Scheidungsrecht, kennt aber sehr wohl den sozialen Hintergrund für die strikt ablehnende Haltung ihrer früheren Pfingstgemeinde. Eine gesetzliche Anerkennung des Scheidungsrechts würde die Not der besser gestellten, nicht aber der armen Frauen lösen, wenn sie sich trennen. Diese müssten dann ihre Kinder allein durchbringen ohne Chance, rechtlich für ihren Unterhalt kämpfen zu können (Mandonca/ Benjamin, 1999, 87). Ein anderes Beispiel für den Knäuel scheinbarer Paradoxien beim Collagieren kultureller und religiöser Elemente:

In amazonischen Belém begegnen wir in einer riesigen Favela einer Gruppe jugendlicher Pfingstler (vgl. in diesem Band den Beitrag von D. Oesselmann, S. 199 ff). Ihr Glaube hat sie befreit von einem Leben unter Alkohol, Drogen und Bandenkriminalität, den ganz normalen Lebensumständen Heranwachsender in diesem Viertel. Enthaltsamkeit von Suchtmitteln ist Bedingung und ehernes, religiöses Gesetz der Mitgliedschaft. Sie haben sich auf die Fahnen geschrieben, andere Jugendliche zu „bekehren" zu ihrem Glauben, der einen würdigen Lebenswandel gebietet und menschenwürdige Verhältnisse verheißt. Ihre Kanzel sind Bühne und Ghettoblaster, nordamerikanische Rapmusik und Breakdance ihre Ausdrucksmittel. In ihrem Treffpunkt, einem garageähnlichen kahlen Bau, haben sie eine kleine, „revolutionäre" Bibliothek eingerichtet mit abgegriffenen Bänden, Marx und Engels neben Charly Chaplin und Bob Marley. Ihr 27-jähriger Anführer „Jackson" (von Jesse Jackson?), den sie respektvoll Pastor nennen, verrät ihre Vorbilder: Jesus, Martin Luther King jn., die Black Power Bewegung. Angesprochen auf den revolutionären Gestus definiert er: Revolutionär sei, wenn seine hochschwangere 19-jährige Verlobte (Pfingstlerin!) ihr Baby in einem frisch bezogenen Bett in einer Klinik unter ärztlicher Fürsorge zur Welt bringen könnte. Die Gruppe ist institutionell heimatlos, seit ihre Pfingstgemeinde Breakdance und Rap für Teufelszeug erklärt und sie bis zu einem Gesinnungswandel vor die Tür gesetzt hat. Jackson, der Pastor, hält den Kontakt, zeigt sich aber entschlossen, sein Konzept kompromisslos zu verteidigen. Einen endgültigen Bruch schließt er nicht aus: „Dann gründen wir eben eine neue Gemeinde" – religiöse Transkulturalität auf brasilianisch.

Literatur:
Bergunder, M. (Hg. im Auftrag des EMW): Pfingstbewegung und Basisgemeinden in Lateinamerika. Die Rezeption befreiungstheologischer Konzepte durch die pfingstliche Theologie (Weltmission heute 39), Hamburg 2000.
Daiber, K.-F.: Protestantismus und Globalisierung. Gibt es eine kulturelle Protestantisierung der Welt? In: Protestantismus im 21. Jahrhundert: Zum Verhältnis von Protestantismus und Kultur, Hannover 2000, 89 – 116.
der überblick: Pfingstkirchen – mit Moral zum Erfolg. Themenheft. 41. Jg. (2005), Heft 1.
Drehsen, V.: Wie religionsfähig ist die Volkskirche? Sozialisationstheoretische Erkundungen neuzeitlicher Christentumspraxis, Gütersloh 1994.
Fornet-Betancourt, R. (Hg.): Kapitalistische Globalisierung und Befreiung. Religiöse Erfahrungen und die Option für das Leben, Frankfurt/M. 2000.
Gerlitz, P.: Neue Religionen, in: TRE 24 (1994), 299 – 315.
Grübel, N. / Rademacher, S. (Hg.): Religion in Berlin. Ein Handbuch, Berlin 2003.

Hofmeister, K. / Bauerochse, L. (Hg.): Die Zukunft der Religion. Spurensicherung an der Schwelle zum 21. Jahrhundert, Würzburg 1999.

Hempelmann, R. (Hg.): Panorama der neuen Religiosität. Sinnsuche und Heilsversprechen zu Beginn des 21. Jahrhunderts, Gütersloh 2001.

Hempelmann, R.: Neue Freikirchen als weltanschauliche und ökumenische Herausforderung – eine Bestandsaufnahme, in: Neue Freikirchen..., 2003, 5 – 10.

Hexham, I. and Poewe, K.: New Religions as Global Cultures. Oxford: Westview Press 1997.

Hollenweger, W. J.: Charismatisch-pfingstliches Christentum. Herkunft – Situation – Chancen, Göttingen 1997.

Hollenweger, W. J.: Viele Tänze für ein Halleluja. Die neuen Pfingstkirchen bilden die Mehrheit des Christentums, in: Publik-Forum, Nr. 10, 2001, 26 – 28.

Hollenweger, W. J.: Wo liegt die Zukunft des Christentums? In: Publik-Forum Nr. 8/ 2004, 24 – 26.

Jenkins, P.: The Next Christendom. The Coming of Global Christianity, Oxford Press Inc, USA, broschierte Ausgabe 2003 (2003a).

Jenkins, P.: Die Gegenreformation hat längst begonnen. Das Christentum der Zukunft wird vom Süden bestimmt, in: Der Überblick, 39 Jg. (2003), 80 – 84 (2003b).

Johns, C.B.: Pfingstler und die Praxis der Befreiung. Vorschlag für eine subversive theologische Ausbildung. In: Bergunder, M. (Hg.), 2000, 111 – 125.

Kürschner-Pelkmann, F.: Die Theologie Reinhard Bonnkes. Ein Pfingstprediger und sei ne Mission – eine kritische Analyse (EMW Weltmission heute 43), Hamburg 2002.

Kürschner-Pelkmann, F.: Gott und die Götter der Globalisierung. Die Bibel als Orientierung für eine andere Globalisierung (Weltmission heute 45), Hamburg 2002.

Mandonca, M. / Benjamin, M.: Benedita da Silva: Leben und Kämpfe einer außergewöhnlichen Brasilianerin, Eichstetten / Kaiserstuhl 1999.

Mit Moral zum Erfolg. Themenheft zur Pfingstbewegung. Der Überblick. Zeitschrift für ökumenische Bewegung und internationale Zusammenarbeit, 41. Jg. (2005), Heft 1.

Neue Freikirchen als Phänomen innerchristlicher Pluralisierung. Vorträge einer Tagung..., in: epd-Dokumentation 8/2003.

Pitzler-Reyl, R.: Das religiöse Phänomen Synkretismus – empirische Befunde und Zugänge in Theologie und Religionswissenschaft, in: Klöcker, M. / Tworuschka, U. (Hg.): Handbuch der Religionen. Kirchen und andere Religionsgemeinschaften in Deutschland, 4. Erg.-Lieferung Sept. 2000, Abschnitt I, 5.3 .

Reller, H. u.a. (Hg.): Handbuch Religiöse Gemeinschaften und Weltanschauungen (hg. im Auftrag der VELKD) Gütersloh ^{5}2000.

Riesebrodt, M.: Die Rückkehr der Religionen. Fundamentalismus. Kampf der Kulturen, München 2000.

Robeck, C. M. Jr.: Das soziale Anliegen der frühen amerikanischen Pfingstbewegung. In: Bergunder, M., 2000, 57 – 66.

Schreiter, R. J.: Die neue Katholizität. Globalisierung und die Theologie, aus dem Amerik. Übersetzt von N. Hintersteiner und M. Ried, Frankfurt/ M. 1997.

Self, C. E.: Bewusstseinsbildung, Bekehrung und Konvergenz: Überlegungen zu Basismeinden und zur aufkommenden Pfingstbewegung in Lateinamerika. In: Bergunder, M., 2000, 67 – 81.

Sepúlveda, J.: Pfingstbewegung und Befreiungstheologie: Zwei Manifestationen des Wirkens des heiligen Geistes für die Erneuerung der Kirche, in: Bergunder, M. (Hg.), 2000, 82 – 94.

Spittler, R. P.: Sind Pfingstler und Charismatiker Fundamentalisten? Eine Übersicht über den amerikanischen Gebrauch dieser Kategorien. In: Bergunder, M., 2000, 43 – 56.

Sundermeier, T.: Den Fremden verstehen. Eine praktische Hermeneutik, Göttingen 1996.

Zeugnis eines Gemeindeleiters der Pfingstkirche: Interview mit Arturo Canaval / Peru, in: **Fornet-Betancourt, R. (Hg.)**: Kapitalistische Globalisierung und Befreiung. Religiöse Erfahrungen und die Option für das Leben, Frankfurt/M. 2000, 190 – 200.

Zinser, H.: Der Markt der Religionen, München 1997.

Internet-Adressen
Pfingstbewegung
www.bfp.de x www.pfingstbewegung.de x www.muehlheimer-verband.de x www.bgg-stuttgart.de x www.cfanusa.org/germany x www.gad.org x www.glaubenszentrum.de

Irmhild Schrader

Vom Blick auf den Anderen zum anderen Blick

Transkulturalität und Kino

Berlinale 2004: Fatih Akin gewinnt mit seinem Film „Gegen die Wand"
den Goldenen Bären. Eine rebellische, leidenschaftliche Liebesgeschichte
von zwei jungen Menschen auf der Suche nach ihrem Platz im Leben, nach
Zugehörigkeit. Migrantenkino? Mit der Frage, ob es sich um einen deutschen oder türkischen Film handelt, kann Akin nichts anfangen: Er will gute Filme machen.

Die Resonanz, die der Film in der Öffentlichkeit erfahren hat, zeigt, dass
er unsere Sehgewohnheiten irritiert. Er spricht aber auch Empfindungen
und Wahrnehmungen an, die mit unserem gesellschaftlichen Selbstverständnis zu tun haben. Wie lernen wir *Fremde* im Kino kennen? Was wurde uns über die *Gastarbeiter* erzählt? Welche Geschichten zeigt uns die
neue Generation von Filmemachern? Spiegeln die Filme die Lebensrealitä-
ten der verschiedenen Einwanderergruppen in unserer Gesellschaft?

Am Beispiel ausgewählter deutscher Filme seit den 70er-Jahren werde ich
die Beziehung zwischen der Geschichte der Arbeitsmigration und der Entwicklung des deutschen Autorenkinos nachzeichnen und Elemente eines
neuen Filmgenres herausarbeiten.

Migrationsprozesse verändern Menschen und Gesellschaften

Transkulturalität, hybride Identitäten, der dritte Stuhl, Kreolisierung - mit
diesen und anderen Metaphern wird eine Situation umschrieben, die die
Lebensgeschichte von immer mehr Menschen prägt. Menschen kommen
und gehen in ein anderes Land, eine andere Region, mal übergangsweise,
manchmal für immer. Sie tun dies freiwillig, häufig aber auch, weil ihnen
die wirtschaftlichen, politischen oder privaten Lebensumstände keine andere Wahl lassen. Ein schmerzhafter Prozess ist diese Wanderung für die
meisten immer: Sie müssen sich im fremden Land zurecht finden, arbeiten
und leben oft unter demütigenden Verhältnissen. Und sie müssen die Reaktionen der Einheimischen aushalten: häufig ist es Ablehnung und Feindse-

ligkeit, manchmal Gleichgültigkeit oder Erstaunen, seltener aber auch Anerkennung. Die Zugewanderten müssen *einen Weg finden zwischen der Anpassung an das Neue und der Bewahrung des Vertrauten.*

Die Anfänge der Arbeitsmigration in der Bundesrepublik

Die ersten Migranten in der Bundesrepublik waren die ungelernten „Gastarbeiter"[1]. Sie lebten, eingeteilt in Männer - und Frauengruppen, in Baracken am Rande der deutschen Gesellschaft und definierten dieses Leben als vorläufig. Sie bewahrten den Traum von der Rückkehr und dem Aufbau einer gesicherten Existenz in der Heimat. Dies fiel schon schwerer, als ihnen die Bundesregierung das Nachholen von Familienangehörigen gestattete. So ließen sich viele der Arbeitsmigranten in den 80er-Jahren in der Bundesrepublik auf Dauer nieder. Sie gründeten Familien und bekamen Kinder. Die gingen hier zur Schule, schlossen Freundschaften, verliebten sich und gerieten in Konflikte mit ihren Eltern, die die alten und neuen Werte nicht immer in Einklang brachten. Vielen Migranten gelang mit der Zeit der berufliche und soziale Aufstieg, sei es durch bessere Qualifizierung oder den Schritt in die Selbstständigkeit. Dies war verbunden mit dem Abschied vom Vertrauten und dem Gefühl der Fremdheit gegenüber der neuen Kultur.

Das Leben in zwei Kulturen stellte die eigene Person in Frage, erforderte eine Neubestimmung der eigenen Identität. Deshalb wurde die Familie zu einem Ort der Geborgenheit. Hier pflegte man Erinnerungen an die Heimat und die Hoffnung auf eine Rückkehr. Doch angesichts veränderter Wünsche und Werte der Kinder, der Frauen, besonders der Töchter, wird die Familie in der zweiten und dritten Generation auch zum Austragungsort von Konflikten - trotz äußerer Verbesserung der Lebenssituation. Auf der anderen Seite hat die Mehrheitsgesellschaft neue Grenzen gezogen: nach den sichtbaren Zäunen um Wohnheime sind es eher unsichtbare, auf Vorurteilen beruhende Trennlinien gegenüber denen, die immer noch als „Fremde" identifiziert werden, auch wenn sie längst „angekommen" sind.

---

[1] Ähnliche Entwicklungsprozesse - bei jeweils anderer rechtlicher Situation - finden sich auch bei anderen hier lebenden Minderheiten (Spätaussiedler, EU-Bürger, etc).

Die Situation der jungen Generation

Der Blickwinkel der Mehrheitsgesellschaft in der Bundesrepublik ist - trotz aller Debatten um Einwanderung, interkulturelles Lernen und kultursensible Institutionen - auf die Defizite der Minderheiten gerichtet: Sie leben - so heißt es oft - in einem andauernden Konflikt, „zwischen den Kulturen" und sind unterstützungsbedürftig, im schlimmeren Fall auch „integrationsunwillig". Statt Bürgerrechten werden Deutsch - und Förderkurse angeboten. Da überrascht es nicht nur Pädagogen, dass viele Jugendliche eine bikulturelle Lebensgestaltung entwickeln, die zeigt, wie produktiv sie - trotz aller Widerstände - mit vielfältigen Kultureinflüssen umgehen. Sie praktizieren Selbstintegration und erheben Anspruch auf eine Veränderung der Gesellschaft, die ihre Heterogenität und Vielfalt anerkennt. Die Metapher vom „dritten Stuhl" deutet auf einen bewussten Umgang mit der *Frage nach der eigenen Identität*. Über die Reflexion ihrer „identitätsrelevanten Kulturwelten" gelingt den Jugendlichen, so sagt der Psychologe Tarek Badawia in einer Untersuchung zur Identitätsentwicklung unter Migrationsbedingungen, eine kreative Bewältigung lebensbedeutsamer Themen. (vgl. Badawia 2003, S. 135f) Bei Badawia ist der Blickwinkel auf das Individuum gerichtet. Aber auch unser Verständnis von Gesellschaft muss neu definiert werden.

Leben wir in einer transkulturellen Gesellschaft?

Der Philosoph Wolfgang Welsch war einer der ersten, der den Begriff Transkulturalität in die Debatte um ein zeitgemäßes Gesellschaftsmodell gebracht hat. Mit seinem Entwurf setzt er sich ab von der Vorstellung einer multikulturellen Gesellschaft, die gekennzeichnet ist von einem Nebeneinander verschiedener Kulturen. Migrationsbewegungen[2], Vernetzungen von Individuen auf wirtschaftlicher und politischer Ebene, unterstützt durch Massenkommunikationsmittel und schnelle Verkehrsverbindungen, gewinnen weltweit an Bedeutung. Der Austausch von Werten, Ideen, Bildern,

---

[2] Dabei ist zu unterscheiden zwischen verschiedenen Gruppen: Arbeitsmigranten, die „transnationale Elite", Flüchtlinge, Exilanten oder auch Auslandstouristen (vgl. Harmsen 1999)

Konsummustern ist grenzüberschreitend. Es entstehen soziale Landschaften („scapes"), innerhalb derer Individuen, Gruppen und Unternehmen über nationale Grenzen hinweg agieren und miteinander verflochten sind. Und wenn Waren und Bilder ausgetauscht werden, werden dabei auch immer Bedeutungen und Weltsichten transportiert.

Damit einher geht eine Binnendifferenzierung und eine Individualisierung der Lebensstile. Der traditionelle Kulturbegriff, der sich auf ein abgrenzbares Territorium bezieht, trifft diese Realität nicht mehr. Kategorien der Vereinheitlichung („Volk", „Ethnie") und Abgrenzung passen nicht zur kulturellen Vielfalt moderner Gesellschaften. Verflechtungsprozesse („cross-culture") und Interaktionen führen zu neuen Entwicklungen auf vielen Gebieten: in Musik, Architektur und Technik, in den Wissenschaften. Statt der „Vielheit im traditionellen Modus der Einzelkulturen" entwickelt sich eine „Vielheit unterschiedlicher Lebensformen transkulturellen Zuschnitts" (Welsch 1995, S. 43)

Welschs Konzept der Transkulturalität weist auf eine mögliche globale Entwicklung hin, deren Anzeichen bereits erkennbar sind. Das Leben vieler Migrantinnen und Migranten ist geprägt von transnationalen Beziehungen. Sie halten Kontakte zu ihrer Residenzgesellschaft, zur Herkunftsgesellschaft und häufig auch zu Verwandten in weiteren Ländern. Diese Netzwerke sind für die einzelnen von ökonomischer und psycho-sozialer Bedeutung. Eine immer häufiger auftretende Migrationsbewegung ist die Pendelmigration. Sie ist durch das kontinuierliche Hin- und Herwandern zwischen Ziel- und Herkunftsregion charakterisiert. Menschen nutzen diese Form, um illegale Beschäftigungsverhältnisse zu vermeiden, aber auch für ältere Migranten gewinnt diese Lebensweise in zwei Welten an Bedeutung. Durch solche Praxis entsteht ein transnationaler Raum, der ständig durchwandert wird.

Doch geht mit dieser Erweiterung der Lebensmöglichkeiten und Intensivierung der Vernetzungsformen eine zunehmende Gefahr der Aus- und Abgrenzung einher. Der Zugang zu gesellschaftlichen Ressourcen wie Bildung und Arbeit auf individueller Ebene, der Zugang zu Markt und Kapital für Betriebe und Unternehmen, der Zugang zu Kommunikationsmitteln für Minderheiten sind Beispiele für Konfliktlinien, an denen um Anerkennung und Teilhabe gerungen wird. Vor allem aber sind es die ökonomische Stärke und die politische Dominanz weniger Staaten des Nordens (z. B. die „G8 - Länder"), die die Gestaltung der transnationalen Rahmenbedingungen bestimmen. Sie entscheiden nicht nur über den Austausch von Waren, sondern ebenso über die Wertigkeit von Ideologien und Migrationsperspektiven von Menschen.

Die bundesdeutsche Gesellschaft tut sich noch schwer, diese Transkulturalität als soziale Tatsache zu begreifen. Die Auseinandersetzung um Werte und Traditionen, um Bürgerrechte und Bürgerpflichten, um Identifikation mit der Residenzgesellschaft ist ebenso überfällig wie eine Anerkennung der Migranten als Brückenbauer über kulturelle und nationale Grenzen hinweg. Sie ermöglichen mit ihrem Erfahrungsschatz vielleicht einen Vorgriff auf eine vollkommen andere Gesellschaft. Solche Visionen einer neuen, transkulturellen Gesellschaft erschafft das Kino.

Die „Fremden" im Kino - Der Blick auf die Anderen

Die ersten Bilder der „Fremden" waren von Reportagen und Dokumentarfilmen geprägt. Wir erinnern uns an Szenerien der Ankunft auf Bahnhöfen, der Sonderzüge aus dem Süden, an die Bilder von erschöpften Menschen mit zusammengeschnürten Koffern. Wir alle kennen den überraschten Gastarbeiter, der mit einem Moped empfangen wurde. Zeitungen und andere Medien schilderten ausgiebig die tristen Lebensumstände der Neuankömmlinge und forderten einen wärmeren, menschlicheren Umgang mit ihnen. Und einige der deutschen Regisseure fanden hier Ansatzpunkte, um ihre Themen neu zu inszenieren.

Einer der ersten Filmemacher, die das Thema „Migration" aufgriffen, war Rainer Werner Fassbinder. In seinen Filmen setzt er sich scharf mit den Zuständen in der bundesdeutschen Gesellschaft auseinander. Mit seiner Kamera schaut Fassbinder hinter die Fassaden, seine Protagonisten stellen die Sicherheit des bürgerlichen Milieus in Frage - so auch die Fremden. Sie sind für ihn ein neuer Anlass, die Brüchigkeit der Nachkriegsgesellschaft kenntlich zu machen.

Der Film „Katzelmacher" (1969)[3] schildert das Leben von Jugendlichen in einer deutschen Kleinstadt. Ihre Beziehungen und die (Rang-)Ordnung sind geregelt, das Leben in den Hinterhöfen ohne Illusionen. Da kommt der Grieche Jorgos an, ein Gastarbeiter. Er versteht die deutsche Sprache nicht, aber er muss sich gegen den aggressiven Fremdenhass behaupten, vor allem deshalb, weil sein Charme und seine Schüchternheit anziehend auf die Mädchen wirken. Die Jungen der Clique schlagen den Ahnungslosen zusammen. Ein Dialog oder das Aushalten von Ambivalenz sind den Jugendlichen nicht möglich. Fassbinder macht die Figur des „Gastarbeiters" zum existenziellen Helden.

Auch Fassbinders Ali, der Marokkaner in „Angst essen Seele auf" (1973), dient als Projektionsfläche für die Haltung der Einheimischen. Diskriminierung am Arbeitsplatz, rassistische Äußerungen von Emmis Kolleginnen, das alles hält die Liebenden zusammen. Doch auch in ihren Köpfen sind Stereotypen verankert, sie zeigen sich in der Brüchigkeit ihrer Beziehung. Die psychische Belastung und die harten Arbeitsbedingungen führen zu Alis Krankheit. Fassbinder macht den Körper zum Schauplatz gesellschaftlicher Konflikte und lässt offen, ob Liebe stärker sein kann als sozialer Druck.

Bekannt geworden ist auch „Yasemin" (1987/88): Hark Bohms Film über eine verbotene Liebe zwischen einem jungen, etwas naiven Draufgänger, über dessen sozialen Hintergrund wir kaum etwas erfahren, und seinem Dornröschen, einer jungen Türkin, die - in ihr familiäres Geflecht verwoben - geschickt die Balance zwischen Verbotenem und Erlaubtem hält. Verwicklungen, Enttäuschungen und Krisen in Yasemins Familie treiben die Geschichte bis zu dem Punkt, an dem diese in die Türkei zurück gebracht werden soll. Bohm deutet ethnische Kollektivbilder an: Patriarchat, Familienehre und Gehorsam. Der Liebe des türkischen Vaters zu seiner Tochter ist es am Ende zu verdanken, dass Jan und Yasemin auf dem Motorrad davon fahren können. Bohm skizziert seine Heldin als Zerrissene

---

[3] Angaben zu allen Filmen: s. Filmografie im Anhang. Vgl. auch: www.filmportal.de

„zwischen den Kulturen" und betont mit seinem Film ihr Recht auf ein selbstbestimmtes, glückliches Leben. Frauenschicksale spielen eine wichtige Rolle in vielen Filmen der Regisseurin Helma Sanders-Brahms. Sie nimmt die weibliche Perspektive ein und untersucht Mechanismen, die zur Benachteiligung und Diskriminierung von Frauen führen. In ihrem Film „Shirins Hochzeit" (1975) will die Hauptfigur einer arrangierten Ehe entfliehen, geht nach Deutschland und gerät dort in die klassische Falle der Illegalität: ohne Aufenthaltserlaubnis keine Arbeitsgenehmigung und umgekehrt. Schließlich fällt sie in die Hände eines Zuhälters und kann mit dem durch Prostitution verdienten Geld ihre Familie in der Türkei unterstützen. Die Leidensgeschichte der jungen Frau, kommentiert und erklärt von einer deutschen Frauenstimme aus dem Off, wird zu einer grundsätzlichen Anklage an die patriarchale Gesellschaft beider Länder.

Ganz anders geht der türkischstämmige Kameramann und Regisseur Tefvik Baser vor: Auch in seinem Film „40 qm Deutschland" (1985) steht eine junge Frau im Mittelpunkt. Turna wird von ihrem Mann nachgeholt. Ihrer beider Welt in der Türkei wird eingeschlossen in die enge Wohnung des Ehepaars in Hamburg. Der Mann betritt die verachtete deutsche Welt nur zum Geldverdienen, die Frau wird von Außeneinflüssen abgeschottet. Sie lebt in einem kulturellen Niemandsland, sprach - und verständnislos. Sie sieht aus dem Fenster, aber sie urteilt nicht. Erst der Tod ihres Mannes eröffnet ihr den Weg nach draußen. Was kommt, bleibt im Ungewissen. Der Film ist leise, vorsichtig und wertet nicht. Er stellt Fragen, schafft keine Stigmata.

Das Kino der „jungen Generation" - der andere Blick

Mit der nächsten Generation sind junge Filmemacher und Filmemacherinnen herangewachsen, die in einer kulturellen Vielfalt groß geworden sind. Sie haben ihr Handwerk in den europäischen Filmhochschulen und Studios gelernt. Sie kennen das Hollywoodkino genauso wie Autorenfilme aus Frankreich oder dem Iran. Und mit diesem Erfahrungshintergrund schaffen sie ein vielstimmiges authentisches Kino, das die „Migranten" selbst als Akteure in den Mittelpunkt stellt. Sie zeigen uns Geschichten, in denen die „third-culture-kids" Utopien suchen und neue Wege in der Einwanderungsgesellschaft finden. Das Thema dieser Filme ist das Alltägliche, das Leben mit Einflüssen aus verschiedenen Milieus, das aufregend und schmerzhaft sein kann.

So zeigt die Filmemacherin Aysun Bademsoy in ihren Dokumentarfilmen seltene Schnittstellen zwischen den Kulturen: junge Migranten, die in den deutschen Polizeidienst gehen (u.a. „Schwarze Polizisten" 1991) oder türkisch-deutsche Mädchen mit einer Leidenschaft für das Fußballspiel (u.a. „Nach dem Spiel" 1997). Und Ayşe Polat schuf mit ihrem Film „Die Auslandstournee" (1998) ein Roadmovie, in dem ein junges Mädchen und ein alternder Künstler auf der Suche nach ihren Wurzeln durch Europa reisen.

Der Film „Aprilkinder" (1998) von Yueksel Yavuz ist eine überzeugende semidokumentarische Milieustudie. Sie schildert eine türkisch - kurdische Familie, die mit den Wünschen der Jugendlichen nach veränderten Lebensformen konfrontiert wird.

Einen eindrucksvollen Umgang mit Bildern liefert Kutluğ Ataman mit seinem Film "Lola und Bilidikid" (1998). Er greift das in der türkischen Gesellschaft noch weitgehend tabuisierte Thema Homosexualität auf. Der Preis für die Durchsetzung eines eigenen Lebensentwurfs ist der Bruch mit der Familie.

Thomas Arslan streift in „Kardeşler" (1996) mit den drei türkischen Geschwistern durch ihren Berliner Kiez. Ihre Wege verlaufen ganz individuell, sind manchmal schmerzhaft und voller Fallen. So geht einer der Söhne - trotz aller Fremdheit - in die Türkei zur Armee und begibt sich auf die Suche nach einem passenden Lebens - und Rollenmodell.

Die Brutalität und staatliche Willkür der Behörden, der die Menschen unterwegs häufig ausgesetzt sind, zeigt Kadir Sözen in „Winterblume" (1996). Der Film stellt dar, wie ein ausgewiesener türkischer Immigrant auf illegalem Wege wieder zurück zu seiner Familie in Deutschland gelangen will und dabei den Tod findet.

Politische Verfolgung treibt den Hauptakteur Sobgui in Jean Marie Teno's Film „Clando" (1996) nach Deutschland. Hier versucht er mit Hilfe von Freunden aus der westafrikanischen Community einen Autohandel zu organisieren, der das Überleben seiner zurück gebliebenen Familie sichern soll.

Ein weiteres Migrationsmotiv behandelt der Film „Heimkehr" (2002/03) von Damir Lukačević. Ein eigenes Hotel an der Adria ist der Lebenstraum eines jugoslawischen Migranten, der dafür in den 60er-Jahren nach Deutschland aufbrach. Doch sein Ehrgeiz und seine Starrköpfigkeit treiben die Familie fast in den Zusammenbruch.

Einer der schaffens - und experimentierfreudigsten Filmemacher ist der Hamburger Fatih Akin. Sein Film „Kurz und schmerzlos" (1998) führt uns ins Gangstermilieu der Hansestadt. Hier ist es nicht die ethnische Herkunft der Protagonisten, auf die unser Blick gerichtet wird, sondern wir werden in Atem gehalten von den Erlebnissen der jungen Männer, die im Chaos der Großstadt aufeinander treffen und sich irgendwie durchschlagen, in einer Welt, in der sehr unterschiedliche Erfahrungen ineinander verwoben sind.

Mit seinem Film „Solino" (2001) wollte Akin der gesamten ersten Generation von Gastarbeitern ein Denkmal setzen. Die vierköpfige italienische Familie Amato zieht ins Ruhrgebiet und träumt von einem besseren Leben. Weil der Vater bald keine Lust mehr hat, im Kohlebergwerk zu schuften, eröffnet das Ehepaar eine Pizzeria für Gastarbeiter. Aber der Erfolg ist nicht von langer Dauer, die Söhne entziehen sich den väterlichen Plänen, die Sehnsucht der Mutter in die alte Heimat wächst, der Vater flirtet mit weiblichen Gästen. Die Familie zerbricht, auch die beiden Brüder müssen sich trennen, um ihren eigenen Weg zu finden. Am Ende steht der Jüngere vor einem Scherbenhaufen, während der Ältere zu sich selbst gefunden hat. Der Film erzählt von der Entwurzelung der Menschen, dem Zusammenprall von Kulturen, vom Niedergang des Kohlenpotts, letztlich ist er aber auch ein romantisches Familiendrama.

Mit seinem vielfach prämierten Film „Gegen die Wand" (2003) stellt A-kin seine Vielseitigkeit ein weiteres Mal unter Beweis. Wie dicht Verletzlichkeit und Selbstzerstörung, Lebenshunger und Freiheitsdrang zusammen gehören können, kommt in dieser Liebesgeschichte mit aller Wucht auf die Leinwand. Man kann die Zweckehe zwischen Çahit und Sibel sicherlich als Plädoyer für die selbstbestimmte Lebensplanung von (türkischen) Mädchen sehen, vielleicht ist sie aber auch nur der Anlass, um die mitreißende, verhängnisvolle Geschichte der beiden ins Rollen zu bringen. Akin zeichnet differenzierte Charaktere und findet Bilder von großer Intensität. Die Eigenständigkeit seiner Filmkunst wird hier ebenso deutlich wie seine grenzenlose Filmbegeisterung.

Der Überraschungssieg Akins auf der Berlinale markiert allerdings nicht den Beginn der Umorientierung des „Migrantenfilms". Bereits in den 90er-Jahren ließen sich die Stoffe der neuen Regisseurgeneration nicht mehr auf die Integrationsprobleme der Eltern reduzieren. Dies macht ein Blick auf die Produktionen der jungen Filmschaffenden in Großbritannien und Frankreich besonders deutlich: "Picknick am Strand" (1992), „Salut Cousin!" (1996), "East is East" (1999), „Kick it like Beckham" (2002) oder auch die Filme von Mira Nair (u.a „Salaam Bombay" 1988, „Monsoon Wedding" 2001).

Der Filmkritiker Georg Seeßlen spricht vom „Cinema du Métissage", dem Kino der doppelten Kulturen, wenn er die Besonderheit dieser Filme skizziert. Die Filmemacher und Filmemacherinnen experimentieren mit den ästhetischen Mitteln des Kinos und füllen die verschiedensten Genres mit Geschichten aus ihren eigenen Erlebniswelten. Und selbst wenn der Bezug auf die eigene Biografie präsent ist, wenn sie ihre Filme in einem Einwanderermilieu ansiedeln, so sind sie doch keineswegs darauf festgelegt. Heterogenität und eine differenzierte, schwer greifbare Verbindung von realistischer Darstellung der eigenen Lebenswelt und Fiktion sind Merkmale der neuen Filme. Fantasie und die künstlerische Verarbeitung machen sie zu Beispielen einer - europäischen - transkulturellen Ästhetik. Und sie finden ihr Publikum nicht nur in den Programmkinos, sondern haben längst die Leinwände in den großen Kinosälen erobert.

Das transkulturelle Kino - ein neues Genre?

Métissage (Kreuzung) beschreibt eine unvollendete Mischung und Neuschöpfung heterogener symbolischer Systeme und ist damit dem Begriff Transkulturalität sehr verwandt. Statt vom „Kino der doppelten Kulturen" spreche ich vom „transkulturellen" Kino, wenn ich nun Elemente eines entstehenden Filmgenres skizziere.

Welche Geschichten erzählen die neuen Filmemacher, die in einer von Migrationsprozessen geprägten Gesellschaft groß geworden sind? Wie wirken sich eigene Lebenserfahrungen, die durch transnationale Vernetzungen gekennzeichnet sind, auf die künstlerische Produktion aus? Wie „äußert" sich das Leben unter vielfältigen kulturellen Einflüssen im Filmschaffen? Was also kennzeichnet das Kino der Métissage, das transkulturelle Kino?

Als Filmgenre wird eine Gruppe von Filmen bezeichnet, die bestimmte technische, formale, narrative und/oder inhaltliche Elemente teilen. Die eindeutige Zuordnung einzelner Filme ist nicht immer möglich, da sich vor allem neuere Filme mehrerer Genres bedienen oder als Parodie mit einer speziellen Genresemantik spielen. Finden sich solche bestimmenden Elemente in den Filmen der jungen Regisseurgeneration?

Werfen wir zunächst einen Blick auf die Inhalte. Die Filmemacher und Filmemacherinnen beobachten das Alltägliche und zeigen die Vielstimmigkeit von Lebensgeschichten. Ihre Filme spielen an allen möglichen Orten und bewegen sich in vielen Genres: Gangsterfilme, Romanzen, Dramen, Komödien.

Transkulturalität heißt Abschiednehmen von den Träumen, die bei den Männern und Frauen der ersten Generation mit der Auswanderung verbunden waren. Die neuen Filme untersuchen Entwicklungsmöglichkeiten, die sich aus der unsicheren Situation der Transkulturalität ergeben: Anpassung an die Residenzgesellschaft, Rückkehr in die Heimat, Weiterreise in ein anderes Land, Krankheit auf Grund belastender Arbeitssituationen, psychische Störungen, soziale Isolation, Kriminalität, aber auch die Erprobung neuer Lebensperspektiven, Selbstbestimmung und Selbstbehauptung, Aufbruch in andere Milieus. Die neuen Filmschaffenden deuten an, dass Kreativität möglicherweise die wirkungsvollste Strategie zur Bewältigung chaotischer Situationen ist. Sie zeigen Grenzen auf, individuelle und gesellschaftliche, reale und imaginierte Grenzen. Und sie fragen nach neuen Formen des (Zusammen-)lebens auf persönlicher und gesellschaftlicher Ebene.

Manche Filme erzählen von den Träumen der jungen Menschen in der Peripherie und von ihren ersten Begegnungen mit der Kultur des ersehnten

Zentrums. So gestalten viele Autoren aus Westafrika oder Südosteuropa in ihren Erzählungen Szenen und Momente, die vom Weggehen handeln. Häufig sind die Filme auch Kommentare zu den gesellschaftlichen Verhältnissen. Da geht es um restriktive Gesetzgebung und die politische Produktion eines xenophoben Klimas, aber auch um blanke Gewalt. Sie sind politisch, sie thematisieren Rassismus und Gleichgültigkeit ebenso wie Ausgrenzung und Verfolgung.

Auch in der Erzählweise und Bildsprache sind bestimmende Tendenzen zu erkennen. Die Stärke des transkulturellen Kinos liegt in der Vielfalt der Themen und Stile. Die Filmschaffenden experimentieren mit einer neuen Ästhetik. Sie finden Bilder, die Transkulturalität als gesellschaftliches Strukturelement erklären, die sich aber auch in den Figuren wiederfindet. Sie lösen sich von der Darstellung starrer, überholter Rollenmodelle. Dieses Subjektwerden der Protagonisten vollzieht sich im Dialog, in einem Prozess der Aushandlung mit sich selbst und der Umwelt.

Die neue Generation der Filmemacher wendet sich gegen Klischees und Stereotypen. Sie vermeiden Schwarz-Weiß-Kategorien und üben sich in (Selbst-)Ironie. Sie zeigen, dass es Eindeutigkeiten in einer pluralen Gesellschaft nicht mehr geben kann. Sie decken kulturelle Ambivalenzen auf und lassen sie schimmern, statt gängige Klischees zu reproduzieren. Die Mehrdimensionalität der kulturellen Transformation bleibt sichtbar, die vorläufigen und fragmentarischen Schritte bei diesem Prozess sind erkennbar.

Die Filmschaffenden blicken in anderer Weise auf die deutsche Gesellschaft und dadurch auch auf das Kino. Fatih Akin: „Wir haben noch einen zweiten Blick, den unserer Herkunftsländer. ... Wir sehen Sachen, die andere Leute nicht mehr wahrnehmen. Das macht unsere Filme anders. ... wir bringen einfach eine andere Perspektive ein." (Akin 2002)

Im deutschen Kino gibt es ein besonderes Problem: der Umgang mit der deutschen Sprache. Zweisprachigkeit gehört zum Alltag in vielen Migrantenmilieus. Deshalb müssen sich die Filmemacher entscheiden, ob sie die Originalsprache verwenden, die mit Untertiteln übersetzt wird oder ob sie die Darsteller in "gebrochenem Deutsch" sprechen lassen, was beim Publikum Vorurteile bestätigen oder hervorrufen kann.

So vielfältig sich der Métissage-Film im europäischen Raum darstellt, so deutet sich doch an, „dass es eine Ikonografie gibt, die die Filme untereinander verbindet, und dass sich ein narratives Repertoire bildet." (Seeßlen 2000) Das wiederum wirkt sich inhaltlich und ästhetisch auf andere Filmgenres aus. Aber auch über die Grenzen des Kinos hinweg sind Einflüsse denkbar auf andere Kunstformen, auf unsere Alltagskultur und unsere individuelle Wahrnehmung.

Das transkulturelle Kino und sein Publikum - ein Ausblick

Das transkulturelle Kino ist ein schillerndes Kino, ein Kino der Vielstimmigkeit, der Mehrdeutigkeit. Drei Dimensionen der Transkulturalität sind in den Filmen erkennbar: die thematische Auswahl, individuelle Erfahrungen und gesellschaftliche Strukturmerkmale. Die Filme reflektieren die Gesellschaft auf eine bestimmte, ganz eigene Weise. Sie erzählen Geschichten aus den Einwanderermilieus, gleichzeitig erzählen sie aber auch etwas über uns als gesamte Gesellschaft. Es sind Geschichten aus und von der Transkulturalität, die uns alle interessieren. Wenn solche Filme beim Publikum ankommen und ihren Markt finden, so heißt das auch, dass wir nach Deutungsmustern suchen, nach Handlungsstrategien für ambivalente Situationen. Und da scheint das Repertoire der jungen Filmemacher und Filmemacherinnen grenzenlos zu sein. Der Erfolg von Fatih Akin ist also kein Zufall. Er macht deutlich, dass wir die gesellschaftlichen Transformationsprozesse wahrnehmen und uns auf dem Weg zu einem neuen Selbstverständnis als Einwanderungsland befinden.

Literatur:

Badawia, T: Der 3. Stuhl. In: Badawia, T.: Wider die Ethnisierung einer Generation. Frankfurt am Main 2003. S. 131 - 147

Harmsen, A.: Globalisierung und lokale Kultur. Hamburg 1999

Karpf, E.: Getürkte Bilder: Zur Inszenierung von Fremden im Film. Arnoldsheimer Filmgespräche Band 12. Marburg 1995

Ranze, Michael: „Solino", Scorsese und die Globalisierung. Fatih Akin im Gespräch mit. Michael .Ranze; veröffentlicht unter: www.filmportal.de/df/32/ArtikelED2E4D6B0614B86EE03053D50B372DAChtml, 17.03.2005

Seeßlen, Georg: Das Kino der doppelten Kulturen; veröffentlicht unter: www.epd.de/film/2000/12emi.htm, 17.3.2005

Welsch, W.: Transkulturalität. Lebensformen nach der Auflösung der Kulturen. In: Luger/Renger (Hrg.): Dialog der Kulturen. Wien 1994. S. 147 - 169

Welsch, W: Transkulturalität. Zur veränderten Verfasstheit heutiger Kulturen. In: Zeitschrift für Kulturaustausch 45. Nr. 1/1995, S. 30 - 44

Welsch, W.: Die transkulturelle Gesellschaft. In: Pongs, A.: In welcher Gesellschaft leben wir eigentlich? München 1999, S. 237 - 258

Wieviorka, M.: Kulturelle Differenzen und kollektive Identitäten. Hamburg. 2003

Filmografie:

Angst essen Seele auf BRD 1973, Regie: Rainer Werner Fassbinder

Aprilkinder BRD 1998, Regie: Yueksel Yavuz

Clando Kamerun 1996, Regie: Jean Marie Teno

Die Auslandstournee BRD 1998, Regie: Ayşe Polat

East is East GB 1999, Regie: Damien O'Donnell

Gegen die Wand BRD 2003, Regie: Fatih Akin

Heimkehr BRD 2002/2003, Regie: Damir Lukačević

Kardeşler (Geschwister) BRD 1996, Regie: Thomas Arslan

Katzelmacher BRD 1969, Regie: Rainer Werner Fassbinder

Kick it like Beckham GB 2002, Regie: Gurinder Chadhas

Kurz und schmerzlos BRD 1998, Regie: Fatih Akin

Lola und Bilidikid BRD 1998, Regie: Kutlug Ataman

Monsoon Wedding USA/Indien 2001, Regie: Mira Nair

Nach dem Spiel BRD 1997, Regie: Aysun Bademsoy

Picknick am Strand GB 1992, Regie: Gurinder Chadhas

Salaam Bombay Indien/Frankreich 1988, Regie: Mira Nair

Salut Cousin! F/DZ/B 1996, Regie : Merzak Allouache

Schwarze Polizisten BRD 1991, Regie: Aysun Bademsoy

Shirins Hochzeit BRD 1975, Regie: Helma Sanders-Brahms

Solino BRD 2001, Regie: Fatih Akin
Yasemin BRD 1987/88, Regie: Hark Bohm
Winterblume BRD 1996, Regie: Kadir Sözen
40 qm Deutschland BRD 1985, Regie: Tevfik Baser

Olga Frik

Integration zu welchem Preis?

In den vergangenen Jahrzehnten siedelten mehrere Hunderttausende von Deutschstämmigen aus Osteuropa nach Deutschland. Besonders groß war der Zuzug der Spätaussiedler aus den Staaten des ehemaligen Ostblocks nach der Wende. Unter ihnen bilden die Spätaussiedler aus den Nachfolgestaaten der ehemaligen Sowjetunion die größte Gruppe. Insgesamt lag von 1990 bis 2001 der Anteil der Spätaussiedler aus der ehemaligen Sowjetunion bei knapp 83 % (vgl. Currle 2004, S. 57). Der Zuzug einer umfangreichen Gruppe in der relativ kurzen Zeit konnte für das Land und auch für dessen Bildungssystem, nicht spurlos verlaufen.

Für viele Bundesbürger sind die Spätaussiedler (im Folgenden als Aussiedler bezeichnet) – "die fremden Deutschen" - in Wirklichkeit ziemlich fremd. Auch die Aussiedler, die ursprünglich u.a. "als Deutsche unter Deutschen" in Deutschland leben wollten, merken schon in der ersten Zeit ihres Deutschlandaufenthaltes viele Unterschiede zu der ansässigen Bevölkerung. Besonders *fehlende Sprachkenntnisse*, sowie die damit verbundenen *Unsicherheiten und Ängste* bedeuten Barrieren zu den Einheimischen. Aber auch andere Merkmale von Kultur, wie Werthaltungen, Verhaltensweisen, Sitten und Gebräuche, unterscheiden sich von denen der einheimischen Deutschen. Die Aussiedler bringen bestimmte berufliche und soziale Kompetenzen mit nach Deutschland. Nicht nur die Situation der Eltern, sondern auch die *soziokulturellen Hintergründe* der Kinder und Jugendlichen unterscheiden sich von denen der einheimischen jungen Leute.

Zur Situation der jugendlichen Aussiedler
Welche soziokulturellen Hintergründe bringen die Kinder und jugendlichen Aussiedler mit und wie kommen sie mit dem deutschen Schulsystem klar? Welche Besonderheiten hat die schulische und sprachliche Integration der Aussiedlerkinder und -jugendlichen in Deutschland? Was könnte man u.a. für die bessere Integration der Kinder und Jugendlichen ins bundesdeutsche Bildungssystem und in die Gesellschaft tun?

Beim Versuch, die Fragen zu beantworten, beziehe ich mich auf die ein-
schlägige Literatur (z.b. Dietz 1996, Herwartz-Emden 1997, Roll 1997,
Strobl / Kühnel 2000) sowie auf Diskussionen mit Studierenden in meiner
Lehrveranstaltung „Interkulturelle Fragen der Bildung und Erziehung"
(Sommersemester 2002, Wintersemester 2003/04), die sich mit pädagogischen Aspekten der Integration von Aussiedlern in Deutschland befasste.
Da an diesem Seminar u.a. auch Studierende teilnahmen, die selbst als
Aussiedler zusammen mit ihren Familien aus den Nachfolgestaaten der e-
hemaligen Sowjetunion gekommen sind, bestand die Möglichkeit, in einem
unmittelbaren Kontakt deren Integrationserfahrungen mit den anderen
(deutschen und ausländischen) Studierenden zu reflektieren.

Das Thema „Integration von Aussiedlerkindern und –jugendlichen" ist für
die gesamte Aussiedlerintegration sehr wichtig, was mit der Altersstruktur
dieser Zuwanderergruppe zusammenhängt. 1997 waren 36% der Aussiedler
und ihre Angehörigen jünger als 20 Jahre alt, 41% waren in der Altersgruppe von 20-45 Jahren und 23% waren älter als 45 Jahre. Der Anteil der
jugendlichen Aussiedler liegt konstant über 40% bei jedem Zuwanderungs-
jahrgang (vgl. Fricke 1998, S. 31). Was die Aktualität des Themas betrifft
betont Anatoli Rakhkochkine: „Ob sich die jungen Aussiedler nach dem
Schulabschluß auf dem Arbeitsmarkt zurechtfinden oder ob man sie auf
dem Arbeitsamt unter den Arbeitslosen oder bei der Kriminalpolizei trifft,
hängt wesentlich von ihrer Integration in die Schule und in die soziale Umgebung ab" (Rakhkochkine 1997, S. 10). Sicherlich sind hinsichtlich der
Integration jugendlicher Aussiedler zahlreiche positive Ansätze zu ver-
zeichnen, allerdings lässt sich rückblickend auf die letzten fünfzehn Jahre
nicht bestreiten, dass die Integration der Aussiedlerjugendlichen in vielen
Bereichen große Probleme bereitet hat.

Bedeutung der Übersiedlung
Für die jugendlichen Aussiedler bedeutet die Übersiedlung einen lebens-
geschichtlichen Bruch, der für fast alle Aussiedlerjugendlichen mit krisen-
haften Erscheinungen verbunden ist und zu unterschiedlichen Konflikten
führen kann. Sie kommen aus einer für sie vertrauten Kultur in eine fremde
Kultur. Geert Hofstede definiert „nationale Kultur" folgendermaßen: „die

kollektive Programmierung des Geistes, die durch das Aufwachsen in einem bestimmten Land erworben wird" (Hofstede 2001, S. 412). Die Aussiedlerjugendlichen haben durch die *Sozialisation* die kulturelle Rolle, kulturspezifische Denk-, Verhaltens-, und Handlungsmuster der Herkunftsgesellschaft – *Kulturstandards* - übernommen. Hierbei spielen Kultur und Sprache und die signifikanten Anderen der Kindheit (wichtige Bezugspersonen, z.b.: Pädagogen, Menschen aus dem sozialen Umfeld) die entscheidende Rolle, Kultur wird verinnerlicht und zur Selbstverständlichkeit (vgl. Griese 1986, S. 21).

Die Übersiedlung ist für die Aussiedlerjugendlichen ein Wechsel des gesamten kulturellen Kontextes. Abweichende Erwachsenensozialisation ist im Falle der Migration dramatisch zugespitzt, wenn sich der gesamte gesellschaftlich-kulturelle Lebenskontext, der Alltag, die signifikanten Anderen von heute auf morgen total verändern (Schaltstelle Sprach- und Kulturwechsel) (vgl. ebd., S. 22f). Jugendliche Aussiedler kommen aus einer Gesellschaft, die kollektivistisch geprägt war, während die deutsche Gesellschaft eher individualistisch ausgerichtet ist. So bereitet es heute vielen jungen Aussiedlern Probleme, sich in der komplexen, stark individualistischen, marktwirtschaftlich orientierten und durch Konkurrenzdenken geprägten deutschen Lebenswirklichkeit zurechtzufinden.

Die Ausreiseentscheidung hat in Wirklichkeit zur Folge, dass jugendliche Aussiedler am Beginn ihres Erwachsenenlebens ihre schulische oder berufliche Ausbildung abbrechen und ihre vertraute soziale Umgebung und ihren Freundeskreis zurücklassen müssen (vgl. Dietz 1996, S. 29). Sie verlassen ihre Heimat, die für sie eine wichtige Bedeutung hat. Im postsowjetischen Bildungssystem gilt die „Liebe zur Heimat" als Erziehungsziel, was heute jedoch im Vergleich zum sowjetischen Erziehungssystem nicht mehr so ausgeprägt ist. Gefördert wurde nicht nur die Liebe zum ganzen Land, sondern auch die Liebe zu der sog. „kleinen Heimat": Dorf, Ortschaft, Stadt. Diese Besonderheit des Erziehungssystems macht es manchen Aussiedlerkindern und Jugendlichen wahrscheinlich zusätzlich schwer, Deutschland als ihre Heimat zu akzeptieren. Vor allem in der Situation, wenn die auftretenden Schwierigkeiten im Aufnahmeland den Reiz des Neuen in den Hintergrund schieben. Dabei wird das Heimweh noch ausgeprägter und der

Verlust der „eigentlichen, wirklichen" Heimat als noch schwieriger empfunden.

Barbara Dietz betont: „Gerade Verweigerungshaltungen, Aggressionen oder auch Apathie und Initiativlosigkeit der Jugendlichen müssen vor dem Hintergrund des *Migrationsschocks* (Herv. O.F.) gesehen werden, unter dem sie zumindest im ersten Jahr stehen. Stoßen die Jugendlichen, wie es heutzutage häufiger der Fall ist, in Deutschland auf Ablehnung, kann die anfangs offene Haltung in Frustration umschlagen" (Dietz 1996, S. 29). In dieser Situation, wo Aussiedlerschüler Schwierigkeiten haben, eine adäquate positive Lernmotivation zu entwickeln, können ihnen ihre Eltern oft nicht helfen, denn sie sind selbst wegen eigenen Informations- und Sprachdefizite sowie Hilfs- und Orientierungslosigkeit in der Anfangsphase verunsichert und dadurch überfordert. Auch die einheimischen Lehrkräfte, die meist die früheren Lebensbedingungen und Folgen der Ausreise für die Aussiedlerkinder und –jugendlichen nicht kennen, können nicht entsprechen reagieren und wirksame Hilfestellungen leisten.

Unterschiede der Schulsysteme

Auch die *vorschulische Kindererziehung* in den Nachfolgestaaten der ehemaligen Sowjetunion ist im Vergleich zu Deutschland anders. Im Vorschulalter werden die Kinder in russischen Kindergärten bereits unterrichtet: es werden insbesondere elementare Fähigkeiten in Mathematik, Lesen und Schreiben, Sprachentwicklung, in Musik, Sport und Malen erworben. In deutschen Kindergärten sollten die Kinder mit den Zahlen von 1 bis 5 bzw. 6 umgehen können. Lesen und Schreiben wird erst in der Schule erlernt. In den russischen Kindergärten sollten die Kinder mit den Zahlen von 1 bis 10, sowie deren Addition und Subtraktion, umgehen können. Lesen und Schreiben wird bereits im Kindergarten erlernt (vgl. Ruttner 2002, S. 81f). In manchen russischen Kindergärten gibt es sogar einen Fremdsprachenunterricht in kindergerechter Formen.

In der *russischen Schule* haben naturwissenschaftliche Fächer einen hohen Stellenwert. Das ist darauf zurückzuführen, dass die Schulprogramme in den Nachfolgestaaten der Sowjetunion stark polytechnisch ausgerichtet sind, dass die Hochschulreife schon nach zehn Schuljahren erreicht wird und daher die Lehrpläne für alle Jahrgangsstufen deutlich dichter sind (vgl. Rakhkochkine 1997, S. 14). Zu den wesentlichen Eigenschaften des Schulunterrichts in der russischen Schule gehören eine strenge Reglementierung und Bildungsstandards, die eine jeweilige Schullaufbahn bestimmen. Der Umfang des Lernstoffes in den Schulen ist sehr groß, man versucht ihn in relativ kurzer Zeit zu vermitteln. So lernen die Schüler in ihrem Schulalltag viel zu schaffen, sie erhalten z.b. doppelt so viele Hausaufgaben wie deutsche Schüler. Samstag ist dabei ein regulärer Schultag. Laut einer Studie, sind russische Schüler etwa 25-30 Prozent stärker in der Schule belastet, als die Schüler in Europa (vgl. Komsomolskaja Pravda (russische Tageszeitung), 17.01.2005). Im Rahmen einer Studie, die im Auftrag des russischen Bildungsministeriums durchgeführt wurde, wurden Bildungssysteme in 49 Ländern verglichen. Laut dieser Studie machen Lesen, Schreiben und Literatur 23 % im russischen Schulprogramm aus (Durchschnitt 16 %). Naturwissenschaftliche Fächer machen 14 % (Durchschnitt 11 %), Fremdsprachen - 8 % (Durchschnitt 11 %) der Lerninhalte aus (vgl. Komsomolskaja Pravda, 22.09.2004). Dadurch, dass die Fremdsprachen im russischen Schulwesen etwas unterrepräsentiert sind, besitzen viele neueingereiste Aussiedlerjugendliche nur mangelhafte oder gar fehlende Kenntnisse der Fremdsprachen (z.b. Englisch oder Französisch). Viele von ihnen haben Deutsch als Fremdsprache in der Schule im Herkunftsland gelernt, andere hatten keinen Fremdsprachenunterricht, insbesondere in dörflichen Schulen, wo der Mangel an Lehrern zum Ausfall von einigen Fächern führte.

Infolge der Unterrichtsmethoden in den Schulen der Herkunftsländern (z.B. Lernen an Fakten, Zusammenhängen und deren Reproduktion) besitzen viele Aussiedlerjugendliche eine hohe Merk- und Reproduktionsfähigkeit, die sie sich im Schulalltag angeeignet haben. Sie sind diszipliniert und respektieren ihre Lehrer, denn das war in der Schule des Herkunftslandes üblich. Die Schüler aus dem russischsprachigen Raum haben sich an das systematische Lernen gewöhnt, Vortrags- und Präsentationsfähigkeit gehört zu ihren schulischen Kompetenzen. Ihnen ist es aus dem Schulalltag im Herkunftsland gut bekannt, viel Unterrichtsstoff zu lernen und sich richtig anzustrengen, denn zum Schulunterricht gehörte auch ein gut entwickeltes Kontrollsystem.

Aufgrund ihrer *mangelhaften deutschen Sprachkenntnisse* wird ihr mitgebrachter (schulischer) Wissensstand oft unterbewertet. Auch die Verhaltensbesonderheiten der Schüler aus der ehemaligen Sowjetunion spielen dabei eine wichtige Rolle. Sie warten nämlich regelrecht auf verbindliche, deutlich ausgesprochene Arbeits- und Verhaltensanweisungen bzw. Disziplinanforderungen vom Lehrer. Sie haben sich in der russischen Schule daran gewöhnt, erst zu sprechen, wenn sie der Lehrkraft aufgefordert werden. Das Fehlen solcher direkten Richtlinien macht Kinder unsicher und erschwert es den Lehrern die schulischen Vorleistungen und Kenntnisse der Kinder richtig einzuschätzen. Die Verhaltensbesonderheiten der Kinder und Jugendlichen in der Schule werden dabei falsch interpretiert, denn den Lehrern fehlt das Wissen über die Hintergründe dieser Schüler.

Was die schulischen Vorleistungen aus den Herkunftsländern anbetrifft, sollte auch betont werden, dass Aussiedlerkinder und -jugendliche sich manchmal stark voneinander unterscheiden, diese Gruppe darf nicht als *homogen* betrachtet werden. Unter ihnen kommen Kinder und Jugendliche mit sehr guten Schulkenntnissen nach Deutschland, aber auch primäre Analphabeten. In Deutschland ist bei ihnen infolge dieser Situation die ganze Bandbreite vom Schulabbruch bis zum guten Lernerfolg zu beobachten. Vieles hängt dabei mit der *regionalen Herkunft* der Aussiedlerkindern und -jugendlichen zusammen. Entscheidend ist u.a., ob sie aus den Großstädten oder aus den ländlichen Gebieten kommen, denn besonders in vielen Schulen auf dem Lande ist das Bildungsniveau nach dem Zusammenbruch der Sowjetunion gesunken, was insbesondere mit mangelhafter Finanzierung zu tun hat. Die Situation in den ländlichen Gebieten war zu Sowjetzeiten durch die Abwanderung der jungen Leute in die Städte gekennzeichnet. Dementsprechend mangelt es nicht selten an ausgebildeten Lehrern in den Schulen auf dem Lande, was auch zum kompletten Ausfall von einigen Schulfächern führt. Städtische Schulen sind in diesem Sinne in einer besseren Situation. Der Schuldienst ist dort zwar keine besonders attraktive Arbeitsstelle, es mangelt aber kaum an Lehrern.

Schulische Eingliederung in Deutschland

Die Kinder und jugendlichen Aussiedler bekommen im bundesdeutschen Bildungssystem oft deutlich zu spüren, dass Ihre mitgebrachten *kulturellen Hintergründe*, die *Herkunftssprache*, sowie ihre Erfahrungen im *Schulsystem* keinen (großen) Wert haben. Dies schadet sicherlich nicht nur dem *Selbstwertgefühl* der Betroffenen, sondern auch Ihrer *Identitätsentwicklung*. Obwohl viele Kinder und Jugendliche unter Umständen bessere Kenntnisse in einzelnen Fächern mitbringen als ihre deutschen Mitschüler, beginnen viele von ihnen in dieser Situation an sich selbst zu zweifeln, was auch einen negativen Einfluss auf ihre *Lernmotivation* haben kann. Viele Aussiedlerjugendliche berichten, dass sie sich in den ersten Schuljahren in Deutschland insbesondere im Mathematik- und Physikunterricht sowie in Naturkunde gelangweilt haben, weil sie das lernen mussten, was sie schon aus der Schule im Herkunftsland wussten. An der Stelle sollte betont werden, dass die Aussiedlerjugendliche als „Seiteneinsteiger" ins bundesdeutsche Schulsystem kommen und aufgrund sprachlicher Probleme oft ein oder zwei Jahre zurückgestuft werden. Dies kann bei ihnen mit Minderwertigkeitsgefühlen und zusätzlicher Belastung verbunden sein. Der Altersunterschied scheint bei den Jugendlichen ziemlich groß zu sein, was Kontakte zu Mitschülern eher erschwert.

Heike Roll betont: „Viele Jugendliche – diejenigen ausgenommen, die aus Gebieten mit ethnischen Konflikten stammen – machen in Deutschland Ausgrenzungserfahrungen, die sie in den Herkunftsländern zumeist nicht erlebt haben" (Roll 1997, S. 47). Barbara Dietz merkt an, dass die jugendlichen Aussiedler im bundesdeutschen Alltag eine Atmosphäre vorfinden, in der sie sich von Mitschülern tendenziell isoliert und von den Lehrern wenig akzeptiert fühlen. Sie werden im Klassenverband häufig ignoriert und ein weitgehendes Interesse an ihrem Schicksal und ihren Herkunftsländern besteht nicht (vgl. Dietz 1996, S. 67).

Trotz der historischen und rechtlichen Besonderheiten der Aussiedler unterscheidet sich insbesondere die Situation der jungen Einwanderer aus diesen Ländern in vieler Hinsicht nicht wesentlich von der Situation anderer Migrantengruppen. Sie sind in einer anderen Kultur aufgewachsen, sprechen in den meisten Fällen kein oder nur sehr wenig Deutsch und ihre

Schul- und Berufsabschlüsse verlieren in Deutschland nicht selten ihren Wert (vgl. Strobl / Kühnel 2000, S. 40). Aber im Gegensatz zu anderen Kindern und Jugendlichen mit Migrationshintergrund sind Aussiedlerkinder und –jugendliche dem Druck ausgesetzt, sich rasch zu integrieren, weil sie die deutsche Staatsbürgerschaft besitzen und als „Deutsche" nach Deutschland gekommen sind. Dieser *Assimilationsdruck* ist im Falle der Aussiedler mit *Ausgrenzungserfahrungen* verbunden. Leonie Herwartz-Emden schreibt dazu: „Sie werden als fremde Deutsche ausgegrenzt und müssen diese Differenzerfahrungen zwischen ihrer ursprünglichen Selbstdefinition und dem hier erfahrenen Fremdbild dauerhaft verarbeiten" (Herwartz-Emden 1997, S.4). Wenn man sich an der Stelle fragt, ob die Ausgrenzungserfahrungen den Integrationswunsch der Aussiedler fördert, ist dies sicherlich zu bezweifeln.

Welche Folgen hat die dargestellte Situation für die Aussiedlerkinder und -jugendlichen? Vieles hängt gewiss von den persönlichen Eigenschaften eines Menschen ab. Die Eingewöhnungsphase ist nach Dauer und Intensität individuell mit unterschiedlichen äußeren und inneren Konflikten verbunden. Viele werden „gezwungen", sich eine mehr oder weniger negative Einstellung in Bezug auf das Herkunftsland anzueignen. Dies geschieht insbesondere unter dem Einfluss der *Medien* in Deutschland, die oft die Nachfolgestaaten der ehemaligen Sowjetunion negativ und klischeehaft darstellen. So werden positive Entwicklungen in den GUS-Ländern in den Medienberichten z.T. völlig beseite gelassen, was sicherlich zum Entstehen eines nicht realitätsentsprechenden negativen Bildes, zur Verfestigung der bestehenden Vorurteile auch bei den Bundesbürgern beiträgt, die meistens keinen direkten Kontakt zu den Ländern haben und das Bild des postsowjetischen Raums ausschließlich durch die Medien vermittelt bekommen. Die Einstellung zum Herkunftsland ist bei den erwachsenen Aussiedlern sicherlich auch eine Frage der *Rechtfertigung ihrer Ausreiseentscheidung*. Besonders bei auftretenden Integrationsschwierigkeiten in Deutschland kommt dies zur Geltung. Denn die Annahme, dass es möglicherweise doch besser gewesen wäre im Herkunftsland zu bleiben, kann u.U. zu Persönlichkeitskrisen und innerfamiliären Konflikten führen. In der Situation wirken negative Berichte über die Herkunftsländer wie ein lindernder Balsam auf die seelische Wunde.

Sprachliche Integration und Gebrauch der Herkunftssprache

Es wird den Schülern oft verboten, in der Schule in der Herkunftssprache (in der Regel – Russisch) zu kommunizieren. Nach Meinung der Lehrer störe es den Erwerb der deutschen Sprache: „Ihr seid hier in Deutschland, es wird also Deutsch gesprochen!". Der Gebrauch der russischen Sprache wird vielfach verpönt und oft als Beweis der Integrationsunwilligkeit angeführt. Wenn man sich jedoch gedanklich in die Situation der betroffenen Kindern und Jugendlichen versetzt, kann man wahrscheinlich nachvollziehen, dass man in der ersten Phase der Integration gelegentlich einen *Schonraum* braucht, indem man sich in die eigene Kultur zurückziehen und die Herkunftssprache sprechen kann, was das Gefühl von Sicherheit und Geborgenheit in der vertrauten Sprache und innerer Ruhe bringt. Dies stellt eine Kompensation im Integrationsprozess dar. Barbara Dietz schreibt dazu folgendes: „Wenn die „erste" Sprache der jungen Aussiedler, z.B. Russisch, im Unterricht oder in alltäglichen sozialen Beziehungen entwertet wird, hat dies fatale Folgen für ihr Selbstwertgefühl und ihre Integrationsbereitschaft" (Dietz 1996, S. 58).

Einerseits ist es offensichtlich, dass den Aussiedlerkindern und -jugendlichen ihre (mutter-) sprachlichen Kenntnisse in Wort und Schrift in deutschen Bildungseinrichtungen nichts nützen, sie können sich meist nur mit ihren Familien und anderen Landsleuten verständigen. Es ist aber aus Sicht der Kinder nachvollziehbar, schließlich bedeutete die Übersiedlung auch einen Wechsel des sprachlichen Umfeldes. Andererseits, wenn die Herkunftssprache als minderwertig herabgestuft und abgelehnt wird, bedeutet dies für die Kinder, die mit der Ausreise eine *Entwurzelung* und eine *Zerrissenheit* erlebt haben, einen *Bruch* in der Identitätsentwicklung, wobei die Wahrscheinlichkeit der problemlosen Bildung einer *positiven Identität* in bezug auf das Herkunfts- und Aufnahmeland durchaus in Frage gestellt werden kann.

Ausserdem betrachtet man normalerweise das Beherrschen einer weiteren Sprache nicht als einen Nachteil. Im Gegenteil, es bedeutet nicht nur eine persönliche Bereicherung, sondern auch eventuelle weitere Perspektiven in der künftigen beruflichen Laufbahn der zugewanderten Kindern und Jugendlichen. Auch durch das Zusammenwachsen in Europa gewinnt die *Mehrsprachigkeit* an Bedeutung. In diesem Sinne wäre es schon wichtig, diese besondere Situation der Aussiedlerkindern und -jugendlichen in der Schule zu berücksichtigen. Die Aussiedlerkinder und -jugendliche sollten ihre Situation mit den Vorteilen für sich selbst nutzen, wobei sie bestenfalls unterstützt und gefördert, aber nicht gestört und unterdrückt werden sollen.

Aus den *Gesprächen mit Aussiedlern* bekommt man interessante Informationen und Anregungen bezüglich deren Integrationserfahrungen, die einige *allgemeine Eingliederungsprobleme* der Migranten wiederspiegeln. Sprachliche Integration ist gewiss die Grundvoraussetzung für Schulerfolg, berufliche Chancen und damit für eine positive Lebensperspektive im Aufnahmeland. Wie Studien zur sprachlichen Integration von Migranten zeigen, wird die Herkunftssprache auch noch viele Jahre nach der Einreise gesprochen (insbesondere unter den Eltern innerhalb der Familie und anderen Vertretern der jeweiligen Migrantengruppe). In vielen Familien und in der Freizeit wird Deutsch nicht zu einem primären Kommunikationsmedium. Kossolapow ist der Meinung, dass die Aussiedler deswegen an der russischen Sprache festhalten, weil das Russische im Vergleich zum Deutschen eine viel breitere Palette an Ausdrucksmöglichkeiten für Gefühle und Gefühlsschattierungen bietet: „So kann z.B. fast jedem Wort durch unterschiedliche Prä- und Suffigierung eine bestimmte neue (verächtliche, liebevolle etc.) Bedeutungsnuance gegeben werden; oder unseren beschränkten Möglichkeiten, Verkleinerungsformen zu bilden, stehen Dutzende von Diminutivformen im Russischen gegenüber" (Kossolapow 1987, S. 144). Daher wird von Aussiedlern auch nach vielen Jahren in Deutschland immer wieder auf das Russische zurückgegriffen, besonders im emotionalen Bereich.

Der Gebrauch der Herkunftssprache in der Öffentlichkeit und ein Akzent, mit dem Deutsch gesprochen wird, sind bei vielen Aussiedlern mit *Stigmatisierungen* verbunden. So berichtet ein Seminarteilnehmer, selbst ein Aussiedler: „Gegen die Worte kann man sich wehren, gegen die Blicke –

nicht". Es geht dabei darum, dass man Deutsch mit einem osteuropäischen Akzent spricht und dabei von den anderen Menschen irgendwie besonders (negativ) angeschaut wird. Wobei man daran deutlich merkt, dass man nicht willkommen ist. Eine Seminarteilnehmerin (auch eine Aussiedlerin) betont: „Die Deutschen empfinden es als niedlich, wenn z.b. eine Französin oder Engländerin sich bemüht, Deutsch zu sprechen, auch wenn sie mit einem Akzent spricht und Fehler macht. Wenn Du aber mit einem russischen Akzent sprichst, liest Du oft eine ablehnende Reaktion in den Augen der Menschen ab".

Nach den Berichten der Aussiedler, weigern sich viele von ihnen, an öffentlichen Orten Russisch zu sprechen aus Bedenken, von den anderen merkwürdig angeschaut zu werden. Viele schweigen lieber, wenn sie von anderen Personen gehört werden könnten (in der Bahn z.B.), oder sprechen miteinander sehr leise, schließlich würde ihr russischer Akzent sie doch „verraten", wenn sie miteinander Deutsch reden. Andere Jugendliche reden absichtlich sehr laut Russisch miteinander, schließlich werden sie von den einheimischen Deutschen meistens als Russen (d.h. „Ausländer"), nicht als Deutsche gesehen. Strobl und Kühnel betonen: „Manche Aussiedler versuchen deshalb ihr Selbstbewusstsein durch die Akzentuierung ihrer (russischen) Herkunftskultur, die sie ihrer Ansicht nach hierzulande ungerechtfertigterweise unterdrücken, wenn gar nicht verleugnen müssen, zu steigern" (Strobl / Kühnel 2000, S. 130).

Diese Akzentuierung der „russischen Identität" ist ein Ausdruck und Ergebnis der *Diskrepanz* zwischen *Selbstbild* und *Fremdbild* der jugendlichen Aussiedler, die zu Identitätsproblemen führen kann. Diese Diskrepanz und Probleme der Selbstdefinition hatten wahrscheinlich das Entstehen der *Selbstbezeichnung* von Aussiedlern in Deutschland als „*Russak*" (männliche Form) und „*Russačka*" (weibliche Form), (abgeleitet von „Russe") zur Folge. Diese Selbstdefinition stellt eine künstlich entstandene Wortkonstruktion dar, die im Russischen bezüglich eines Menschen nicht verwendbar ist und die unter Aussiedlern in Deutschland mittlerweile sehr verbreitet ist. Also, nicht ein „Russe", nicht ein „Deutscher" oder ein „Russlanddeutscher", auch nicht ein „Aussiedler", sondern ein „Russak". Diese Selbstdefinition ist ohne Zweifel ein Zeichen gemeinsamer Herkunft, wahrscheinlich aber auch ein Zeichen einer besonderen (Migranten)Situation und der Entwicklung einer Mischidentität.

Fazit

Auf Grund der dargestellten Situation ist zu überlegen, wie die *Herkunftssprache* im deutschen Bildungssystem aufgewertet und institutionell ermöglicht werden könnte. Dies würde auch der Forderung nach dem Bemühen um den Erwerb der deutschen Sprache (nicht statt Russisch, sondern zusätzlich) einen berechtigten Nachdruck verleihen. Oswald Pannes führt dazu an: „Mit dem Nichtgebrauch des Russischen wird der Erwerb der deutschen Sprache kein bißchen erleichtert, sondern eher gebremst" (Pannes 1998, S. 1).

Was wäre noch für die erfolgreiche schulische Eingewöhnung der Aussiedlerkinder und -jugendlichen von Bedeutung? Wahrscheinlich wäre es für Lehrer, Pädagogen und Sozialarbeiter wichtig, sich über die Hintergründe der Aussiedler zu informieren, in den universitären Lehrveranstaltungen den Studierenden Informationsmaterialien über Aussiedler anzubieten und sich mit den Integrationsthemen auseinanderzusetzen. Leider wissen einheimische Fachkräfte nur wenig über die Geschichte und aktuelle Situation der Aussiedler. Mit der Sensibilisierung für das Thema wäre schon ein wichtiger Schritt getan. Dass die Aussiedlerkinder und -jugendliche „russisch" aufgewachsen und geprägt sind, sollte nicht als deren Nachteil betrachtet werden. Besonders in der nicht einfachen Phase der Eingewöhnung in Deutschland kann es für die Kinder und Jugendlichen aus Aussiedlerfamilien eine Wohltat sein, wenn sie mehr Zuneigung und Wertschätzung von bedeutsamen Erwachsenen (z.B. Lehrern, Sozialarbeitern) bekommen.

Die sozio-kulturellen Hintergründe der Aussiedlerkinder und -jugendlichen aus dem Herkunftsland sollten zu einer Grundlage des pädagogischen Handelns im Aufnahmeland werden. Die Arbeit mit den Aussiedlerkindern und –jugendlichen braucht eine *Anknüpfung an deren Biographie.* Es wäre sehr wichtig, wenn von Seiten der Aufnahmegesellschaft den sozio-kulturellen Hintergründen von Kindern und Jugendlichen aus Aussiedlerfamilien *Interesse, Beachtung* und *Wertschätzung* entgegengebracht würde, anstatt diese als wertlose Vergangenheit auslöschen und verdrängen zu wollen. Ein Austausch zwischen einheimischen Kindern und Jugendlichen, den Aussiedlern und anderen Migrantengruppen wäre wichtig, er könnte bei verschiedenen Anlässen organisiert und verwirklicht werden (z.B. kulturelle Veranstaltungen, Ausflüge). Ignorierung, Ausgrenzung und Nicht-Akzeptanz seitens der Aufnahmegesellschaft führen zwangsläufig zum Rückzug und zur Isolation der Aussiedler. Aber wenn sich die Kinder und Jugendlichen mit ihrer *Herkunft* als etwas *Wertvolles* und *Bedeutsames* angenommen fühlen, werden sie sich wahrscheinlich leichter für die Eingliederung in das neue Umfeld – den Weg in die neue Welt begeistern lassen, denn eine positive Einstellung zur eigenen Herkunft ist ein wichtiger Baustein im Prozess der Bildung einer positiven Identität. Somit besteht auch die Möglichkeit, dass die Kinder es positiv sehen und verwirklichen können, in zwei Welten, in zwei Kulturen zu Hause zu sein und sich wohl zu fühlen.

Literatur:
Currle, E.: Migration in Europa – Daten und Hintergründe. Stuttgart 2004.
Dietz, B.: Jugendliche Aussiedler. Ausreise, Aufnahme und Integration. Göttingen 1996.
Fricke, P.: „Integriert oder desintegriert?" Berufliche, schulische und sprachliche Situation jugendlicher Spätaussiedler, in: Forschungsinstitut der Friedrich-Ebert-Stiftung (Hg.), Deutsch sein und doch fremd sein. Lebenssituation und –perspektiven jugendlicher Aussiedler. Bonn 1998, S. 31 - 41.
Griese, H. M.: Migration als Erwachsenensozialisation. Ein begrifflich-theoretischer Rahmen zur Diskussion der Situation von Aussiedlern und Flüchtlingen an deutschen Hochschulen, in: Beratung und Förderung studierender Aussiedler und Flüchtlinge (Fachtagung der Otto Benecke Stiftung am 3. und 4. Juli 1986 in Bonn). Meckenheim 1986, S. 18 – 27.
Herwartz-Emden, L.: Erziehung und Sozialisation in Aussiedlerfamilien. Einwanderungskontext, familiäre Situation und elterliche Orientierung, in: Aus Politik und Zeitgeschichte. Beilage zur Wochenzeitung Das Parlament. B 7-8/97, 7. Februar 1997, S. 3 – 9.
Hofstede, G.: Lokales Denken, globales Handeln. Interkulurelle Zusammenarbeit und globales Management. München 2001 (2. Aufl.).

Kossolapow, L.: Aussiedler – Jugendliche. Ein Beitrag zur Integration Deutscher aus dem Osten. Weinheim 1987.

Pannes, O.: Sprachliche Integration jugendlicher Aussiedler, in: Forschungsinstitut der Friedrich-Ebert-Stiftung (sg.), Deutsch sein und doch fremd sein. Lebenssituation und – perspektiven jugendlicher Aussiedler. Bonn 1998, S. 65 - 73.

Rakhkochkine, A.: Neue Heimat – neue Zukunft. Eine soziologisch-pädagogische Studie über die Integration der Kinder der Aussiedler aus den GUS-Staaten, in: Aus Politik und Zeitgeschichte. Beilage zur Wochenzeitung „Das Parlament". B 7-8/97, 7. Februar 1997, S. 10 – 16.

Roll, H.: Deutsch sein und doch fremd sein – Jugendliche Aussiedler suchen ihre Identität, in: Forschungsinstitut der Friedrich-Ebert-Stiftung (Hg.), Identitätsstabilisierend oder konfliktfördernd? Ethnische Orientierungen in Jugendgruppen. Bonn 1997, S. 39 - 50.

Ruttner, E.: Vorschulpädagogik in Russland – Was können wir daraus für den Umgang mit Kindern aus Aussiedlerfamilien lernen? in: Deutsches Jugendinstitut e.V. (Hg.): Die mitgenommene Generation. Aussiedlerjugendliche – eine pädagogische Herausforderung für die Kriminalitätsprävention. München 2002, S. 81 - 110.

Strobl, R. / Kühnel, W.: Dazugehörig und ausgegrenzt. Analysen zu Integrationschancen junger Aussiedler. Weinheim und München 2000.

Rainer Schulte

„Transkulturalität" – auch jenseits des Bosporus?
Mit Exkursionen zu transkulturellen Erfahrungen?

In unserem Forschungsprojekt (vgl. Sievers in diesem Band) hatten wir große Schwierigkeiten, unsere Zielgruppe „Studierende mit dem Migrationshintergrund Türkei" statistisch eindeutig zu fassen. Da gab es

1. Deutsche Studierende mit deutschen Eltern (deutscher Pass)
2. Studierende mit türkischen Eltern (eingebürgert, deutscher Pass), die in Deutschland geboren und aufgewachsen sind und hier die Hochschulzugangsberechtigung gemacht haben
3. wie Fallgruppe 2, jedoch Hochschulzugangsberechtigung in der Türkei erworben
4. Studierende mit türkischem Pass, die sich nur für die Dauer des Studiums in Deutschland aufhalten
5. Studierende, die hier geboren und aufgewachsen sind, (noch) den Pass des Herkunftslandes (Türkei) haben und zum Zwecke der Hochschulzugangsberechtigung vorübergehend ins Ausland (Türkei) gezogen sind.
6. wie Fallgruppe 4 (also mit türkischem Pass), die jedoch die Hochschulzugangsberechtigung in Deutschland gemacht haben („Bildungsinländer")

Hier die Deutschen – dort die Türken! – das war passé!

Und so wenig wie wir hier *die* Türken identifizieren können, ja nicht einmal eine homogene Gruppe innerhalb der Population „Studierende mit Migrationshintergrund Türkei", so wenig fanden wir in der Türkei *die* türkische Kultur. Eigentlich klar, eigentlich selbstverständlich! Aber wenn die Gazetten oder sogar ein türkisch-stämmiger Regisseur über einen Ehrenkodexmord an einer jungen Frau berichten, dann sind wir nur allzu leicht geneigt zu sagen: "Na ja, typisch türkisch!". Diesen Kulturalisierungen sollte mit inszenierten Begegnungen im „Ursprungsland" entgegengearbeitet werden.

Naiver Exkursionsrealismus

1991 unternahm ich – eher durch einen Zufall veranlasst – meine erste Studienreise mit angehenden Schul- und Freizeitpädagogen der Universität Göttingen in die Türkei, ein damals für die Studierenden wie den Reiseleiter exotisches Land. Vor allem in dem für ein paar Tage besuchten anatolischen Dorf am Schwarzen Meer hatten wir den Eindruck, unverfälschte türkische Kultur zu erleben:

- Zum Essen saß unsere 12-köpfige Gruppe auf dicken Bodenteppichen der Gastgeber um zwei große Sofras (ca. 10 cm hohe runde Bodentische) herum, getrennt nach Frauen und Männern. Die bedienenden kopftuchtragenden Frauen, die wir immer wieder zum Mitessen an die Tische winkten, hielten sich im Hintergrund der Wohnküche auf.

- Die Zubereitung der Mahlzeiten hatte etwas Uriges an sich: Das zuzubereitende Huhn wurde aus dem Hühnerhof geholt, der Schwiegersohn brachte 3-4 große Fische, die er aus den Reusen des nahen Sakarya-Flusses geholt hatte. Die Großmutter war damit beschäftigt, den Mais aus den Kolben zu pulen und zu Mehl zu verarbeiten. Die Brote wurden anschließend im Steinofen auf dem Hof gebacken ...

Wir waren fasziniert. Wir hatten den Eindruck, endlich den türkischen Jugendlichen, die nachmittags die Hausaufgabenhilfe beim DPWV in Northeim besuchten, etwas näher gekommen zu sein. Plötzlich „verstanden" wir sie und ihren „Kulturschock". Das „Leben zwischen zwei Welten" (Stienen) oder „Auf allen Stühlen" (Otyakmaz) waren unsere focussierenden Brillen, noch nicht „Der dritte Stuhl" (Badawia). Die Exkursion stand ganz im Zeichen des Verstehenwollens, um den türkisch-stämmigen Jugendlichen in Deutschland bei der Suche nach der „kulturellen Identität" zu helfen. Wir waren auf der Suche nach den Ursprüngen, nach „der Kultur" unseres Klientels.

Phase der „Läuterungen"

Zwei Jahre später eine zweite Gruppe im gleichen Dorf beim gleichen Gastgeber:

- Vom Steinofen auf dem Hof waren nur noch Lehmteile vorhanden. Er war ersetzt worden durch einen Propangasofen in der Wohnküche.

- Das Hühnerpicnic, zu dem wir eingeladen wurden, fand neben einer der inzwischen zahlreich entstandenen „Hühnerfabriken" statt.
- Niemand setzte sich zum Essen mehr auf den Zimmerboden. Es gab jetzt „richtige" Tische.
- Die Brote wurden im Dorfladen auf der anderen Straßenseite gekauft.

Der in Deutschland arbeitende Schwiegersohn hatte „Kultur" mitgebracht. Unsere Enttäuschung war groß. Unser Bild von der „türkischen Kultur" (besser: von „unserer türkischen Kultur") begann zu wanken. Ein neuerlicher Versuch, mit Hilfe des Besuchs in einem Dorf im Taurusgebirge, unser Bild zu retten, schlug fehl: auf die wenige Tage vor unserer Ankunft gelegten Wasserleitungen im Dorf warteten schon seit Monaten die elektrischen Waschmaschinen in den Häusern der Bewohner. Der Apfel der Erkenntnis war gegessen. Wir mussten uns mit unseren Bildern von „der anderen Kultur" auseinandersetzen:

- Wir mussten lernen, dass wir mit festen Stereotypen ins Dorf gekommen sind und nur gesehen haben, was wir sehen wollten. Wir haben z. B. nicht wahrgenommen, dass im Dorf eine ganze Reihe von „Almanci" (Deutschländer) wohnten, die längst Anstöße zu Veränderungen mitgebracht haben. Sie wurden von uns als „nicht richtige Türken" ausgesondert, um unser Bild von „der türkischen Kultur" erhalten zu können. So konnten wir (Deutschen) an unserer Identität durch die Projektion von imaginärer Andersheit der Anderen festhalten. Wir sahen nur die kulturelle Differenz, nicht die Gemeinsamkeiten, nicht die Individuen im Dorf, die sehr unterschiedlich waren. „Die Türken" waren für uns – kulturbedingt – anders.
- Ja wir mussten auch lernen, dass es sich dabei vielleicht sogar um ein „Genießen durch den Anderen" (Bronfen 1997, S.16) handelte, was nicht nur eine Faszination bei uns bewirkte, sondern dass der Andere auch „zum Träger meines „Genießens" wird. Eine nicht nur virtuelle Reise in die Exotik.
- Wir mussten lernen, dass – auch in der Türkei – die ursprüngliche und authentische türkische Kultur imaginiert ist. Auch im Mutterland gibt es unterschiedliche Konstruktionen von Authenzität (vgl. Erel, S.39).

- Wir mussten lernen, dass es uns bei unseren Besuchen – trotz gegenteiliger Beteuerungen ! – um Abgrenzungen (vgl. Kelek, FAZ vom 27.2.05) ging nach dem Motto: hier die Europäer/Deutschen – dort die Türken; hier die VertreterInnen des Fortschritts – dort diejenigen mit dem Nachholbedarf.
- Wir mussten lernen, dass wir uns damit am Rande des Rassismus bewegten. Eine indonesische Teilnehmerin rief immer wieder: „Wie bei meiner Oma früher!", so dass dieser Ausspruch zu einem geflügelten Wort für die ExkursionsteilnehmerInnen wurde: die „türkische Kultur" als eine „zurückgebliebene Kultur", als eine „vormoderne Kultur". Dahinter stand die „Vorstellung der Geschichte als Fortschrittspyramide" (Larcher, S. 200), deren Gipfel die weißen Europäer schon besetzt hatten.

Phase der Erkenntnis: Eurozentrismus

Stichwort: „Heimlicher Eurozentrismus" am Beispiel einer Hochzeit im anatolischen Dorf: Hochzeiten im Dorf sind ein aufwendiges und kostspieliges Unternehmen. Um dem zu entgehen, werden die Bräute häufig von den zukünftigen Ehemännern bzw. dessen Freunden geraubt – wobei die Väter der Bräute – nach außen wutschnaubend und mit Totschlag drohend – die Ehre der Familie zu retten versuchen.

Bei den Diskussionen mit den Familien mussten wir erkennen, dass unsere Argumente um mögliche kostensenkende Maßnahmen einem völlig anderen Denken entsprangen, bei dem ein rationales Abwägen von augenblicklichem Glück und langfristigem Kostenaufwand für die Familie im Vordergrund standen. Individuum, Selbstverwirklichung, langfristiges persönliches Glück waren Begriffe und Werte, die bei den Menschen im Dorf auf Unverständnis stießen, wir diese aber als die vernünftigeren ansahen und ihnen aufherrschen wollten.

Schnell näherten wir uns in unseren internen Diskussionen jenen Positionen, die in den multikulturellen Debatten unter „Kulturrelativismus" liefen: „Anerkennung der Verschiedenheit und Gleichwertigkeit der Kulturen" (vgl. z.B. Gogolin, 1995, S.92f.). Achselzuckend sahen wir den langfristigen Glücksgewinn der Eheleute dem augenblicklichen Glück der Braut durch eine hohe Verschuldung der Familie geopfert. „Die Türkei ist anders" (Kramer, 2004, S.9) Aber waren wir damit nicht wieder am Anfang unserer Diskussionen? „Hier wir – die dort" – nicht zu überwindende Gräben? ...

Die Frage nach der Toleranz trat in den Vordergrund der Diskussion: Welche Form von Toleranz meinen wir? Die resignative, die gleichgültige, die Offenheit demonstrierende oder die euphorisch bejahende Toleranz (vgl. Walzer, 2000, S.215f.)? Aber auf welche Form von Toleranz wir uns auch als „angemessen" einigten, es blieb Toleranz. Der zunächst schnell geäußerten abstrakten Forderung, anderen Kulturen gegenüber „tolerant" sein zu müssen, wich die Ernüchterung, als die Konsequenzen mit konkreten Inhalten gefüllt wurden:

• Können wir Vorstellungen von Ehre der Familie mit den sich daraus ergebenden Heiratsvorstellungen bis hin zur Zwangsheirat und ggf. Folgen für „Abweichlerinnen" tolerieren – wie sie neuerdings von einer Türkin aufs Korn genommen werden (Necla Kelek (2004) und damit der multikulturellen Gesellschaft eine Absage erteilen? (vgl. auch Griese 2002, S.175ff.)

• Können wir tolerieren, wenn 12-/13-jährige Mädchen eines Tages mit Kopftuch in die Schule kommen, am Biologieunterricht bedingt, am Sport- und Schwimmunterricht gar nicht mehr teilnehmen und auch bei Klassenfahrten, die der Verbesserung der sozialen Kompetenz der SchülerInnen dienen, nicht mitmachen – weil die Väter, Brüder, die Familie, sie selbst es so wollen? (vgl. Galeotti 2000, S. 231ff.; Göztepe 2004, S.32ff.; Göle 1995, Badinter 1992 usw.)

• Können wir tolerieren, dass die Menschenrechte als „abendländisch-westlichen Interessen dienend" deklariert und damit abqualifiziert werden? Wie tolerant sind die Menschenrechte? Sind sie tatsächlich „allgemeingültig" oder entstammen sie nicht auch einer bestimmten Zeit und der abendländisch – aufklärerischen Kultur? Welsch hat sich in einem Zeitungsbeitrag 1996 für eine pragmatische und situationsbezogene Universalisierung ausgesprochen (vgl. Welsch 1996).

Fazit

Als vorläufiges Fazit unserer Diskussionen war festzuhalten: Hinter all unseren Diskussionen stand immer noch der Gedanke einer relativ stabilen türkischen und – vielleicht weniger stabilen – deutschen bzw. europäischen Kultur. Ja der Begriff der „Kultur" war es, der schon nahe legte, dass da etwas Festes, etwas Abgeschlossenes, fest Abgrenzbares vorliegt. Immer wieder aus dem Blick gerieten die vielen Veränderungen in „der türkischen Gesellschaft", die vielen Unterschiede zwischen den Regionen, zwischen den einzelnen Türken. Aber: es gibt viel Nebeneinander, Miteinander und auch Durcheinander: Jede „Kultur ist hybrid", meint Bronfen. Oder Welsch: „Authenzität ist zum Bestandteil der Folklore geworden" (1995, S. 158).

Hybridität, Transkulturalität, Cross-culture waren Begriffe, die unseren Blickwinkel auf den weiteren Exkursionen verändern sollten. Die Auseinandersetzung um diese Begriffe öffnete uns den Blick für die Wahrnehmung von Phänomenen, die wir bisher evtl. als „nicht echt türkisch" abgetan hätten.

Was bedeutet transkulturell?

Welsch, wenn schon nicht der Vater des Begriffs „Transkulturalität" (vgl. Welsch 1994, S. 148), so doch der „Ziehvater", weist auf die Gefahren bei der Benutzung des traditionellen Kulturbegriffs hin – wie es viele andere auch schon getan haben. Er warnt vor den Gefahren eines „kulturellen Rassismus" und sieht die politische Brisanz in den mit der „kulturellen Identität" verbundenen „neuen Nationalismen". Angesichts dieser Gefahren spricht er sich dafür aus, in den jeweiligen Kulturen das „Transkulturelle" zu entdecken, wobei er unterscheidet zwischen „Monadisierung", „Lebensformen" und „Cross-culture" (S. 157ff.). Andere Autoren sprechen von „hybriden Kulturen", „kulturellen Mischformen", „transnationalen Identitäten" (vgl. z.B. Erel, 2004, S. 35ff.). Etliche Autoren bzw. Autorinnen brechen diese Begriffe bzw. Erscheinungen inzwischen auf Teil- bzw. Subkulturen runter (z.B. Bronfen 1997, S.14f.).

So haben auch die folgenden auf Exkursionen in Anatolien beobachteten Phänomene die Funktion, weitere Beispiele für die „Hybridität" in kleineren sozialen Einheiten, in Lebensformen, in Subkulturen aufzuspüren.

- **Jugendliche Rollerblader in Adapazari**
  Auch in den größeren Städten der Türkei gab es keine Jugendhäuser, Jugendfreizeitheime, Jugendtreffs. Es gab ja auch keine Jugend – obwohl die Altersgruppe der 0 – 14-Jährigen in der Türkei knapp 40% der Gesamtbevölkerung ausmacht (vgl. z.B. Akkaya 1998, S. 206). Die 14 – 18-Jährigen, bei uns: „die Jugendlichen", teilten sich in zwei Gruppen: entweder waren sie Schüler an den verschiedenen Arten von Gymnasien. Dann nahmen sie an 2-3 Nachmittagen in der Woche am Paukunterricht für die Aufnahme an Universitäten teil und haben entsprechend wenig Frei-Zeit. Oder sie sind Lehrlinge bzw. Arbeiter, deren Arbeitszeit je nach Auftragslage ohnehin bis in den Abend hinein dauert. Jugendliche mit Freizeit und eventuellen Frei-Zeit-Problemen fanden wir nicht.

Um so überraschter waren wir, als wir auf einer der letzten Exkursionen in der Mittelstadt Adapazari eine Gruppe jugendlicher Skater/Rollerblader auf dem Platz vor dem Rathaus fanden. Televisionär bedingte Vereinheitlichung der Jugendkultur? Bei genauerem Hinsehen fiel uns auf, dass diese Jugendlichen (Mädchen wie Jungen!) nicht einzeln ihre Kunststücke vor dem jugendlichen und erwachsenen Publikum vorführten und um Anerkennung buhlten, wie uns das aus westdeutschen Klein- und Mittelstädten bekannt ist, sondern eher den Spaß an der gemeinsamen Bewegung zu haben schienen. Zu zweit oder in kleinen Gruppen gingen sie dem Sport nach.

Hier schienen sich Mischformen jugendlicher Freizeitkultur zu entwickeln, die einerseits Rückgriff nahmen auf Sportangebote, die sie aus dem Fernsehen entnahmen, andererseits diese Sportart aber mit ihren traditionellen Interaktionsformen verbanden. Handelt es sich hier vielleicht um neue subkulturelle Lebensformen (vgl. Welsch, 1995, S.157f.)?
Überhaupt ist ja mit Begriff von Jugend – im westlichen Sinne – das Bricolieren mit verschiedenen Stilelementen, das Experimentieren mit der Frage „Wer bin ich? Wer will ich sein?" verbunden.

Weitere Beispiele:

- **Begrüßungsrituale Jugendlicher**

  Das traditionelle Begrüßungsritual von Männern in der Öffentlichkeit –
  obwohl von Atatürk offiziell abgeschafft und von der gebildeten Schicht in
  der Türkei abgelehnt – ist, jeweils die rechte und die linke Wange des Anderen mit der eigenen Wange zu berühren. Die Jugendlichen wollen darauf
  nicht ganz verzichten, wollen aber auch nicht das kühle „Hi" ggf. mit
  Handgeben aus dem Westen übernehmen. Sie machen daraus: ein Handgeben in Brusthöhe bei gleichzeitigem kurzem „Andocken" der rechten wie
  der linken Stirnhälfte. Weder eine „türkische" noch eine westliche Form
  der Begrüßung!

- **Kopftuchtragen junger Frauen**

  Die Kopftücher der Frauen in der Türkei sind sehr unterschiedlich, je
  nachdem ob sie vom Land, ob sie aus dem Osten kommen und ggf. alewit-
  tischer Religion angehören oder ob sie aus der Schwarzmeerregion kommen, je nach Alter der Frauen und ihrer religiösen Orientierung. In Schulen, Universitäten und anderen öffentlichen Gebäuden ist es den Frauen in
  der Türkei verboten, Kopftücher zu tragen. Atatürks Bestreben war es, traditionelle Kopfbedeckungen wie Fez und Kopftuch durch „moderne" westliche zu ersetzen. Dem schließt sich die derzeitige türkische Regierung an.

  Viele junge Frauen, die nicht auf das Kopftuch verzichten wollten, haben
  ihren ganzen Habitus total geändert: mit ihrem langen, pastellfarbenen
  Umhang (Sarsaf), einem dazu passenden seidenen Tuch für den Kopf, das
  geschickt geschwungen ist und nur das dezent geschminkte Gesicht der
  Trägerin erkennen lässt, haben sie eine modische Kreation geschaffen, der
  in den westlichen Modesalons als „Orient-look" gilt, von den traditionellen
  Orientalen aber als „West-Look" abgelehnt wird.

- **... Türkischer Pop – „Türkisches Entertainment"**

  Es gibt wohl kein Medium, das mehr von bricolage lebt und dadurch
  ständig Neues kreiert als der Pop. Ähnlich wie bei der Mode haben sich

hier verschiedene Varianten des Pop mit „türkischer" Melodisierung, Sprache, Atmosphäre zu einer neuen Spielart, dem „türk pop" verbunden. So wie El-Tayeb in ihrem Beitrag (2004, S. 95ff.) gezeigt hat, dass bei der Gruppe Kanak-Attak „das Nicht-Festlegen auf klare Begrenzungen und ethnische Kategorisierung bei gleichzeitiger Referenz auf gemeinsame Erfahrungen der Ausgrenzung, mit all seinen Schwierigkeiten, Programm ist" (S.97), so ließe sich auch bei vielen Popmusikern in der Türkei fragen, ob sie mit einer *ethnischen* Zuordnung *ihres Stils* einverstanden wären. Wohl kaum! (vgl. auch Bronfen, S.15)

Bei all diesen in der Entwicklung und Veränderung begriffenen kulturellen Äußerungen spielen die globalisierten Medien eine große Rolle. Alles ist ständig verfügbar, es gibt keinen Winkel in der Welt, der nicht prinzipiell einsehbar ist.

Daneben gibt es aber auch Beispiele für *Kolonialisierungsversuche* der Kultur. Das folgende Beispiel dient weniger der Veranschaulichung einer neuen kulturellen Schöpfung durch das Aufeinandertreffen zweier Kulturen, sondern zeigt eher, dass es bei bestimmten hegemonialen gesellschaftlichen Zuständen eher zum Überstülpen bestimmter Teilkulturen bzw. zu einer Art Zwangsassimilationen kommt.

• **Management-Training in einem Zementwerk der Türkei**

Bei einem Besuch im Zementwerk in Bolu kamen wir mit dem mit einer Türkin verheirateten niederländischen Personalberater Eric D. ins Gespräch. Er war Angestellter einer Beratungsfirma in Istanbul und betrieb die berufliche Weiterbildung in allen Betrieben des staatlichen Zementmonopols. Er berichtete von den Schwierigkeiten, im türkischen mittleren Management des staatlichen Zementmonopols „europäische Zeitstandards" einzuführen. Er berichtete stolz, dass er die wöchentlichen Besprechungen in der Managementebene in Izmir und Istanbul bereits auf 10 Minuten reduzieren konnte. In Adana allerdings sei das aufgrund der üblichen „Tee-Trink-Zeremonien" noch nicht gelungen.

Soweit unsere Beobachtungen von augenblicklichen Phänomenen, die ggf. als Anfänge von neuen Lebensformen oder auch Transkulturalität interpretiert werden können.

Was ist aber mit *historischen* Phänomenen? Um ein politisch brisantes Thema aufzugreifen: Wie steht es um die Authenzität der „Ehre der Frau" bzw. die „Ehre der Familie" in der türkischen Gesellschaft? Wenn Bhabbas Theorie stimmt, derzufolge „wir doch alle irgendwie hybrid sind (R.Sch.)", wir nur „unterschiedliche Machtpositionen und Ressoursen (haben), um unsere Hybridität anzuerkennen oder zu verschleiern und als kulturelle ‚Reinheit' zu normalisieren" (nach Erel, S. 41), dann ist zu fragen: Wer hatte ein Interesse und die Macht, die „Ehre der Familie" an die Ehre der Frau, nicht an die des Mannes zu knüpfen? Auch die „Ehre der Frau" ist kein Naturprodukt!

Konsequenzen für reflektiertere Begegnungen mit vermeintlichen Ursprungskulturen

Zu all diesen Fragen wären wir wohl nicht gekommen, wenn wir uns nicht auf den Weg zur – jetzt können wir sagen: vermeintlichen – authentischen türkischen Kultur gemacht hätten.

Als Konsequenz aus diesen sich über Jahre erstreckenden Studienfahrten würde ich ziehen: diese im Zeitraffersystem zusammenschnurren zu lassen, um angehenden Pädagogen und Pädagoginnen ihre Beschränkung ihrer Wahrnehmung vor Augen zu führen, d.h. Exkursionen so zu inszenieren, dass die TeilnehmerInnen schrittweise zu folgenden Erkenntnissen kommen:

1. Aufspüren „der vermeintlichen türkischen Kultur" und erkennen, dass es viele Formen kultureller Äußerungen in der Türkei gibt. Und dass es eine Frage der Definitionsmacht ist, welche kulturelle Äußerung als „authentisch" durchgesetzt wird.

2. Über Vergleiche mit europäischen und deutschen Kulturen zu einer Relativierung von Höher- bzw. Geringwertigkeit zu kommen, wobei bestimmte historisch-kulturelle verankerte Kulturstandards (z.B. „Menschenrechte") nicht mehr hintergehbar sind.

3. Transkulturelle Effekte in verschiedenen Bereichen des gesellschaftlichen Lebens in der Türkei nachzuspüren, sie als normal anzusehen und anzuerkennen – auch im europäischen Rahmen.

Das ist meines Erachtens eine gute Vorübung, um – auch unterschwelligen, meist nicht bewussten – rassistischen Einstellungen und Handlungen gegenüber Angehörigen anderer Ethnien in unserem Lande vorzubeugen. Denn: „Der in der Lebenswelt herrschende Diskurs – und zwar der im Alltag, am Arbeitsplatz (...) – reproduziert, verfestigt, produziert und/oder radikalisiert schwarz-weißmalende Weltbilder und dichotomisierende Weltdeutungen mit klaren Feindbildern", so Larcher (1994, S. 195).

Dann kann eine solche Veranstaltung nicht mehr heißen: „Durch die fremde Kultur zur eigenen Kultur", sondern eher (etwas pathetisch): „Auf dem Weg über die ‚fremde Kultur' und die ‚eigene Kultur' zum Erkennen der Hybridität der Kulturen". Sehen und Lernen ist allenthalben Konstruktion von Wirklichkeit (vgl. Siebert, 2003).

Literatur.

Akkaya, C. u.a.: Länderbericht Türkei. Darmstadt 1998

Badawia, T.: „Der Dritte Stuhl" – Eine Grounded Theorie-Studie zum kreativen Umgang bildungserfolgreicher Immigrantenjugendlicher mit kultureller Differenz. Ffm 2002

Badinter, E.: Schleier gegen Menschenrechte. In: Schwarzer, A. (Hg.): Krieg. Was Männerwahn anrichtet ... Ffm 1992, S. 155ff.

Bronfen, E. / Marius, B. / Steffen, Th. (Hg.): Hybride Kulturen. Beiträge zur anglo-amerikanischen Multikulturalismusdebatte. Tübingen 1997

Bronfen, E.: Hybride Kulturen. Einleitung. In: Bronfen u.a. a.a.O.

El-Tayeb, F.: Kanak Atak! Hiphop und (Anti-)Identitätsmodelle der „Zweiten Generation". Sökefeld, M. (Hg.): a.a.O.

Erel, U: Paradigmen kultureller Differenz und Hybridität. In: Sökefeld, M. a.a.O.

Forst, R. (Hg.): Toleranz. Philosophische Grundlagen und gesellschaftliche Praxis einer umstrittenen Tugend. Ffm/New York 2000

Galeotti, A. E.: Zu einer Neubegründung liberaler Toleranz. Eine Analyse der < Affaire du foulard>. In : Forst, R. (Hg.): a.a.O.

Göztepe, E.: Die Kopftuchdebatte in der Türkei. Eine kritische Bestandsaufnahme für die deutsche Diskussion. In Aus Politik und Zeitgeschichte (B 33-34/2004)

Gogolin, I. / Krüger-Pongratz, M. (Hg.): Pluralität und Bildung. Opladen 1998

Göle, N.: Republik und Schleier. Die muslimische Frau in der modernen Türkei. Ffm 1993

Griese, H.: Wo liegen die Grenzen der Integrationsfähigkeit der deutschen Gesellschaft? Über Sinn, Unsinn und die Beantwortung aktueller Fragestellungen. In: Ders.:

Kritik der „Interkulturellen Pädagogik". Essays gegen Kulturalismus, Ethnisierung, Entpolitisierung und einen latenten Rassismus. Münster/Hamburg/London 2002

Kelek, N.: Die fremde Braut – Ein Bericht aus dem Inneren des türkischen Lebens in Deutschland. Köln 2004

Kramer, H.: Die Türkei: EU-kompatibel oder nicht? Materialien zur politischen Bildung (Niedersächsische Landeszentrale für politische Bildung) Hannover 2003

Larcher, D.: Minimundus Periculosus. Die Einübung von Ethnozentrismus, Nationalismus, Eurozentrismus und Rassismus im ganz alltäglichen Leben. In: Luger, K./Ranger, R. (Hg.): a.a.O.

Luger, K./Renger, R. (Hg.): Dialog der Kulturen. Die multikulturelle Gesellschaft und die Medien. Wien 1994

Otyakmaz, B. Ö.: Auf allen Stühlen. Das Selbstverständnis junger türkischer Migrantinnen in Deutschland. Köln 1995

Siebert, H.: Pädagogischer Konstruktivismus. Lernen als Konstruktion von Wirklichkeit. Neuwied 2003

Sievers, I: Eine transkulturelle Perspektive in der Migrationsforschung. In diesem Band.

Sökefeld, M. (Hg.): Jenseits des Paradigmas kultureller Differenz. Neue Perspektiven auf Einwanderer aus der Türkei. Bielefeld 2004

Soysal, L.: Diversität der Erfahrung, Erfahrung von Diversität. Jugendkultur türkischer Migranten in Berlin. In: Sökefeld, M.: (Hg.): a.a.O.

Stienen, I.: Leben zwischen zwei Welten. Türkische Frauen in Deutschland. Weinheim 1994

Walzer, M.: Staatsordnung und Toleranz in der multikulturellen Welt. In: Forst, R. (Hg.): a.a.O.

Welsch, W.: Eurozentrismus oder Universalität? Über die Menschenrechte und die Gefahr einer rechtstheoretischen Kolonialisierung. In: Frankfurter Rundschau v. 3.09.1996

Welsch, W.: Transkulturalität. Lebensformen nach der Auflösung der Kulturen. In: Luger, K. / Ranger, R. (Hg.): Dialog der Kulturen. Die multikulturelle Gesellschaft und die Medien. Wien 1994.

Isabel Marie Sievers

Eine transkulturelle Perspektive in der Migrationsforschung - Soziokulturelle Kompetenzen

Vorbemerkung

Der Beitrag präsentiert ausgewählte Ergebnisse eines deutsch-türkischen Forschungsprojektes[18] über soziokulturelle Kompetenzen Studierender mit dem Migrationshintergrund Türkei[19] in Deutschland. Dabei steht nicht – wie bisher üblich in der Ausländer-/ Migrationsforschung – die Erforschung von *Sozialisationsdefiziten* oder *Problemen* im Mittelpunkt. Vielmehr wird der Frage nachgegangen, wie sich bei denen, die das deutsche Bildungssystem erfolgreich durchlaufen haben, bestimmte *soziokulturelle* Kompetenzen entwickelt haben, die das Zusammenleben in einer transkulturell geprägten Gesellschaft erleichtern.

Vom veränderten Blick auf ‚die Migranten'

Spätestens seit der Veröffentlichung der ersten PISA-Studie 2001 sind Kinder und Jugendliche mit Migrationshintergrund, vor allem Angehörige der türkischen Ethnie, erneut ins Blickfeld der öffentlich-politischen Bildungsdebatte geraten: Ein großer Teil der konstatierten ca. 25 % *Risikokinder* hat einschlägige Migrationserfahrungen (vgl. Deutsches PISA-Konsortium 2001). Mangelnde Bildungschancen und wenig qualifizierende Schulabschlüsse werden als Indikatoren für fehlgelaufene strukturell-gesellschaftliche und biographisch-individuelle Integration betrachtet. Sie spiegeln das wider, was in der sozial- und erziehungswissenschaftlichen Auseinandersetzung über die Folgen der Migration und Integration in den

---

[18] Es handelt sich bei dem Beitrag um eine Vorab-Verschriftlichung des Zwischenberichtes zum Forschungsprojekt „Soziokulturelle Kompetenzen Studierender mit Migrationshintergrund Türkei". Federführung des ausführlichen Zwischenberichtes: Prof. Dr. Hartmut Griese, AOR Rainer Schulte, Dipl. Päd. Isabel Marie Sievers. Unter Mitarbeit von Prof. Dr. Emel Ültanir, Prof. Dr. Gürcan Ültanir, Dr. Mehmet Canbulat.

[19] Es wurde bewusst auf die Formulierung „mit türkischen Migrationshintergrund" verzichtet, um kurdische Minderheiten nicht auszugrenzen.

letzten 30 - 40 Jahren immer wieder festgestellt wurde. Beck-Gernsheim schreibt von den ‚klassischen Bildern der Migrantenkinder': Es ist die Rede vom „tragischen Mischling" (2004, S. 77), dem „Außenseiter und Randexistenz" (ebd., S. 78) oder „dem armen Ausländerkind" (ebd., S. 80). Diese Perspektive, die sich bis in die 70er Jahre zurückführen lässt (das arme „Gastarbeiterkind"), wurde in der Pädagogik im Zusammenhang mit der Ausländerpädagogik als die Defizithypothese beschrieben. Durch den Paradigmenwechsel von der Ausländerpädagogik zur Interkulturellen Pädagogik fand ein Wandel von der Defizithypothese zur Differenzhypothese statt (Essinger/ Ucar 1984 sowie Borelli 1986). In den 90er Jahren und um die Jahrhundertwende kam es wiederum zu Ansätzen der Modifikation, Ausdifferenzierung und Überwindung des interkulturellen Ansatzes (Radtke 1992; Schweitzer 1994; Hamburger 1995; Diehm/Radtke 1999; Gomolla/Radtke 2002; Griese 2002; siehe auch den Beitrag von Griese in diesem Band).

Lässt man die Entwicklung der Themen und Inhalte der Sozial- und Erziehungswissenschaften Revue passieren, so kommt man zu der Erkenntnis, dass trotz aller Kritik, Modifikationen und pädagogischen Fortschritte der *pädagogisch-caritativ-helfende* Blick auf Defizite der Migranten überwiegt. In der Öffentlichkeit, den Medien und großen Teilen der Forschung ist noch immer das Bild des Problemkindes vorherrschend. Es wurde und wird, vor allem medial-politisch, z.B. durch bewusst selektive Auswahl wissenschaftlicher Erkenntnisse, ein Negativbild vom „Ausländer", „Asylanten" oder „Fremden" gezeichnet, der entweder der pädagogischen Hilfe bedarf oder als Problem (Kostenträger, arbeitslos, ungebildet, ohne Schul- und Berufsabschluss) und Gefahr (kriminell, Islamismus) definiert wird. Diese negative Stereotypenbildung prägt nach wie vor das Bild vom Fremden in unserer Gesellschaft und wird jederzeit politisch-ideologisch z.B. in Wahlkämpfen aktualisiert (vgl. hierzu auch Datta 2001a). Beck-Gernsheim gibt dazu eine mögliche Erklärung: Diejenigen, „die aus Migrantenfamilien oder aus binationalen Verbindungen stammen, ... sind für den mononationalen, monokulturellen Blick eine Irritation, weil sie sich den gewohnten Ordnungskategorien nicht einfügen lassen" (2004, S. 75).

Gegenwärtig finden erste Schritte zu einem Perspektivwechsel in der Migrationsforschung statt, beispielsweise in Versuchen zur Überwindung der Defizit- und Problemfokussierung („Der Dritte Stuhl", „Third Culture Kids") und in der Loslösung der Fixierung auf Kultur, als etwas Statisches. In einem Zeitalter moderner Kulturen ist eine Unterteilung in eigene und fremde Kultur nicht mehr klar möglich. Um die innere Differenziertheit und Komplexität moderner Kulturen zu erfassen, entwirft Welsch das Konzept der *Transkulturalität* (Welsch 1995). Transkulturalität bezeichnet den Umstand, dass alle heutigen Verhältnisse (oder Teilbereiche davon, a.d.V.) in einem positiven Sinn durch Mischung und Durchdringung gekennzeichnet sind. Moderne Kulturen sind demnach durch eine Vielzahl unterschiedlicher Lebensstile geprägt, sie sind miteinander verflochten und durchdringen einander. Die Lebensformen enden nicht mehr an den Grenzen der Nationalkulturen, sondern überschreiten diese und finden sich ebenso in anderen Kulturen. Diese *andere* Perspektive findet Einzug in die sozial- und erziehungswissenschaftliche Diskussion (wie der vorliegende Sammelband dokumentiert) und prägt verschiedene Bereiche der Forschungslandschaft. Auch das hier präsentierten Forschungsprojekt wendet sich von der bisher eher starren und defizitorientierten Forschung ab und versucht durch innovative und alternative Erkenntnisinteressen eine stärker transkulturelle, grenzüberschreitende Forschungsperspektive einzunehmen.

Ein deutsch-türkisches Forschungsprojekt

Das Forschungsprojekt wurde im Sommer 2003 gestartet, voraussichtliches Ende ist der Herbst 2005. Die Forschergruppe besteht aus je drei Personen aus Bolu/ Mersin in der Türkei und Hannover[20], um eine gleichberechtigte Gewichtung der binationalen Anteile im Forschungsprozess zu gewährleisten.

Anlass für die Arbeit in dem binationalen Forschungsprojekt war ein seit 2001 bestehender Kooperationsvertrag zwischen dem Fachbereich Erziehungswissenschaften der Universität Bolu und dem Fachbereich Erzie-

---

[20] Mitglieder der Forschungsgruppe sind auf türkischer Seite: Prof. Dr. Emel Ültanir, Prof. Dr. Gürcan Ültanir, Dr. Mehmet Canbulat; auf deutscher Seite: Prof. Dr. Hartmut Griese, AOR Rainer Schulte, Dipl. Päd. Isabel Marie Sievers.

hungswissenschaften der Universität Hannover. Durch einen intensiven Austausch über die Lebenssituation türkischer Migranten in Deutschland im Rahmen von Exkursionen und Forschungsaufenthalten entstand die Idee zur gemeinsamen Forschungsarbeit. Zentrales Anliegen ist die Abwendung von einem mononationalen, monokulturellen, meist deutschen Blick auf die Gruppe der türkischen Migranten. Diese Forschungsperspektive soll es ermöglichen, Phänomene und Sachverhalte ganzheitlich wahrzunehmen. Durch die Arbeit in einer binationale Forschungsgruppe wird im Gegensatz zu den bisherigen Forschungsansätzen eine transkulturelle Perspektive möglich, die den Blick auf die Gruppe der bildungserfolgreichen Migranten und ihre Kompetenzen richtet. Auch Beck-Gernsheim stellt fest, dass diese Gruppe von der bisherigen Forschung nicht wahrgenommen wurde (2004, S. 76-105) und regt dazu an, positive Gegenentwürfe zu konstruieren (ebd., S. 84ff.).

Ziele und Erkenntnisinteresse der Forschung

Innerhalb der Forschungsgruppe wird davon ausgegangen, dass Studierende mit dem Migrationshintergrund Türkei als Indikator für einen gewissen Erfolg im deutschen Bildungs- und Gesellschaftssystem stehen – im Gegensatz zur großen Zahl türkisch-stämmiger Jugendlicher, denen PISA hohe Defizite bescheinigt hat.

Es wird der Frage nachgegangen, welche Faktoren diesen Erfolg begleiten oder ermöglichen und über welche Kompetenzen diese bildungserfolgreichen Migranten verfügen, die sie in die Lage versetzen, entgegen des üblichen Trends die Schule erfolgreich zu beenden und zu studieren.

Maßgeblich für diese Integration scheinen neben der Beherrschung der deutschen Sprache und den damit verbundenen Bildungs- und Zukunftschancen im Einwanderungsland gewisse *soziokulturelle Kompetenzen* zu sein, was Land und Leute betrifft. Über welches Wissen und welche Kenntnisse verfügen diese Personen im Bezug auf Deutschland und die Türkei (Geschichte, Politik, Wirtschaft, Traditionen, Personen, Werte und Normen), die ihnen im Umgang mit beiden Gesellschaften behilflich sind? Wie und wodurch werden solche *soziokulturellen Kompetenzen* sozialisatorisch bzw. biographisch angeeignet *(Kompetenzbiographien)?*

Die Forschungsthematik macht ferner eine Auseinandersetzung mit dem Integrationsbegriff notwendig. Im Forschungsverlauf wird der Frage nachgegangen, welche Rolle beim Prozess der Integration Faktoren der stärker *objektiven Zugehörigkeit* spielen, die sich in der Staatsbürgerschaft manifestieren und/oder der Partizipation in gesellschaftlichen Institutionen und informellen Gruppen, wie dem Freundeskreis. Gleichzeitig wird ein besonderes Augenmerk auf die subjektiven Aspekte der Integration gelegt. Die *subjektiv empfundene Zugehörigkeit* spiegelt sich in Gefühlen (*emotionale Dimension*), Motivationen und Kognitionen wider: Was wurde wie und warum gelernt, welche Kenntnisse wurden angeeignet und welche Hobbys gepflegt?

In mehreren Teilbereichen der Untersuchung wird der Frage der Identitätsbildung der Probanden nachgegangen, so z.b. im Zusammenhang mit ihrer Selbstverortung in der Gesellschaft. Die Begriffe „Selbst" und „Identität" gehören zu jenen wissenschaftlichen Formulierungen, an denen sich ständig neue Diskussionen entfachen. Spätestens seit den 70er Jahren hat der Identitätsbegriff eine regelrechte Konjunktur erlebt und die Aufmerksamkeit der unterschiedlichsten Humanwissenschaften auf sich gezogen: der Psychologie (z.B. Erikson 1973; Loevinger 1976; Kegan 1991; Marcia u.a. 1993) ebenso wie der Soziologie (Mead 1968; Goffman 1975; Luhmann 1993; Habermas 1999) oder der Pädagogik (Krappmann 1971; Wellendorf u.a. 1973). Trotz des vehementen Einspruchs, insbesondere von Seiten der Postmodernisten, hat der Begriff der Identität seine Aktualität nicht eingebüßt. Angesichts des aktuellen gesellschaftlichen Wandels werden derzeit zunehmend neue Formen der Identitätsbildung diskutiert und es treten Begriffe auf wie *Patchwork-Identität* (vgl. Kreupp u.a. 2002), *hybride Identität* (vgl. E. Bronfen 1997), *flexible- , kulturelle-* oder *transkulturelle Identität* (Datta und Hauenschild/Wulfmeyer in diesem Band), um neue Identitätsbildungsprozesse zu fassen. Erkenntnisinteresse der vorliegenden Untersuchung sind die Ausprägungsformen der Identitätsbildung bei den Personen, die mit einem Migrationshintergrund die Schule erfolgreich durchlaufen haben und nun studieren. Wie lässt sich ihre möglicherweise veränderte Wahrnehmung von Identitätsbildungsprozessen beschreiben und fassen?

Um den Zusammenhang von Bildungschancen und soziokulturellen Kompetenzen, Integrationschancen und –hindernissen sowie Identitätsbildungsprozessen genauer untersuchen zu können, werden im Forschungsprojekt folgende Aspekte und Dimensionen bei den bildungserfolgreichen Migranten analysiert:

- Kenntnisse, Fähigkeiten, Qualifikationen, Eigenschaften
- Einstellungen, Gefühle, Meinungen
- ihr soziokultureller Kontext (Alltag, Lebensgewohnheiten, familiäre Rollen- und Kommunikationsstrukturen)
- die politischen und gesellschaftlichen Rahmenbedingungen (Staatsbürgerschaft, Partizipationschancen, Identifikationsangebote).

Welche Forschungsmethoden zur Beantwortung der zentralen Fragen sowie zur Analyse der verschiedenen Aspekte und Dimensionen geeignet erscheinen und im Forschungsprojekt gewählt wurden, wird im nächsten Abschnitt erläutert.

Methodische Anmerkungen

Forschungsmethodisch wurden 19 – 25jährige Studierende mit folgenden Merkmalen untersucht: Einwanderer mit dem Migrationshintergrund Türkei mit und ohne deutsche *Staatsbürgerschaft*, in Deutschland oder in der Türkei *geboren* (Hauptuntersuchungsgruppe).

Da in erster Linie subjektive Daten der Probanden erfasst werden sollten, wurde eine qualitative Anlage der Studie gewählt. Gleichzeitig sollten entscheidende sozialstatistische Daten sowie bestimmte Wissensgebiete (Geschichte, Politik) bei den Personen abgefragt und miteinander verglichen werden, was eine zusätzliche quantitative Datenerhebung in Form eines standardisierten Fragebogens notwendig macht. Das hier verfolgte multimethodische Forschungsvorgehen ist dennoch weniger auf das Erklären, als vielmehr auf das Verstehen möglicher soziokultureller Kompetenzen ausgerichtet. Die Kombination von Datenerhebungsmethoden scheint für das Forschungsvorhaben sogar besonders angemessen, da es auf das „Beobachten des Forschungsgegenstandes von mindestens zwei Punkten aus" abzielt (vgl. Flick u.a. 2000, S. 309f.). Nur so können die unterschiedlichen Dimensionen soziokultureller Kompetenz weitreichend erfasst und eine ganzheitliche, transkulturelle Sichtweise erlangt werden.

Von November 2003 bis Mai 2004 wurde die Hauptuntersuchungsgruppe von 56 Studierenden, die dauerhaft in Deutschland wohnen und den Migrationshintergrund Türkei mitbringen, in Hannover und Hamburg Mithilfe des standardisierten Fragebogens befragt (*objektive Dimension*: Sozialstatistische Daten, objektive Merkmale, Politik- und Geschichtskenntnisse). Um die Antworten hinsichtlich der Alltagsgewohnheiten sowie der geschichtlichen und politischen Kenntnisse einschätzen zu können, wurden zwei Vergleichsgruppen hinzugezogen. Die erste Vergleichsgruppe bildeten 45 Studierende etwa gleichen Alters und Semesterzahl mit deutschen Eltern, die zweite 45 türkische Studierende der Universität Mersin im Süden der Türkei.

Hinsichtlich der stärker *emotionalen Dimension* der zu untersuchenden Bereiche wurde eine kleinere Gruppe von Probanden, insgesamt 13 Personen, ergänzend qualitativ mit Hilfe von 3 Gruppendiskussionen in deutscher und türkischer Sprache untersucht. In der Gruppendiskussion werden Muster dokumentieren, die auf milieu-, geschlechts- und generationsspezifische Gemeinsamkeiten verweisen können. Die Methode dient dem erklärendem Verstehen kollektiver Phänomene (vgl. Loos/Schäffer 2001; Bohnsack 1996). Es können Inhalte, bsp. Assoziationen, Gefühle, Einstellungen oder Meinungen, die bei beteiligten Personen zu gegebenen Themenkomplexen existieren, erhoben werden. Insbesondere diese Aspekte sind bei der Untersuchung im Bereich der *Integration/ Selbstverortung* und den *Identitätsbildungsprozessen* der Probanden aufschlussreich.

Die dritte Erhebungsmethode bildet die Aufsatzforschung (vgl. deutschsprachige Jugendforschung der 20er Jahre, Lau 1927). Dabei wurden drei Begriffe (*Migration – Zukunft – Gesellschaft*) von 10 der Probanden assoziativ und im gegenseitigen Zusammenhang schriftlich diskutiert. Mit der Methode der Aufsatzforschung sollen *kognitiv-motivationale* Dimensionen erfasst werden: Kenntnisse der Probanden in der deutschen Schriftsprache, ihre Argumentationsstrukturen, kognitive Kompetenzen (Wissen, Kenntnisse, Allgemeinbildung), die wiederum Rückschlüsse zu ihren soziokulturellen Kompetenzen zulassen.

Die angewendete Methodentriangulation soll in Teilen der Arbeit eine Validierung der Ergebnisse ermöglichen, da Verzerrungspotentiale bzw. Schwächen der einzelnen Methoden minimiert werden. In der Hoffnung auf ein breites und profundes Erkenntnispotential, liegt der Fokus des Forschungsprojektes insbesondere auf der zusammenführenden Interpretation der einzelnen Teilergebnisse, die in vergleichbaren multimethodisch angelegten Studien häufig gar nicht oder nur in geringem Maße zum Tragen kommt.

Das innovative Erkenntnisinteresse des Forschungsprojektes wurde von Beginn an in allen Fragen, Problemen und in der Vorgehensweise im binationalen Team besprochen. So wurden die Fragebögen kooperativ-dialogisch in mehreren Teamsitzungen in Bolu und Hannover gemeinsam entwickelt und mit Angehörigen der Hauptzielgruppe getestet. Die Gruppendiskussionen wurden methodologisch im Vorfeld diskutiert und reflektiert und deswegen von zwei Moderatoren, weiblich und männlich und mit bikulturellem Hintergrund ‚deutsch-türkisch‘ und ‚deutsch-französisch‘, in deutscher und in türkischer Sprache durchgeführt. Mitglieder der Zielgruppe waren bei der Konstruktion, beim Testen der Erhebungsinstrumente und der Datenauswertung beteiligt (*Probandenpartizipation*). Die Auswertung der in Hannover durchgeführten Gruppendiskussionen und geschriebenen Aufsätze wird parallel von den KollegInnen in der Türkei durchgeführt und in mehreren Teamtreffen verglichen, um dem mehrdimensionalem, grenzüberschreitendem Forschungsansatz gerecht zu werden.

Im Folgenden werden erste Ergebnisse aus dem umfangreichen Datenmaterial der Untersuchung ausgewählt, die sich in den Kontext des Lebens und den Anforderungen an das Leben in einer transkulturell geprägten Gesellschaft einfügen lassen.

Erste Ergebnisse zur Untersuchungsgruppe

Bisherige Erklärungsansätze zur Beschreibung der Bildungsbenachteiligung von SchülerInnen mit Migrationshintergrund stützen sich häufig auf sozialisatorische Faktoren. Sie weisen auf Zusammenhänge zwischen schulischen Lern- oder Leistungsschwierigkeiten und einem sozioökonomischen und soziokulturell benachteiligenden Milieu hin (Alba/ Handl/ Müller 1994; vgl. Nauck/ Diefenbach/ Petri 1998, Helmke/ Weinert 1998). Andere Untersuchungen haben gezeigt, dass die Wahrscheinlichkeit, ein Abitur zu erreichen, mit einem kulturell-assimilativen Familienklima und mit den Deutschkenntnissen der Eltern steigt (z.b. Haisken-DeNew/ Büchel/ Wagner 1996). In diese Richtung lassen sich auch die in PISA erreichten Ergebnisse interpretieren, wonach sich die Differenzen im Bildungserfolg zwischen Jugendlichen mit und ohne Migrationshintergrund verringern, wenn Deutsch die familiale Umgangssprache in den Migrantenfamilien ist. Die üblichen Erklärungsansätze wie das *Bildungserbe der Eltern* reichen bei der hier untersuchten Gruppe jedoch kaum aus, um ihren „Erfolg" zu erklären, denn lediglich 10 der 56 Studierenden geben an, der Vater habe das Abitur oder einen Hochschulabschluss. Bei den Müttern sind es lediglich 6 Studierende. Auch die Zahl der Geschwister – in Deutschland ebenfalls ein Indikator für den sozialen Status – spricht eher gegen die Aufnahme eines Studiums: 39 der Studierenden haben mehr als drei Geschwister. So dass eine Befragte äußert: *„Ich bin manchmal erstaunt, dass man bei einer so großen Familie wie meiner so weit kommen kann".*[21]

Obwohl die Probanden von ihrer Biographie her als homogen bezeichnet werden müssten, spiegeln die Ergebnisse eine sehr heterogene Gruppe wider. Es wird deutlich, dass es sich bei den Studierenden keinesfalls um eine Gruppe mit gleichen oder ähnlichen familiären Bedingungen oder Erfahrungen handelt. Zunächst muss darauf hingewiesen werden, dass unterschiedliche Generationen von Migranten beteiligt waren: Ein kleiner Teil gehört der ersten Migrantengeneration an, d.h. ist selbst erst im Kindesalter nach Deutschland gekommen. Die größere Gruppe der Migranten zählt sich zur 2. Generation, aber durchaus auch viele der Probanden nehmen Bezug auf die Großeltern, die nach Deutschland eingewandert sind: *„Zunächst einmal ist vielleicht zu erwähnen, dass ich zu der Dritten Generation gehöre ...".*

Die Probanden sind in sehr unterschiedlichen Umgebungen aufgewachsen: Teilweise in Großstädten, in Stadtteilen mit hohem Migrantenanteil,

---

[21] Alle Zitate der Probanden werden dem Zwischenbericht zum Forschungsprojekt zu entnehmen sein.

aber durchaus auch in ländlichen Gebieten, wo sie zu einer von wenigen/ der einzigen „ausländischen" Familien gehörten.

Trotz der vielen Unterschiede scheinen den Probanden dennoch bestimmte Einstellungen, Lebensgewohnheiten und Verhaltensweisen mit ihrer Situation umzugehen gemein zu sein, die als soziokulturelle Kompetenzen definiert werden. Drei dieser Aspekte, die *sektorenspezifische Integration* der Probanden, die Besonderheiten ihrer *Identitätsbildung* und ihre *reflexiven Kompetenzen* werden im Folgenden genauer betrachtet.

„Sektorspezifische Integration"

Erkenntnis der Untersuchung ist, dass der Integrationsbegriff im Sinne von ‚*dazu gehören*' den heutigen Umständen und Lebensweisen in einer transkulturellen Gesellschaft nicht gerecht wird. Die Studierenden konstruieren sich ihre eigenen Vorstellungen von Integration und eine eigene, sehr individuelle Positionierung ihrer Person innerhalb der Gesellschaft (*Selbstverortung*): Sie sehen sich nicht vollständig, d.h. in allen gesellschaftlichen Bereichen in die Gesellschaft integriert, grenzen sich in Teilbereichen bewusst von der ‚deutschen' Kultur ab. Es darf bei dieser Gruppe von Personen nicht in Kategorien von *dazugehören* und *nicht dazu gehören, deutsch – türkisch* gedacht werden, insbesondere nicht in einer Gesellschaft, in der sich laut Welsch kulturelle Orientierungsmuster vermischen und Lebensformen jenseits der Kulturen und Nationalstaaten möglich sind (vgl. Welsch 1995).

Passend erscheint ein flexibles Verständnis von Integration auf einzelne, individuell sehr unterschiedliche Bereiche und Sektoren bezogen. Integration wird im Rahmen des Projektes als „*dazu gehören in Teilbereichen*" definiert: Objektiv die gleichen Rechte und Pflichten zu besitzen, subjektiv das Gefühl zu haben, in einzelnen Bereichen dazu zu gehören, d.h. *akzeptiert und respektiert* zu werden (im Fall der Probanden beispielsweise als Student). Bei vielen der untersuchten Personen kommt diese sektorspezifische Integration zum Ausdruck, indem auf der rationalen Seite eine deutliche Integration zu sehen ist, jedoch auf der emotionalen Seite die Integration wesentlich undeutlicher ausfällt. „*Sie fühlen türkisch, denken aber deutsch.*".

Der größte Teil der Befragten ist im Besitz des deutschen Passes bzw. hat ihn beantragt. Solche objektiven Aspekte scheinen einen geringen Einfluss auf die subjektiven, emotionalen Dimension von Integration zu haben: *„Ich bin und bleibe in Deutschland ‚Ausländerin'* ... *da ändert auch die deutsche Staatsbürgerschaft nichts".* Als entscheidender werden emotionale Aspekte und Dimensionen der Integration gesehen. Hier wird insbesondere auf die Akzeptanz von Seiten der deutschen Bevölkerung, bzw. Teilen der deutschen Bevölkerung hingewiesen.

In Teilbereichen lösen sich die Studierenden früh vom Elternhaus/der Familie. Sie scheinen das Leben in der Familie und Teilen der Gesellschaft zu trennen, was entgegen bisheriger Annahmen auf Individualisierungstendenzen bei dieser Personengruppe schließen lässt: *„Ich habe mir das Prinzip gesetzt, niemanden Einmischen zu lassen.", „Unsere Einstellung ist eine ganz andere als die unserer Eltern.", „Die (die Eltern a. d. V.) wissen gar nicht Bescheid".* Gleichzeitig wird eine sehr enge emotionale Bindung zur Familie aufrechterhalten. Diese unterschiedlichen Orientierungen scheinen gut miteinander in Einklang gebracht zu werden.

An verschiedenen Stellen setzen sich die untersuchten Personen explizit mit dem Integrationsbegriff auseinander, bzw. stellen die Frage, wer wie und wohin integriert werden sollte. Gemein ist ihnen der kreative, sehr individuelle Umgang bei der Auseinandersetzung mit den Fragen, eine starke Selbstreflexion sowie die Betonung des prozesshaften Charakters von Integration. Beispielhaft werden hier zwei Zitate gebracht:

„Die Gesellschaft ist nicht etwas, was vollkommen gegen äußere Einflüsse abgeschottet werden kann, sie entwickelt sich ... Gesellschaften nehmen Verhaltensweisen, Vorstellungen und Gewohnheiten anderer Gesellschaften auf .... Also stellt sich die Frage worin man sich integrieren soll?"

„Was heißt es, Teil einer Gesellschaft zu sein? Ist damit gemeint, dass man durch sprachliche und soziale Kompetenz einen hohen Grad an Unabhängigkeit wahren kann und seinen Alltag in der betrachteten Gesellschaft mit nicht mehr Schwierigkeiten begeht als die meisten anderen in dieser Gesellschaft, dann bin ich mit Sicherheit Teil beider Gesellschaften ...".

Viele der Probanden betonen die Bedeutung des eigenen Anteils am Integrationsprozess und kritisieren Verhaltensweisen von Migranten, die zu sehr ‚unter sich' bleiben: „*Um in meiner Zukunft erfolgreich zu sein, muss ich mich der Gesellschaft anpassen, insbesondere der deutschen Gesellschaft*".

Diese reflexiven Eigenschaften der Probanden sowie ihre teilweise sehr bewusst gewählte sektorenspezifische Integration können als soziokulturelle Kompetenzen bezeichnet werden. Sie helfen den Probanden in der Gesellschaft zurecht zu kommen und ihr Leben mit unterschiedlichen kulturellen Orientierungen zu managen. Möglicherweise unterscheiden sie unter anderem diese Kompetenzen von der Personengruppe, die es nicht geschafft hat eine erfolgreiche Schul- bzw. Berufslaufbahn einzuschlagen.

Zu den Identitätsbildungsprozessen

Zentrale Erkenntnisse werden im Bereich der Identitätsbildung der Probanden deutlich. Die Studierenden zeigen Ausprägungen von Identitätsbildungsprozessen, die eine veränderte Wahrnehmung von Identität deutlich machen. Diese Veränderungen beschreibt Hall folgendermaßen: „Die Frage nach der Identität wurde und wird in der Gesellschaftstheorie heftig diskutiert. Alte Identitäten, die die soziale Welt lange stabilisiert haben, sind im Niedergang begriffen, machen neuen Identitäten Platz, das moderne Individuum als einheitliches Subjekt wird fragmentiert" (Hall 1999, S. 393). Die Probanden spiegeln genau das wider. Die Identität des Subjekts driftet auseinander, wird dezentriert und zersplittert, wobei folgende Anmerkung in dem Zusammenhang entscheidend ist: Es geht darum, dass jede zersprengte, vielschichtige Identität nicht als Mangel an Identität betrachtet wird, sondern als Erweiterung und als eine neue Chance, die Barrieren der Abgrenzung zu überwinden. Diese Auffassung von Identität hat eine besondere Ausprägung, die bisherige, häufig geläufige, starre Identitätsvorstellungen pertubiert. Die Studierenden entwickeln sehr kreative Identitätsformen und weichen starren Vorstellungen von Identität aus. Identität wird von ihnen als eine ‚dynamische Kategorie' begriffen, die zwar veränderlich, aber durchaus an einzelne Lebensgeschichten/phasen gebunden ist. Das Zitat eines Studenten unterstreicht dies: „*Ich bin Türke. Ich bin Nienburger, dann bin ich Mindener (...), Niedersachse, Westfale Lipper. Deutscher bin ich niemals (...) aber Europäer.* " Die Bezeichnungen spiegeln verschiedene Orte und Lebensphasen wider, die den Studenten nach eigener Aussage sehr geprägt haben. Auffällig ist aber auch hier die klare emotionale Abwendung von der Bezeichnung ‚Deutscher'.

Die Kategorie der Identität wurde in der Literatur häufig als eine durch Erfahrung der Differenz empfundene Zugehörigkeit zu einem Kollektiv präsentiert. Sie wurde daher nicht als Ausdruck der Selbständigkeit des Subjekts gedacht, im Gegenteil konnte der innere Kern des Subjekts dadurch nie als autonom aufgefasst werden. Bei den untersuchten Personen wird aber die aktive, eigenständige Komponente der Identitätsbildung deutlich. Wesentliches Element dieser Konzeption von Identität (und daraus abgeleitet auch von Kultur) ist der prinzipielle Konstruktcharakter, die Prozesshaftigkeit und Unabgeschlossenheit. Es wird deutlich, dass die Studierenden mehrere kulturelle Orientierungen besitzen, die Reduzierung auf nur eine einzige Orientierung oder Zughörigkeit, z.b. deutsch oder türkisch, erscheint unzutreffend. Ein Proband äußert sich dazu wie folgt: *„Was mich zu dem macht, der ich bin, liegt darin begründet, dass ich mich in zwei Ländern und mehreren kulturellen Traditionen bewege. Nicht halb Deutsch und halb Türke. Identität lässt sich nicht aufteilen, halbieren, dritteln oder in Abschnitte zerteilen. Ich besitze nicht mehrere Identitäten, ich besitze nur eine einzige, bestehend aus den Elementen, die sie geformt haben, in einer besonderen Mischung, die von Mensch zu Mensch unterschiedlich ist.* "

Im Zusammenhang mit den Anforderungen an das Leben in einer transkulturell geprägten Gesellschaft kann abgeleitet werden, dass Personen, die erfolgreich mit mehren kulturellen Orientierungen umgehen, das Potential haben, eine hybride, flexible Identität auszubauen, und damit traditionelle Vorstellungen von Identität als angeborene, starre Konstante unterminieren können. Jener Auffassung von Identität wird ein Verständnis von Identität als Produktion entgegen gestellt, nach der der Aufbau von Identität einen aktiven und bewussten Prozess darstellt. Dieser Identitätsbegriff stellt die Grundlage einer Gesellschaft dar, die ihre transkulturellen Potentiale entwickeln kann.

Soziokulturelle Kompetenzen in einer transkulturellen Gesellschaft

Welsch betrachtet nach seinem Konzept der Transkulturalität moderne Menschen als *kulturelle Mischlinge*. Die Zugehörigkeit zu vielen Bezugssystemen stellt den Menschen vor neue Aufgaben. So muss er versuchen, die vielen verschiedenen Anforderungen der unterschiedlichen Bezugssysteme in Einklang mit seiner Persönlichkeit zu bringen. Doch welcher Kompetenzen bedarf es dazu? Dieser Frage wurde in dem Forschungsprojekt neben anderen Fragen nachgegangen.

Viele der Studierenden betonen bei sich aufgrund ihrer Erfahrungen mit verschiedenen Bezugssystemen folgende Eigenschaften: *„Es gibt eine andere Blickweise für andere Menschen...", „Da ich jemand bin, der aus der muslimischen Gesellschaft hervorgegangen ist, kann ich beide Gesellschaften mit ihren Fehlern und Vorzügen beurteilen", „Der Migrationshintergrund als unschätzbare Wert- und Wissensquelle".*

„Es geht hierbei natürlich nicht nur darum, zweisprachig aufzuwachsen und in beiden Sprachen ‚zu Hause' zu sein (...), sondern vielmehr darum, zu erkennen, dass sich einem damit zwei Welten auftun, zwei Gefühlswelten, die eben auch in der Sprache ihren Ausdruck finden."

Auffällig sind die starken reflexiven Eigenschaften der Probanden. Sie scheinen ihnen zur Öffnung von „neuen Welten" und zur Grenzüberschreitung zu verhelfen. Sie können durch ihre Erfahrungen mit verschiedenen kulturellen Bezugsystemen flexibel einzelne Elemente miteinander verknüpfen und verschiedene Perspektiven einnehmen. Bei den Probanden überwiegen positive Zukunftsperspektiven. Sie sehen ihre Erfahrungen und Eigenschaften als großen Vorteil, den man *„für seine Zukunft nutzen kann".*

Zusammenfassend wird aufgrund der Untersuchungsergebnisse davon ausgegangen, dass ein Großteil der bildungserfolgreichen Kinder und Enkelkinder der Einwanderer aus der Türkei über *Fähigkeiten* (Mehrsprachigkeit), *Kenntnisse* (über zwei oder mehr Länder, Lebensweisen und Kulturen) und *Qualifikationen* (Empathie, Reflexivität durch Mehrperspektivenkompetenz, kreative Selbstverortung in der Gesellschaft) verfügen, die zukünftig, vor allen in Zeiten der Globalisierung und Mobilität, von Relevanz sein werden.

Mit den Worten eines Probanden gesprochen: „*Die Zukunft bietet Menschen mit einem Migrationshintergrund mehr Chancen und Horizonte ... unschätzbare Wert- und Wissensquellen*".

In den verbleibenden Monaten des Projektes wird zu klären sein, welche politischen und/ oder pädagogischen Konsequenzen sich aus den Erkenntnissen der Studie ziehen lassen. Es wird bildungspolitisch und pädagogisch nach Möglichkeiten der Neu/Umgestaltung des Bildungssystems und der Lehrerausbildung mit Blick auf die Kinder der Einwanderer und ihre Schul-, Berufs- und Zukunftschancen, aber auch auf deren gleichberechtigte Partizipation im Alltag des Einwanderungslandes und im europäischen Kontext gefragt.

Eine der zentralsten Erkenntnisse der Studie dürfte die Loslösung von der anfänglich geschilderte Defizitorientierung bei Migranten sein, welche sich auch in Aussagen der Probanden widerspiegelt:

„*Die Gesellschaft produziert über die Medien falsche Bilder von den Bürgern mit Migrationshintergrund (...) häufig werden Defizite beklagt*" oder

„*Die Migranten in Deutschland (meist als Gastarbeiter in das Einwanderungsland eingereist) und die Migrantenkinder scheinen noch heute eine (problematische) Randgruppe darzustellen, die sich in die vorhandenen Strukturen der bestehenden Gesellschaft scheinbar nicht angepasst haben sollen.*" „*Aber wir sind die Zukunft der damaligen Migranten*".

Literatur:
Alba, R. D./ Handl, J./ Müller, W.: Ethnische Ungleichheit im deutschen Bildungssystem. Kölner Zeitschrift für Soziologie und Sozialpsychologie 46 (2) 1994, S. 209-237.
Badawia, T.: Der Dritte Stuhl. Eine Grounded Theory-Studie zum kreativen Umgang bildungserfolgreicher Immigrantenjugendlicher mit kultureller Differenz. Frankfurt/M. 2002.
Beck-Gernsheim, E.: Wir und die Anderen. Frankfurt/Main 2004.
Bohnsack, R.: Gruppendiskussionen. Neue Wege einer klassischen Methode. In: Zeitschrift für Sozialisationsforschung und Erziehungssoziologie, Jg. 16, 1996, S. 323 –326.
Borelli, M. (Hg.): Interkulturelle Pädagogik. Positionen, Kontroversen, Perspektiven. Baltmannsweiler 1986.

Bronfen, E. u.a. (Hg): Hybride Kulturen. Beiträge zur anglo-amerikanischen Multikulturalismusdebatte. Tübingen, Stauffenburg 1997.

Datta, A.: Gute Ausländer, schlechte Ausländer, in: Gabue, T. u.a. (Hg.): 30 Jahre Reintegrationsdiskussion an den deutschen Hochschulen, AASF-Jahrbuch, Frankfurt/M. 2001a, S. 17-29.

Deutsches PISA-Konsortium (Hg.): PISA 2000 – Basiskompetenzen von Schülerinnen und Schülern im internationalen Vergleich. Opladen 2001.

Diehm, I./Radtke, F.O.: Erziehung und Migration. Eine Einführung. Stuttgart 1999.

Erikson, E. H.: Identität und Lebenszyklus. Frankfurt/M. 1973.

Essinger, H. /Ucar, A. (Hrsg.): Erziehung in der multikulturellen Gesellschaft. Baltmannsweiler 1984.

Flick, U. /Kardorff, E. von/ Steinke, I. (Hg.): Qualitative Forschung. Reinbek bei Hamburg 2000.

Goffman, E.: Stigma: Über Techniken der Bewältigung beschädigter Identität. Frankfurt am Main 1975.

Gomolla, M. /Radtke, F.-O.: Institutionelle Diskriminierung. Die Herstellung ethnischer Differenz in der Schule. Opladen 2002.

Griese, H.: Kritik der „Interkulturellen Pädagogik". Essays gegen Kulturalismus, Ethnisierung, Entpolitisierung und einen latenten Rassismus. Münster 2002.

Habermas, T.: Handlungsräume und persönliche Orte. In ders: Geliebte Objekte. Symbole und Instrumente der Identitätsbildung. Frankfurt/M. 1999, S.77-174.

Haisken-DeNew, J. P. / Büchel, F. / Wagner, Gert G.: Assimilation and other determinants of school attainment in Germany: Do immigrant children perform as well as Germens? Deutsches Institut für Wirtschaftsforschung (DIW), Discussion Paper No. 141 Berlin 1996.

Hall, S.: Kulturelle Identität und Globalisierung. In: Hörning, K.H./ Winter, R. (Hg.): Widerspenstige Kulturen. Cultural Studies als Herausforderung. Frankfurt/M 1999, S. 393-441.

Hamburger, F.: Pädagogik der Einwanderungsgesellschaft. Frankfurt a. M. 1994.

Helmke, A./ Weinert, F. E.: Bedingungsfaktoren schulischer Leistungen. In: F. E. Weinert (Hg.). Psychologie des Unterrichts und der Schule. Hogrefe, Göttingen 1998, S. 71-176.

Kegan, R.: Die Entwicklungsstufen des Selbst. 2. Aufl. München 1991.

Keupp, H./ Ahbe, T./ Gmür, W./ Höfer, R. /Kraus, W./ Mitzscherlich, B. /Straus, F.: Identitätskonstruktionen. Das Patchwork der Identitäten in der Spätmoderne. 2. erweiterte Auflage, Reinbek 2002.

Krappmann, L.: Soziologische Dimensionen der Identität. Stuttgart 1971.

Lau, E.: Über die Methoden und die Ergebnisse der Jugendkunde. In: Zjurnwald, R. (Hg.): Die neue Jugend. Zweite Hälfte. Leipzig 1927, S. 301 – 320.

Loevinger, J.: Ego Development. Jossey-Bass, San Francisco 1976.

Loos, P./ Schäffer, B.: Das Gruppendiskussionsverfahren. Opladen 2001.

Luhmann, N.: Identität - was oder wie? In: Luhmann, N.: Soziologische Aufklärung 5. 2. Aufl. Opladen 1993.

Marcia, J.E./ Waterman, A.S./ Matteson, D.R./ Archer, S.L./ Orlofsky, J.L. (Eds.): Ego identity. A handbook for psychosocial research. New York 1993.

Mead, G.H.: Geist, Identität und Gesellschaft. Frankfurt/M. 1968 (Erstveröffentlichung Chicago 1934).

Nauck, B./ Diefenbach, H./ Petri, K.: Intergenerationale Transmission von kulturellem Kapital unter Migrationsbedingungen: Zum Bildungserfolg von Kindern und Jugendlichen aus Migrantenfamilien in Deutschland. Zeitschrift für Pädagogik 44: S. 701-722.

Pollock, D.E./ Van Reken, R./ Plüger, G.: Third Culture Kids. Aufwachsen in mehreren Kulturen. Marburg 2003.

Radtke, F.-O.: Multikulturalismus und Erziehung. In: Brähler, R./ Dudek, P. (Hg.): Fremde-Heimat. Neuer Nationalismus versus interkulturelles Lernen. Probleme politischer Bildungsarbeit. Frankfurt/M. 1992, S 185-208.

Schweitzer, H.: Der Mythos vom Interkulturellen Lernen, Münster, Hamburg 1994.

Wellendorf, F.: Schulische Sozialisation und Identität, Weinheim/Basel 1973.

Welsch, W.: Transkulturalität. In: Zeitschrift für Kulturaustausch Nr. 45. Heft 1/ 1995, S. 39-44.

Katrin Hauenschild/Meike Wulfmeyer

Transkulturelle Identitätsbildung – ein Forschungsprojekt

1. Einleitung

Transkulturalität ist in ihren Facetten, wie sie in den Beiträgen des vorliegenden Bandes ausführlich diskutiert werden, ein gesellschaftliches Phänomen, das sich in den Wahrnehmungen, Denkmustern und im Handeln von Individuen zeigt. Allerdings ist das Konstrukt der Transkulturalität in seiner Komplexität empirisch bisher noch nicht hinreichend erfasst. In diesem Beitrag wird eine am Fachbereich Erziehungswissenschaften der Universität Hannover durchgeführte empirische Studie zur *Transkulturellen Identitätsbildung bei Multiplikatorinnen und Multiplikatoren in pädagogischen Handlungsfeldern in ihrer Bedeutung für pädagogisches Denken und Handeln* (1) vorgestellt. In der explorativen Untersuchung wird der Frage nachgegangen, *welche biographischen und gesellschaftlichen Kontexte für die Ausbildung einer transkulturellen Identität bedeutsam sind und welche Konsequenzen sich daraus für die pädagogische Praxis in Schule und Hochschule gewinnen lassen.* Hierbei wird davon ausgegangen, dass Studierende in pädagogischen Handlungsfeldern als professionalisierte Personen eine bedeutende Mittlerfunktion im Rahmen transkulturellen Lernens einnehmen.

Es soll im Folgenden der theoretische Kontext der Untersuchung im Sinne wesentlicher Grundannahmen zum Thema transkulturelle Identitätsbildung umrissen werden. Der Schwerpunkt des Beitrags liegt auf der Darstellung des methodischen Vorgehens und der Zusammenfassung zentraler Ergebnisse. In einem kurzen Ausblick werden Konsequenzen für die Praxis aufgezeigt. (2)

2. Theoretischer Kontext

Den Kern der theoretischen Grundannahmen für die Untersuchung bilden die zentralen Begriffe *Kultur* und *Identitätsbildung* (vgl. hierzu auch Bolscho/Hauenschild/Wulfmeyer 2004).

In der Studie gehen wir davon aus, dass die Konzepte der *inter-* und *multi*kulturellen Erziehung gesellschaftlichen Entwicklungen nicht mehr hinreichend gerecht werden, in denen Kulturen durch Mischungen und Durchdringungen, „intern durch eine Lokalisierung der Identitäten ausgezeichnet sind und extern durch grenzüberschreitende Konturen" (Welsch 1995, S. 42). Im Zuge von Globalisierung und zunehmender Zeit-Raum-Verdichtung finden sich zum einen ähnliche Lebensformen in unterschiedlichen Kulturen, zum anderen gibt es unterschiedliche Lebensformen innerhalb einer pluralistischen Gesellschaft, die sich durch die Vielfalt von Lebensformen auszeichnet. Welsch betont angesichts der Koexistenz unterschiedlicher Kulturen in modernen Gesellschaften, die durch vertikale und horizontale Differenziertheit und Pluralität charakterisiert sind, dass traditionelle Kulturmodelle nicht nur deskriptiv falsch, sondern darüber hinaus „normativ gefährlich und unhaltbar" (1997, S. 3) seien.

Bereits 1984 kritisierte Schöfthaler das Konzept der Interkulturalität und wies mit dem Begriff Transkulturalität darauf hin, das kulturelle Fremde als Anderes und Eigenständiges wahrzunehmen und somit „kulturelle Selbstverständlichkeiten" (Schöfthaler, S. 20) in Frage zu stellen. Nach Welsch komme es „künftig darauf an, die Kulturen jenseits des Gegensatzes von Eigenkultur und Fremdkultur zu denken" (Welsch 1995, S. 39) und über traditionelle Vorstellungen von Kultur als Inseln, Sphären oder Kugeln (wie bereits von Herder entworfen), als „statische Einheiten" (Breidenbach/Zukrigl, S. 23) hinauszuweisen. Welsch verwendet für diese neue Form der Kulturen den Begriff ‚transkulturell', „da sie über den traditionellen Kulturbegriff *hinaus-* und durch die traditionellen Kulturgrenzen wie selbstverständlich *hindurchgeht*" (1997, S. 5).

Mit der Anerkennung, „dass die kulturellen Differenzen *in* unseren Gesellschaften und nicht nur *zwischen* den Gesellschaften wirksam sind" (Wieviorka, S. 26), gelingt es dem Konzept der Transkulturalität, zwischen universalistischen und relativistischen Überzeugungen zu vermitteln (vgl. Schöfthaler, S. 39; Wieviorka, S. 26). Die gesellschaftlich und individuell produzierte Existenz von Differenzen zwischen und innerhalb von Kulturen weist auf die Möglichkeit von Transformationsprozessen, von Prozessen der Auflösung und Neuzusammensetzung, auf die Möglichkeit der Entstehung neuer Kulturformen hin, wobei die zunehmende „Ausdifferenzierung der Welt (...) über ein globales Referenzsystem" (Breidenbach/Zukrigl, S. 36) erfolgt.

Somit muss auch von einer veränderten Auffassung von kultureller Identität, von sich differenzierenden „subjektiven Werten, Ideen, Weltbildern und kulturellen Bedeutungen" (Breidenbach/Zukrigl, S. 24) ausgegangen werden. Auf der Mikroebene von Individuen bedeutet Transkulturalität, dass die individuelle Entwicklung durch mehrere kulturelle Herkünfte und Verbindungen in Richtung auf eine interne Pluralität beeinflusst ist (vgl. Welsch 1997, S. 5 ff.). Im Rahmen der Selbstdefinition ist es die Aufgabe des Subjekts, seine Identität auszuhandeln und die unterschiedlichen kulturellen Komponenten auf der Basis kultureller Ressourcen und sozialer Bezüge im Sinne einer Integrationsleistung zu einem Komplex von Konstruktionen miteinander zu verbinden (vgl. Auernheimer, S. 69; Welsch 1997, S. 8). Kulturelle Identität kann demnach nicht länger als Identifizierung mit einem einzigen Kollektiv verstanden werden. Das weist über Erikson hinaus, der noch von einer stabilen, an eine Kultur gebundenen Identitätsbildung ausging (vgl. Beck-Gernsheim, S. 102). In modernen Gesellschaften, die vielfältige individualistische Orientierungen anbieten, können Individuen sich identifizieren mit unterschiedlichen kulturellen Referenzen, so dass auch *Diskontinuitäten* anerkannt werden.

Kollektive Identitäten sind im Rahmen sekundärer Aneignungsprozesse subjektive Konstruktionen bei der Auseinandersetzung mit verschiedenen Kulturen. Kulturen haben für das Individuum eine Orientierungsfunktion für die Identitätsbildung, indem sie kulturelle Ressourcen als Identifikationsangebote bereitstellen. Bei der Identitätsbildung stellt das Individuum ein Gleichgewicht zwischen seiner auf der Grundlage individuell gemachter Erfahrungen und Deutungen erlangten Identität und seiner ihm durch Rollenerwartungen abverlangten sozialen Identität her. Das Individuum kann *unterschiedliche kulturelle Identifikationsangebote selektiv* verwenden, umdeuten, neu auslegen oder verwerfen (vgl. Auernheimer, S. 70). Im Sinne transkultureller Identitätsbildung können mehrere Kulturen eine einzelne Identität prägen (vgl. Gutmann, S. 284). Transkulturelle Identität ist in diesem Sinne auf das Gelingen, auf die erfolgreiche Integration unterschiedlicher kultureller Anteile, auf die Anerkennung unterschiedlicher kultureller Prägungen ausgerichtet. Nach Hurrelmann wird „eine gelingende Sozialisation nicht als abgeschlossene Verinnerlichung solcher Strukturen verstanden, sondern als erfolgreiche Behauptung der Subjektivität und Identität, nachdem eine Auseinandersetzung mit den sozialen Strukturen stattgefunden hat und auf dieser Basis eine Beteiligung an gesellschaftlichen Aktivitäten erfolgt" (Hurrelmann, S. 21).

Ist Kultur – auf der Seite der Anthropologie – ein „symbolisch-expressiver Aspekt menschlichen Verhaltens" (Breidenbach/Zukrigl, S. 24), die „unbewusste Rückseite" (Eagleton, S. 43), dann ist Transkulturalität ist ein Phänomen, das sich in den Wahrnehmungen, Denkmustern und im Handeln des Einzelnen zeigt. Kultur, bezogen auf die Innenwelt von Menschen, ist somit ein individuelles Konstrukt, in dem die verschiedenen Bereiche von Kultur subjektiv gefasst und gedeutet werden.

3. Fragestellungen

Im Rahmen des Forschungsprojektes zur transkulturellen Identitätsbildung geht es um Kultur als Phänomen der Innenwelt von Menschen, um die Prozesse der Konstruktionen von Individuen, um Transformationsprozesse und um sekundäre Differenzen. Wir gehen in der Studie also von einem *subjektivistischen Kulturbegriff* aus und betrachten Kultur als Eigenleistung des Subjekts im Rahmen der Identitätsbildung

Das Ziel der Studie ist vor diesem Hintergrund, das noch relativ junge Konzept der Transkulturalität empirisch zu untersuchen und die Konstrukte im Rahmen transkultureller Identitätsbildung zu explorieren, um einen ersten Zugang zu transkulturellen Orientierungen zu erhalten und schließlich zu forschungsbasierten Konsequenzen für die pädagogische Praxis zu gelangen.

Das leitende Erkenntnisinteresse kann in folgenden Forschungsfragestellungen gebündelt werden:

• Welche biographischen und gesellschaftlichen Kontexte sind einer transkulturellen Identitätsbildung eher förderlich oder stehen ihr eher entgegen?

- Lassen sich transkulturelle Orientierungen und Adaptionsmuster in ihrer Relevanz für pädagogisches Denken und Handeln empirisch explorieren?
- Welche Konsequenzen sind für die pädagogische Praxis zu ziehen?

Die *Zielgruppen* sind *potentielle Multiplikatorinnen und Multiplikatoren* in pädagogischen Berufen. Als potentielle Multiplikatorinnen und Multiplikatoren wurden *Studierende* befragt, die zur Zeit der Untersuchung noch *in einem erziehungswissenschaftlichen Studium* waren. Wir gehen im Sinne der Forschungsfragestellung davon aus, dass pädagogisch professionalisierte Personen in besonderer Weise aufgefordert sind, kulturelle Verunsicherungen und Herausforderungen im Sinne transkulturellen Lernens zu verarbeiten und sie im Rahmen ihres beruflichen Handelns zu reflektieren. Multiplikatorinnen und Multiplikatoren in pädagogischen Handlungsfeldern nehmen eine *Mittlerfunktion* bei Identitätsbildungsprozessen ein: Ihre Einstellungen und Mentalitäten, ihr Denken und Handeln prägt das Denken und Handeln von Lernenden.

4. Methodisches Vorgehen

Die Fragestellung der Untersuchung zielt auf die einzelfallanalytische Exploration subjektiver Orientierungsmuster und bedingt somit die Anwendung einer sinnverstehenden Methodik zur Rekonstruktion komplexer Bewusstseinsprozesse von handelnden Subjekten. Vor diesem Hintergrund wurde ein qualitatives Vorgehen mit Vergleichgruppendesign gewählt, das im Sinne eines induktiv-deduktiven Wechselspiels zwischen Theorieorientierung und Offenheit vermittelt. Die Konzeption des problemzentrierten Interviews nach Witzel (1985, 2000) stellt hier ein geeignetes teilstandardisiertes Verfahren dar, um subjektive Orientierungs- und Handlungsmuster mithilfe verschiedener Kommunikationsstrategien regelgeleitet zu ermitteln. Teilstrukturierte qualitative Interviews im Spannungsfeld von theoretischer Vorstrukturierung und theoretischer wie methodischer Offenheit erschließen Möglichkeiten, sich subjektiven Lebenserfahrungen aus der Perspektive von Akteuren kommunikativ anzunähern und mit interpretativen Mitteln zu erschließen sowie zugleich die Anbindung an das Erkenntnisinteresse im Sinne der Problemzentrierung zu erhalten.

Im ersten Untersuchungsschritt 2002 wurden zur *Konstruktion des Leitfadens* zunächst mögliche Indikatoren für eine transkulturelle Identitätsbildung in einem *Mind-Map-Verfahren* gesammelt und strukturiert. Diese Indikatoren betreffen biographische und gesellschaftliche Kontexte und sind in einer zeitlichen Perspektive zwischen Vergangenheit, Gegenwart und Zukunft zu verorten. Sie bildeten dann die Grundlage für die Auswahl der Themen im Interviewleitfaden (3), mit denen Impulse und Fragen für das Interview vorformuliert wurden. Die Anordnung und Formulierung der Fragen folgt auf der inhaltliche Ebene einer sachlogischen Struktur und in methodischer Hinsicht der Systematik eines Trichtermodells, bei dem von offenen, zu mehr Ausführlichkeit anregenden ‚Primärfragen' schrittweise zu in der Tendenz geschlosseneren ‚Sekundärfragen' im Sinne von präzisierenden Nachfragen, also vom Allgemeinen zum Spezifischen fortgeschritten wird (vgl. Wittkowski).

Zur Erprobung des Erhebungsinstruments wurden 4 *Pretests* durchgeführt, auf deren Basis der Leitfaden modifiziert wurde.

Mit Beginn des Wintersemesters 2002/03 wurde mit der *Rekrutierung der Probanden* begonnen. Hierfür wurde im Rahmen verschiedener Seminarveranstaltungen am Fachbereich Erziehungswissenschaften der Universität Hannover über das Projekt informiert und zur Teilnahme an der Befragung aufgerufen. Auf diese Weise konnten Interviewpartner gewonnen werden, die im Sinne der Projektfragestellung ein erziehungswissenschaftliches Studium absolvieren und nach eigener Einschätzung einen Migrationshintergrund haben.

In der *Erhebung* (Dezember 2002 bis Januar 2003) wurden 37 Studierende mit Migrationshintergrund (31 weiblich, 6 männlich) und als Vergleichsgruppe 15 (9 weiblich, 6 männlich) zufällig ausgewählte Studierende ohne Migrationshintergrund aus Diplom- und Lehramtsstudiengängen befragt. Im Anschluss an die Interviews wurden *Postskripte* (vgl. Witzel 2000) angefertigt, in denen Besonderheiten zu den Interviews, Anmerkungen oder erste Interpretationsideen fixiert wurden.

Die Zusammensetzung der *Stichprobe* kann mit folgenden Angaben beschrieben werden:

Die Studierenden mit Migrationshintergrund sind durchschnittlich Mitte 20 (26,8 Jahre); die Befragten der Kontrollgruppe sind etwas jünger (24,3 Jahre).

In der Gruppe der Studierenden mit Migrationshintergrund sind fast 30% (29,7%) verheiratet und knapp 20% (19,5%) haben ein oder zwei Kinder; in der Vergleichsgruppe sind alle Studierenden ledig und kinderlos.

In Hinblick auf das Geburtsland und die Staatsangehörigkeit sind 56,8% der Studierenden mit Migrationshintergrund in anderen Ländern geboren, 52,3% besitzen die deutsche Staatsangehörigkeit (7 Studierende mit doppelter Staatsbürgerschaft), 9 dieser Studierenden sind weitgehend in ihrem Herkunftsland aufgewachsen – sie sind häufig bei weiteren Verwandten groß geworden und erst später zu ihren Eltern nach Deutschland gekommen, ca. 1/3 ist vor dem dritten Lebensjahr nach Deutschland gekommen und weitgehend hier aufgewachsen. Die Studierenden in der Vergleichsgruppe besitzen alle die deutsche Staatsangehörigkeit, sind in Deutschland geboren und aufgewachsen.

Im Rahmen der *Aufbereitung* des Interviewmaterials wurden die Interviews mittels eines Tonträgers aufgezeichnet und wortgetreu transkribiert.

Die für die *Auswertung* (4) der Interviews geeigneten Methoden und Schritte sind an die Vorschläge zur Auswertung problemzentrierter Interviews nach Witzel (1996) und an die Techniken der qualitativen Inhaltsanalyse nach Mayring angelehnt. Beide Verfahren stellen eine Methodik systematischer Interpretation von Interviewmaterial und damit einen kontrollierten Weg der Erkenntnisgewinnung dar. Das regelgeleitete Vorgehen ermöglicht sowohl die Vergleichbarkeit der Ergebnisse als auch die Transparenz der Auswertungsschritte zum Nachvollzug der Analyse und somit zur intersubjektiven Überprüfbarkeit der interpretativ gewonnenen Ergebnisse (vgl. Mayring).

Den ersten Schritt der Auswertung bildete die fallspezifische *Rekonstruktion*, in der das Datenmaterial in seinen Kernaussagen zu einzelnen Themen zusammenfassend markiert wurde. Dieser Auswertungsschritt stellte den zentralen Bezugspunkt für die induktiv-deduktive *Entwicklung der Kodierungsstruktur* dar, innerhalb derer im Sinne der themenorientierten Auswertung ‚zentrale Themen' extrahiert wurden (vgl. Witzel 1996). Die

Struktur des Interviewleitfadens diente zunächst als Anlage für die Struktur des Kategoriensystems. Die Definition der Oberkategorien mit entsprechenden Differenzierungen in Subkategorien erfolgte durch die fallweise Analyse des Materials sowohl deduktiv unter Rückgriff auf die theoretischen Implikationen der Untersuchung sowie auf Inhalte des Leitfadens als auch induktiv nach Maßgabe der Relevanzsetzungen der Befragten im Material. Die Unterkategorien des Kategoriensystems wurden darüber hinaus im Zuge des *Kodierens* (5) induktiv weiter differenziert bzw. durch Merkmale ‚dimensioniert' (vgl. Kuckartz).

Das Material wurde somit fallübergreifend unter thematischen Aspekten strukturiert und im Rahmen der *Deskription und Interpretation* in den weiteren Auswertungsschritten kategorienbezogen entlang der Hauptkategorien unter verschiedenen Fragestellungen zusammengefasst und schließlich einzelfallanalytisch ausgewertet.

5. Ergebnisse

Als zentrale Ergebnislinie kann zunächst festgehalten werden, dass sich transkulturelle Orientierungen bereichspezifisch differenzieren. Unter *transkulturellen Orientierungen* verstehen wir *den eigenaktiven und selbstbestimmten Prozess der relativ konfliktarmen Integration unterschiedlicher kultureller Referenzen*, die sich vor allem in *Offenheit* in verschiedenen Bereichen ausdrückt. Die Konfrontation mit mindestens zwei Kulturen führt nicht per se zur Ausbildung einer transkulturellen Identität. Vielmehr bildet die Anerkennung innerer Fremdheitsanteile eine Voraussetzung für die Akzeptanz äußerer Fremdheiten (vgl. Welsch 1997, S. 10 ff.), wobei es auf der Grundlage der Ergebnisse um die Anerkennung sowohl von Aspekten der Herkunftskultur als auch der Nicht-Herkunftskultur geht.

Aus der Untersuchung geht hervor, dass sich Formen von Verschlossenheit (hier im deskriptiven Sinne als Antonym zu Offenheit) in unterschiedlicher Intensität und auf der Grundlage unterschiedlicher Erfahrungen zeigen, die sich zusammengefasst sowohl auf die Herkunftskultur oder auf die Nicht-Herkunftskultur als auch auf beide zugleich sowie auf unterschiedliche Bereiche beziehen können. Darüber hinaus gelingt es jedoch einer Reihe von Studierenden mit Migrationshintergrund, Aspekte unterschiedlicher

Kulturen weitgehend konfliktarm in ihrer Innenwelt miteinander zu verbinden, so dass hier von transkulturellen Orientierungen ausgegangen werden kann.

Entlang einzelner Bereiche aus der Untersuchung sollen diese Ergebnislinien im Folgenden konkretisiert werden. Wir konzentrieren uns hierbei auf die Studierenden mit Migrationshintergrund, Ergebnisse aus der Vergleichsgruppe werden an relevanten Stellen angeführt.

Zum Bereich *Heimat* wurden den Befragten drei Gesprächsimpulse gegeben: Was ist für dich Heimat? Gibt es ein Gegenteil von Heimat? Und später: Was ist für dich fremd oder was ist dir fremd?

Der Großteil der Befragten zeigt ein dynamisches, aktives Heimatverständnis, das in der individuellen Wahrnehmung von positiven sozialen Bezügen abhängig ist: „Für mich ist Heimat meine Familie und der Ort, wo ich lebe, wo ich mich wohlfühle. Das kann sonst wo sein". Nur wenige äußern einen statischen Heimatbegriff, der sich überwiegend geografisch manifestiert und in der räumlichen Dimension von Heimat zum Ausdruck kommt, die im traditionellen Heimatverständnis auf das Dorf fixiert war. Insgesamt wird Heimat nicht mehr mit einem bestimmten Ort, sondern räumlich auf ein Land bezogen. Interessanterweise äußern die Studierenden aus der Vergleichsgruppe auffallend selten explizit Deutschland als ihre Heimat; auch bei ihnen stehen soziale Bezüge, das „Sich-wohl-Fühlen" im Vordergrund, während das Land als geografisches Moment eine untergeordnete Rolle zu spielen scheint.

Die Befragten mit Migrationshintergrund, die im Herkunftsland ihrer Familie aufgewachsen sind, bezeichnen in der Tendenz ihr Herkunftsland als ihre Heimat und bringen Sprachschwierigkeiten damit in Zusammenhang, die sie wiederum als Auslöser von Verständnisproblemen und Konflikten ansehen. Diejenigen, die in Deutschland geboren oder überwiegend hier aufgewachsen sind, betrachten Deutschland als ihre eine Heimat. Beide Gruppen zeigen auch in anderen Bereichen eine ablehnende Haltung gegenüber der jeweils anderen Kultur, so dass die Konstruktion einer auf Nation begrenzten einzigen Heimat auf die fehlende Integration unterschiedlicher kultureller Referenzen hindeutet.

Die als offen und transkulturell zu bezeichnenden Studierenden *fühlen sich zwei Heimaten zugehörig*, ohne sich zwischen zwei Kulturen entscheiden zu müssen. Die Schaffung von Heimat ist hier ein Prozess, der individuell gesteuert wird. Sie haben eine ,*doppelte Heimat*', die sie sich eigenaktiv konstruieren und in der Aspekte aus unterschiedlichen Kulturen zur Geltung kommen. Das ist bei ca. einem Drittel der Befragten der Fall und deutet auf eine transkulturelle Orientierung, auf ein Hinausgehen über die Grenzen einer einzigen Kultur hin. Dieses Phänomen wäre auch an die Diskussion zur „doppelten Staatsbürgerschaft" anschlussfähig.

In Bezug auf *Fremde* herrscht insgesamt ein neutrales oder offenes Verständnis vor, das durch Interesse und Neugier charakterisiert ist. Nur vereinzelt findet sich eine stark affektive, fast aggressive Verschlossenheit gegenüber Fremdem, bei der offensichtlich auch Vorurteile und Stereotype eine Rolle spielen. Verschlossenheit gegenüber Fremdem ist umso stärker ausgeprägt, je mehr die Befragten sich einer bestimmten Kultur und ihren Ausdrucksformen (wie Religion, Traditionen, Rollenbilder) verpflichtet fühlen. In der Tendenz sind dies im Besonderen die als wenig transkulturell orientiert zu bezeichnenden streng religiösen Angehörigen verschiedener Glaubensgemeinschaften (s.u.).

Generell nehmen viele das Fremde sowohl innerhalb von Kulturen als auch zwischen Kulturen wahr und untermauern damit neuere Analysen zu kulturellen Differenzen und kollektiven Identitäten (vgl. Wieviorka). Das Denken der Studierenden weist somit über eine Beschränkung des Heimat- und auch des Kulturbegriffs auf „Nation" teilweise hinaus. Wir bezeichnen das als „*aufgeklärtes, offenes Heimatverständnis*" und als transkulturell, weil unterschiedliche kulturelle Referenzen in dieses Verständnis einfließen.

Offenheit kommt des Weiteren bei der *politischen Meinung* zum Ausdruck. Hier zeigt sich, dass sich die Studierenden mit Migrationshintergrund stärker für globale Themen interessieren als die Vergleichsgruppe. Es ist hier also zwar insgesamt eine deutlich stärkere Offenheit im politischen Bereich auszumachen, die allerdings mit dem Grad der transkulturellen Orientierung weiter zu differenzieren ist: Bei den weniger Offenen, weniger transkulturell Orientierten ist auch weniger politisches Interesse gegeben.

Hinsichtlich ihres *Verständnisses von Kultur* unterscheiden sich die Befragten sehr stark. Dieser Begriff scheint schwierig zu definieren und wird häufig nur anhand von konkreten Beispielen aus verschiedenen Lebensbereichen festgemacht. Die meisten der Studierenden mit und ohne Migrationshintergrund verweisen eher auf den individuell-sozialen oder den ästhetischen Bereich: Einstellungen und Lebensgewohnheiten, der Umgang miteinander werden genauso genannt wie Musik, Kunst und Literatur. Viele bezeichnen Kultur als Werte und Normen, als Mentalitäten, die für Menschen charakteristisch sind. Zahlreiche Studierende verweisen auch wieder auf die geografisch-politische Komponente (analog zum Heimatbegriff) und nennen ein Land, eine Nation als Kulturraum. Viele Nennungen beziehen sich auch auf die Religionszugehörigkeit, z.b. bezogen auf Traditionen (Bräuche oder Feste).

Fast alle gehen davon aus, dass Kultur die Identität eines Menschen prägt und dass Menschen durch Kultur Orientierungen für ihr eigenes Leben gewinnen können. Bei den als offen charakterisierten Studierenden mit Migrationshintergrund zeigt sich eine transkulturelle Orientierung darin, dass sie sich auch hier aufgeschlossen und wenig konfliktbeladen äußern und differierende kulturelle Einflüsse als bereichernd bezeichnen – was der Begriff „Doppelprägung" besonders anschaulich macht. Einige Male wird kulturelle Offenheit sogar als Voraussetzung für eine erfolgreiche Integration bewertet. Das zeigt sich in dem folgenden Ankerbeispiel: „Ich habe eine ‚Migrantenidentität' und hole das Beste aus verschiedenen Kulturen für mich heraus".

Dies steht in einem engen Zusammenhang dazu, dass kulturelle Differenzen auch häufig als Auslöser von *Konflikten* gesehen werden, die – in Abhängigkeit von der Intensität des Erlebens und der Qualität ihrer Verarbeitung – für die Ausbildung transkultureller Orientierungen nicht ohne Bedeutung sind. Stark konfliktbesetzte Erfahrungen mit einer Kultur können zu Ablehnung und Verschlossenheit führen, wenn Interaktionsprozesse innerhalb der Familie bzw. die Offenheit der Eltern gegenüber anderen Kulturen eingeschränkt sind.

Zum Bereich der *sozialen Kontakte* lässt sich sagen, dass die Studierenden mit Migrationshintergrund – besonders diejenigen, die wir als offen und transkulturell orientiert bezeichnen – sehr vielfältige und unterschiedliche Kontakte und positive soziale Beziehungen sowohl während der Schulzeit als auch im Freundes- und Bekanntenkreis und im Studium erlebt und als bedeutsam erfahren haben. Offenheit gegenüber Fremdem und Austauschmöglichkeiten mit anderen Kulturen stehen dabei in einer Wechselbeziehung und begünstigen die Auseinandersetzung mit unterschiedlichen kulturellen Referenzen sowie die Reflexion eigener Vorstellungen. Wichtig sind hier Verständnis und eine gleiche Erfahrungsbasis, es werden kulturelle Gemeinsamkeiten als Grundlage für Beziehungen betont. Im negativen Sinn bringt die (Über-) Betonung kultureller Gemeinsamkeiten jedoch eine starke kulturelle Bindung zum Ausdruck, die wiederum zur Ablehnung von Aspekten aus anderen Kulturen führen und für fehlende Offenheit stehen kann.

Dieser Eindruck verstärkt sich noch beim Thema *Partnerwahl*: Hier zeigt sich deutlich, dass kulturelle Differenzen vermieden werden. Dies gilt in besonderem Maße für die Studierenden, die sich auch im Bereich der sozialen Kontakte stärker abgrenzen und somit als verschlossen zu bezeichnen sind, indem sie bei der Partnerwahl auf Religions- bzw. Konfessionszugehörigkeit Wert legen oder Lebenspartner explizit aus der Herkunftskultur oder explizit aus der Nicht-Herkunftskultur bevorzugen. Bei den Studierenden, die wir als offen und damit als transkulturell orientiert bezeichnen, ist die Partnerwahl nicht kulturell bedeutsam.

Für die Ausbildung transkultureller Orientierungen ist der *Einfluss der Familie* – auch im Hinblick auf Traditionen und Rollenbilder – von hoher Bedeutsamkeit. Hier wird besonders von Studierenden mit Migrationshintergrund kritisch reflektiert. Nahezu alle Befragten beider Gruppen berichten von einem Einfluss ihrer Familie auf ihr eigenes Leben, wobei der Einfluss zu steigen scheint, je intensiver der Kontakt zur Familie ist. Aus der Gruppe der Studierenden mit Migrationshintergrund wohnt ein Teil mit seinen Eltern zusammen. Diese Befragten bezeichnen Familienmitglieder und besonders die Eltern als Respektpersonen und Vorbilder und berichten von einer starken Ausrichtung auf ihre Herkunftsfamilie, die sich u.a. in der

Übernahme von Traditionen und Rollenbildern in ihr eigenes Leben zeigt. Bei ihnen scheint die Partnerwahl schwieriger und stark durch die Eltern eingeschränkt, indem die Familie nur einen Lebenspartner oder eine Lebenspartnerin aus der eigenen Kultur akzeptiert – dies gilt besonders für Familien mit streng religiösem Hintergrund. Es herrscht hier kulturelle Geschlossenheit vor, die für die Entstehung von Transkulturalität hinderlich ist. Auf der anderen Seite können ein autoritärer Erziehungsstil und prägende innerfamiliäre Konflikte zu einer Distanzierung von den Eltern und schließlich zur Ablehnung und Verschlossenheit gegenüber der Herkunftskultur führen, wodurch die Entwicklung einer transkulturellen Orientierung ebenfalls gehemmt wird.

Ein anderer Teil der Interviewten mit Migrationshintergrund empfindet den Einfluss der Familie als sehr viel geringer. Diese Studierenden haben meistens einen Teil ihrer Kindheit ohne ihre Eltern verbracht. Sie bezeichnen sich als kontaktfreudig, wirken selbstbewusst und stellen die These auf, dass Kontakte außerhalb der Familie die Integration von Migrantinnen und Migranten fördern. Familiäre Traditionen, auch religiöse, werden zwar als sehr wichtig erachtet und weitgehend übernommen; aber es wird betont, dass Raum für eigene Entwürfe und Schwerpunkte bleiben muss, in denen auch Einflüsse aus anderen Kulturen eine Rolle spielen. Entscheidend ist hierbei, inwieweit die Familie resp. die Eltern als bedeutsame Sozialisationsinstanz Spielräume für Aushandlungsprozesse zulässt und die Auseinandersetzung mit differierenden Sichtweisen und somit die Anerkennung innerer Fremdheitsanteile fördert.

Eine ähnliche Tendenz lässt sich für den Bereich *Rollenbilder* konstatieren. Viele der Befragten sind mit den stark traditionellen, oft patriarchalischen Rollenbildern unzufrieden und haben andere Vorstellungen für ihr eigenes Leben. In den meisten Fällen wird explizit Gleichberechtigung als Zielperspektive genannt. Hier wird zugelassen, dass neue Werte alte ersetzen, sie werden integriert und wirken bereichernd auf die Entwicklung der eigenen Identität. Zur Differenzierung nach dem Grad der Offenheit muss hier angemerkt werden, dass Personen, die sich auch in anderen Bereichen in der Tendenz verschlossen zeigen und von einem stärkeren Einfluss ihrer Familie berichten, hier weniger rigoros traditionelle Rollenbilder ablehnen.

Von den meisten Interviewten der Kontrollgruppe wird berichtet, dass der Einfluss der Familie mit steigendem Alter abnimmt, was im Hinblick auf die Entwicklung größerer Eigenständigkeit generell als positiv bewertet wird. Durch eine häufig liberale Erziehung gibt es wenig Probleme mit traditioneller Rollenverteilung.

Im Bereich *Traditionen* berichten viele Studierende mit Migrationshintergrund davon, dass sie Traditionen ihrer Kultur und damit auch ihrer Familie größtenteils übernehmen. Wenn sie nach Traditionen gefragt werden, unterscheiden sie häufig nach Festen und Bräuchen (auch religiösen) auf der einen und alltäglichen und familiären Gewohnheiten auf der anderen Seite. Hier zeigt sich bei einer Gruppe der im transkulturellen Sinne offenen Befragten mit Migrationshintergrund ein aufgeschlossenes Verhältnis zu sogenannten deutschen Traditionen, die nach eigener Aussage in das eigene Leben integriert werden. Als Beispiel können hier die Kommentare einiger Muslime genannt werden, die u.a. Weihnachten als Fest wahr- und annehmen und in ihre Lebenswirklichkeit integrieren. Zahlreiche ähnliche Äußerungen über eine gelungene und konfliktfreie Integration von Traditionen aus der Herkunfts- und aus der Nicht-Herkunftskultur sprechen auch hier für Offenheit, für Transkulturalität. Traditionen dienen zum einen der Vergewisserung der sozialen und kulturellen Zugehörigkeit, zum anderen können sie zum Reflexionsanreiz werden, sich mit eigenen Vorstellungen im Spiegel der biographischen Bedingtheit der eigenen Identität auseinander zu setzen und Transformationsprozesse anzustoßen. So steht die Übernahme von Traditionen aus der Herkunftskultur nicht per se für eine starke Bindung an diese Kultur und somit für Verschlossenheit wie auch die Übernahme neuer Traditionen nicht zwangsläufig für Transkulturalität spricht, wenn die Herkunftskultur aufgrund negativer Erfahrungen abgelehnt wird. *Entscheidend für die Ausbildung einer transkulturellen Orientierung ist hier, dass die Integration von Traditionen in den eigenen Alltag auf Reflexion beruht und frei wählbar ist.*

Es zeigt sich ein Unterschied zur Kontrollgruppe, aus der niemand von der Übernahme fremder Traditionen berichtet. Traditionen werden hier insgesamt, im Gegensatz zu der anderen Gruppe, selten religiös gedeutet, sondern es handelt sich eher um alltägliche und familiäre (Weihnachten wird selten als religiöse Tradition bezeichnet).

Die Kategorie *Religion* stellt sich besonders heterogen dar. Während die meisten der Kontrollgruppe evangelisch sind oder keiner Religionsgemeinschaft angehören, gestaltet sich die Gruppe der Studierenden mit Migrationshintergrund differenzierter: 11 Muslime, 7 Katholiken, 6 evangelisch (davon 2 in einer Freikirche), 4 griechisch-orthodox, 6 gehören keiner Religionsgemeinschaft an (3 Studierende ohne Angabe). Generell unterscheiden die Befragten nicht nur zwischen ihrem Glauben und ihrem Engagement in der Kirche, sondern auch ganz klar zwischen streng gläubigen und nicht streng gläubigen Menschen.

Die selbst benannten streng Gläubigen sind vorrangig unter den Muslimen und Katholiken zu finden, sie setzen sich stark mit Religion auseinander und sprechen von religiösen Vorschriften (Katholiken) oder sogar Gesetzen (Muslime), die ihr gesamtes Leben stark beeinflussen. Bei ihnen sind Religion, Kultur und Tradition im Alltag untrennbar miteinander verbunden. Einige von ihnen scheinen sich bewusst von anderen abzugrenzen und betonen die Exklusivität ihrer eigenen Religion; aufgrund der eigenen religiösen Prägung definieren sie auch andere Menschen stark über deren Religionszugehörigkeit. Die strenge Gläubigkeit und eine damit verbundene Orientierung in den sozialen Kontakten sowie die kulturell bedeutsame Partnerwahl im Verbund mit einem starken Einfluss der Familie stehen hier für Verschlossenheit und laufen der Ausbildung transkultureller Orientierungen zuwider.

Diesen gegenüber stehen die Studierenden mit Migrationshintergrund, die sich zwar einer Religionsgemeinschaft zugehörig fühlen, aber nicht als streng gläubig bezeichnen. Sie kennen und haben Kontakt mit Menschen anderer Religionsgemeinschaften, interessieren und informieren sich über andere Religionen, gehen kritisch mit der eigenen um und ziehen, oft selbstreflexiv, Verbindungen zu ihrem eigenen und dem Leben anderer. Religion spielt in ihrem Leben eine Rolle und sie gehen offen damit um.

Die Kontrollgruppe ohne Migrationshintergrund wirkt diesbezüglich am offensten, fast alle kennen Menschen verschiedener Religionsgemeinschaften und haben Kenntnisse über fremde Religionen. Allerdings scheint hier Religion eine untergeordnete Bedeutung für das eigene Leben zu haben.

Im Sinne einer *Zusammenfassung* lässt sich insgesamt festhalten, dass sich Identitäten bilden zu können, die sich nicht im Spannungsfeld zwischen den Kulturen bewegen, sondern jenseits von Eigenkultur und Fremdkultur denken und durch verschiedene Kulturen hindurch existieren. Es lässt sich also eine Gruppe ausmachen, die eine akzeptablen Zugang zu verschiedenen Kulturen findet und kulturoffen und auf transkulturellem Niveau agiert (vgl. Nieke, S. 248 f.). Somit wird über Konzepte wie Multikulturalität und Interkulturalität hinausgewiesen. Dabei beruht *transkulturelle Identität* sowohl bei Studierenden *mit* als auch bei Studierenden *ohne* Migrationshintergrund in großem Maße auf Erfahrungen, wozu auch das *Erleben* und die *Reflexion von Konflikten* zählt. Damit erlangt die allgemeine Auseinandersetzung mit Kultur einen persönlichen Bezug, eine subjektive Bedeutsamkeit, und wird umfassend reflektiert, was wiederum die Entwicklung differenzierter Lösungsmöglichkeiten bedingt. Eine starke eigene Identität geprägt von Selbstbewusstsein scheint die nötige Sicherheit zu geben, Offenheit zu wagen, die eigenen Einstellungen aktiv nach außen zu vertreten, sich als Individuum wahrzunehmen und eine transkulturelle Orientierung entwickeln zu können. Voraussetzung für eine eigenständige Identitätsentwicklung ist eine auf liberaler Erziehung und produktiver Distanz zur Familie beruhenden *Freiheit zur Selbstentfaltung*, durch die Aushandlungs- und schließlich Transformationsprozesse in Hinblick auf die Integration unterschiedlicher kultureller Referenzen möglich werden.

Dieses bildet die Basis für einen reflektierten Umgang in pädagogischen Handlungsfeldern. So sehen die als offen und transkulturell orientiert bezeichneten Studierenden mit Migrationshintergrund im Rahmen ihrer pädagogischen Handlungsmöglichkeiten anspruchsvolle Ziele. Die meisten der Vergleichsgruppe äußern sich hier eher indifferent und beziehen ihren professionellen Beitrag mehr auf die Erziehung zu respektvollem und tolerantem Umgang der Schüler aus verschiedenen Kulturen untereinander. Dagegen sehen die Studierenden mit Migrationshintergrund ihre Aufgaben weitreichender in der Förderung von Verstehen, Integration und gleichberechtigter Wertschätzung und drücken damit einen Gerechtigkeitsanspruch aus.

Aufgrund der eigenen Erfahrungen fühlen sie sich besonders als Vorbild berufen.

6. Ausblick

Transkulturelle Orientierungen begünstigen Sensibilität für Heterogenität, Vielfalt und Differenzen zwischen und innerhalb von Kulturen (vgl. Wieviorka), für Phänomene, „die aus dem Rahmen (...) fallen, Phänomene der Mehrfachzugehörigkeit, des Grenzgängertums, der Hybridität und der Transkontextualität" (Mecheril, S. 224). Transkulturelle Orientierungen bilden die Voraussetzung für eine angemessene Reflexion gesellschaftlicher Entwicklungen.

Angesichts der Ergebnisse der Untersuchung müssen für die pädagogische Arbeit in verschiedenen Handlungsfeldern sowohl auf konzeptionell-curricularer und didaktisch-methodischer als auch auf institutioneller Ebene Konsequenzen gezogen werden. Es ist essentiell, die transkulturelle Perspektive grundsätzlich als pädagogisches Prinzip aufzunehmen. Individuelle Erfahrungen im Umgang mit der Verschiedenheit, mit der Vielfalt kultureller Ausdrucksformen müssen handlungsorientiert erschlossen und kognitiv durchdrungen werden, was eine institutionelle Öffnung voraussetzt.

Die Forderungen einer transkulturellen Pädagogik gehen somit weit über einen Austausch verschiedener Kulturen unter- und miteinander hinaus. Sie stehen für eine reflektierte Überwindung von Grenzen und damit für eine konfliktfreie Anerkennung und eine aktive Auseinandersetzung mit Pluralität. Hierbei muss betont werden, dass nicht nur Multiplikatorinnen und Multiplikatoren mit Migrationshintergrund, sondern auch Personen mit anderen (biografischen) Erfahrungen eine transkulturelle Orientierung entwickeln können.

Anmerkungen:

1. Das Forschungsprojekt wurde 2002 im Rahmen der Arbeitsgruppe Interkulturelle Pädagogik (AG Interpäd) am Fachbereich initiiert, von den Autorinnen konzipiert und in Zusammenarbeit mit Lehramtsstudierenden im Rahmen eines Forschungsseminar durchgeführt und ausgewertet.

2. Das Projekt wird in einer in Kürze erscheinenden Monografie nochmals ausführlicher dargestellt.

3. Neben sozialstatistischen Angaben waren dies Vorstellungen von Kultur, Familie, Traditionen, Rollenbilder, Schulbiografie, Studium, ökonomische Situation, Kontakte, Religion, Heimat, Sprache(n), Medien, politische Meinung, Konflikte, professionelles und privates Denken und Handeln, transkulturelle Identitätsbildung.

4. Folgende Studierende waren an der Auswertung des Materials beteiligt: Elisabeth Giesa, Svenja Otte, Melina Pütz, Bettina Reuter, Isabel Stehr, Martina Szonn.

5. Dieser Auswertungsschritt wurde computergestützt mit Hilfe des Textanalyseprogramms MAXqda vollzogen.

Literatur:

Auernheimer, G.: Einführung in die interkulturelle Erziehung. Darmstadt 2003 (2. Aufl.).

Beck-Gernsheim, E.: Wir und die Anderen. Frankfurt/M. 2004.

Bolscho, D./Hauenschild, K./Wulfmeyer, M.: Transkulturelle Identitätsbildung – eine Untersuchung mit zukünftigen Lehrkräften. In: Carle, U./Unckel, A. (Hg.): Entwicklungszeiten – Forschungsperspektiven für die Grundschule. Wiesbaden 2004, S. 206 - 211.

Breidenbach, J./Zukrigl, I.: Tanz der Kulturen. München 1998.

Eagleton, T.: Was ist Kultur? München 2001.

Gutmann, A.: Das Problem des Multikulturalismus in der politischen Ethik. In: **Deutsche Zeitschrift für Philosophie**, 43 (1995) 2, S. 273 - 305.

Hurrelmann, K.: Sozialisationstheorie. Weinheim/Basel 2002 (8. Aufl.).

Kuckartz, U.: Computergestützte Analyse qualitativer Daten. Opladen 1999.

Mayring, P.: Qualitative Inhaltsanalyse. Weinheim 1997 (6. Aufl.).

Mecheril, P.: Einführung in die Migrationspädagogik. Weinheim/Basel 2004.

Nieke, W.: Interkulturelle Erziehung und Bildung. Opladen 2000.

Schöfthaler, T.: Multikulturelle und transkulturelle Erziehung: Zwei Wege zu kosmopolitischen Kulturellen Identitäten? In: International Review of Education, 30 (1984), S. 11 - 24.

Welsch, W.: Transkulturalität. In: Zeitschrift für Kulturaustausch, 1995, S. 39 – 44.

Welsch, W.: Vernunft. Die zeitgenössische Vernunftkritik und das Konzept der transversalen Vernunft. Frankfurt/M. 1996.

Welsch, W.: Transkulturalität. Die veränderte Verfassung heutiger Kulturen. [Online: Texte zur Wirtschaft; http://www.tzw.biz, 28.02.1997].

Wieviorka, M.: Kulturelle Differenzen und kollektive Identitäten. Hamburg, 2003.

Wittkowski, J.: Das Interview in der Psychologie. Opladen 1994.

Witzel, A.: Das problemzentrierte Interview. In: Jüttemann, G. (Hg.): Qualitative Forschung in der Psychologie: Grundfragen, Verfahrensweisen, Anwendungsfelder. Weinheim/Basel 1985, S. 227 - 255.

Witzel, A.: Auswertung problemzentrierter Interviews: Grundlagen und Erfahrungen. In: Strobl, R.; Böttger, A. (Hg.): Wahre Geschichten? Zu Theorie und Praxis qualitativer Interviews. Baden-Baden 1996, S. 49 - 75.

Witzel, A.: Das problemzentrierte Interview. In: Forum Qualitative Sozialforschung, Vol. 1, No. 1; [Online Journal: http//:qualitative-research.net/fqs, 2000].

Dirk Oesselmann

Konfliktfelder um Kultur und Macht – Blicke auf Gestaltungsprozesse von Jugendgruppen im brasilianischen Amazonasgebiet

Hinter Kulturen verbergen sich Gruppen, die in gesellschaftlichen Beziehungen zueinander stehen, soziale Positionen innehaben, Interessen verfolgen und die jeweils andere Gruppe beeinflussen. Die Formel der kulturellen Polarisierung „zwischen Dschihad (Kulturkonflikt) und McWorld (Vereinheitlichung)" von Benjamin Barber wird in diesem Artikel im Fokus des Zusammenhanges von kulturellem Gestalten und Macht näher erörtert. Die Thematik wird auf dem Boden des historisch-gesellschaftlichen Umfeldes des brasilianischen Amazonasgebietes zugespitzt. An diesem Beispiel wird die subtile kulturelle Dominanz in einem kolonisierten Land aus der Sicht gesellschaftlich sehr unterschiedlich gestellter Jugendgruppen nachgezeichnet, um zu einem differenzierten Bild kultureller Identifikationsprozesse zwischen Anpassung und Revolte zu gelangen.

Ein-Blick:

Roberta (Name geändert) ist 13 Jahre alt. Sie schaut in den Spiegel und schmückt sich zum Tanzen: eine Blume im Haar und etwas Make-Up. Gleich wird sie zusammen mit ihrem Partner und sechs anderen Paaren beim Festival auftreten. Carimbô, Siriá, Maçariquinho oder Lundú, Tänze aus ihrem Umfeld, ein kleiner entfernter Ort an einem Nebenfluss des Amazonas. Sie kennt die Tänze schon seit ihrer Kindheit, und doch wird ihr das erst jetzt bewusst. Tänze, die Geschichten wie die ihrige erzählen und in Bewegungen umsetzen. Sie ist ein wenig aufgeregt. Hoffentlich geht alles gut. Viele Menschen schauen ihnen zu.

Inzwischen geht sie in die erste Klasse. Lange hatte sie im Haushalt einer Familie gearbeitet. Da hatte sie kaum Zeit für etwas anderes. Vor einem Jahr fragten sie ihre Freunde, ob sie nicht bei der Tanzgruppe mitmachen wollte. Die Eltern willigten ein. Vieles hat sich verändert seitdem. Die

Schule, die Beziehung zu den anderen Jugendlichen und zu ihren Eltern. Sie selbst hat sich verändert, sie macht sich schön, sie erzählt von sich. Kein spektakuläres Beispiel, um diesen Artikel einzuführen. Ein veränderter Alltag eines Mädchens. Und doch ist viel darin zu entdecken: eine vereinnahmende Normalität von Arbeit und Unterwerfung, vom Alltag verdeckt. Im Gegensatz zu öffentlich ausgebrochenen Konflikten, zumeist mit viel Gewaltanwendung, stehen hier versteckte Beziehungen und verschwiegene Wahrnehmungen. Dennoch hat sich etwas bewegt, wurde etwas aufgebrochen, was Roberta ein anderes Spiegelbild verleiht.

In diesem Artikel sollen Hintergründe und Veränderungspotentiale im Konfliktfeld von Kultur und Macht aufgedeckt werden. Eine Herausforderung für eine Pädagogik, die sich der Komplexität und Dynamik von Differenz und Integration, von Begrenzung und Erneuerung sowie von Macht und Unterwerfung in einer kulturell vielfältigen Gesellschaft stellt.

Untersucht werden Jugendgruppen, die sich aus ganz unterschiedlichen Kontexten heraus mit sich jeweils anders formierenden Spannungen auseinander setzen. Pädagogisch bedeutsam sind dabei die Räume und Impulse kulturellen Gestaltens der Jugendlichen, die Veränderungen innerhalb der gelebten Konfliktfelder ermöglichen und provozieren. Nähere Berücksichtigung findet bei den hier vorgelegten Überlegungen die Beschreibung von Machtbeziehungen als Hintergrund von Konflikten und Veränderungen. Kultur und Macht sind konstitutiv sowohl im gesellschaftlichen als auch im zwischenmenschlichen Zusammenleben, bilden somit ein Spannungsfeld von Potential und Gewalt.

Kultur und Macht

Zunächst eine Vorbemerkung zum Verständnis von Kultur und Macht. Kultur soll hier als ein dynamischer Gestaltungsprozess verstanden werden, in dem Menschen ihr Lebensfeld ausformen. Insofern ist Kultur Ausdruck, Kommunikation und Orientierung sozialer Gruppen, Gesellschaften oder Völker. Sie ist ein Geschehen, das nur als ein sich ständig erneuernder Prozess des Suchens und Versuchens erfasst werden kann, gegebene Umstände in Lebensmöglichkeiten zu verwandeln.

„Culture ... is not so much a photocopy machine but a concert or in-deed a historically improvised jam session. It only exists in the act of being performed, and it can never stand still or repeat itself without changing its meaning." (Baumann, G., 2004, S. 8)

Entwickelndes Gestalten verdichtet sich zu vielfältigen zusammenhängenden Handlungsformen und Referenzen, welche gegenwärtig als Kulturen in Pluralität und Unterschiedlichkeit wahrgenommen werden. Jede dieser Kulturen übersetzt aus einem bestimmten Kontext die jeweils vorgefundenen Bedingungen in adäquate Handlungs- und Erklärungsmuster. Den Menschen gibt „ihre eigene Kultur" einerseits ein Gefühl von Sicherheit, Vertrautheit und Identifikation, sozusagen eine Verwurzelung. Andererseits gehen die Fragen nach Orientierung und Bewertung über die jeweilige Lebenswelt hinaus, schaffen Räume, die eigene Begrenztheit in Reflexion und Intuition (Spiritualität) zu verarbeiten.

Im Prozess der Vergesellschaftung und Institutionalisierung entstehen Wert- und Orientierungssysteme, die sich tendenziell über den jeweiligen kulturellen Rahmen erheben. Sie beanspruchen oftmals eine allgemeine oder auch absolute Gültigkeit, wodurch die damit verbundenen Kulturformen zu Wahrheiten erstarren. Auf diesem Weg werden bestimmte kulturelle Ausdrücke zu Machtinstrumenten, die die Dominanz gesellschaftlicher Gruppen legitimieren sowie andere Kulturformen unterwerfen oder abqualifizieren.

„Unsere Sprache und unsere Wahrheits-Ansprüche sind nicht nur kulturell konditioniert, sie sind auch ökonomisch und politisch konditioniert. Sie wurzeln in unserer politischen und ökonomischen Stellung in der Gesellschaft, und in unserem Wunsche, diese Stellung entweder zu erhalten oder zu verbessern." (Knitter, Paul F., 1994, S. 151 – Hervorhebungen im Original)

Kultur in Verbindung mit Macht zu bringen, bedeutet, sie von gesellschaftlich-politisch-wirtschaftlichen Interessen her kritisch zu betrachten. Vom etymologischen Ursprung her bedeutet Macht die Kraft und das Vermögen, Mögliches in die Wirklichkeit umzusetzen. (Historisches Wörterbuch der Philosophie [1980], S.585) Macht ist nicht objektiv begründbar; sie beruht nicht ausschließlich auf bestimmten Eigenschaften, die jemanden

„ermächtigen", sondern steht im Kontext gesellschaftlich-geschichtlicher Beziehungen, in denen jeweils neue Konstellationen zwischen den Akteuren „ausgehandelt" werden. Jegliche Organisation zwischen Menschen baut auf Macht auf. Sie stellt eine notwendige Funktion dar, indem sie in einer Gruppe für Aspekte wie Initiative, Arbeitsteilung, Ordnung und auch Zusammenhalt steht. Über die funktionelle Dimension hinaus werden in der Machtausübung Hierarchien innerhalb der Beziehungen aufgestellt, die die Beteiligten bewertend in bestimmte Stellungen einteilen. Die Verhandlung gesellschaftlicher Interessen in hierarchisierten Machtkonstellationen ruft Konfliktfelder mit vielfältigen offenen oder versteckten Gewaltpotentialen hervor.

In globalisierten Gesellschaften treffen sich immer neu formierende gesellschaftliche Gruppen mit sehr unterschiedlichen kulturellen Hintergründen und Ansprüchen aufeinander. Kulturelle Verständigung kann nicht ohne gesellschaftspolitische Projektion gelingen, die auf allen sozialen Ebenen eine sich gegenseitig respektierenden Lebensbasis sucht.

In diesem Zusammenhang ist es auch Aufgabe der Pädagogik, in multikulturellen und transkulturellen Lebensfeldern Räume zu schaffen, damit Menschen mit komplexen Konfliktfeldern um Kultur und Macht umzugehen lernen. Folgende Blicke auf Jugendgruppen wollen die Bedeutung von kulturellem Gestalten als Prozess von Identitätsbildung, sozialer Anerkennung und Entwicklung von Perspektiven hinsichtlich einer bewussten Auseinandersetzung mit dem jeweiligen Umfeld exemplarisch analysieren.

Kulturelles Gestalten bei Jugendgruppen
Konkreter Ausgangspunkt für die Überlegungen ist das Amazonasgebiet Brasiliens mit dem Schwerpunkt im Großraum Belém – ein Konfliktfeld von Urbanisierung, sozialer Segmentierung und kultureller Vereinahmung. Zugrunde liegt ein Forschungsprojekt[22], das die Identitätsbildung bei Ju-

---

[22] Das Forschungsprojekt mit dem Titel „Pädagogisches Denken und Handeln bei Multiplikatorinnen und Multiplikatoren in transkulturellen Lebensfeldern" wurde von der Universidade da Amazônia mit Förderung des Nationalen Wissenschaftsrates (Conselho Nacional de Pesquisa/ CNPq) und der Stiftung für die Entwicklung Amazoniens (Fundacao Instituto pelo Desenvolvimento da Amazônia/ FIDESA) sowie in Zusammenar-

gendgruppen in kulturellen Schnittfeldern beobachtet hat. Bewusst wurden sehr unterschiedliche soziale Kontexte gewählt, um darüber zu vergleichenden Analysen von Umgangsformen Jugendlicher mit gesellschaftlichen Konflikten zu kommen.

Einen bedeutsamen Hintergrund bildet die koloniale Geschichte Brasiliens, die zu einem gewaltsam hervorgerufenen Gemisch von Völkern und Kulturen führte. Im Amazonas war die „Kreuzung" der Indigenen mit Portugiesen und anderen Volksgruppen Strategie zur Bevölkerung und Besetzung des weiten Gebietes. Indigene Kulturen wurden als Zeichen ihrer Unterwerfung zur Vermischung verurteilt, konnten jedoch, wie sich heute zeigt, nicht vereinnahmt werden. Die geographische klimatische Komponente zwang selbst die Portugiesen, sich den kulturellen indigenen Angewohnheiten und Referenzen anzupassen. Auf diesem Hintergrund sind kulturelle ethnische Einteilungen gegenwärtig nur schwer vorzunehmen, es bestehen jedoch Abgrenzungen zwischen Bevölkerungsgruppen in unterschiedlichen sozialen und geographischen Kontexten, die in den Fallstudien bewusst aufgenommen wurden.

Jede der sechs untersuchten Jugendgruppen ist dabei an einem konkreten kulturellen Ort eingebunden, der die primäre soziale Identität umreißt, wird jedoch gleichzeitig mit anderen kulturellen Systemen durch geographische Nachbarschaft wie auch durch vielfältige Einflüsse gesellschaftlicher Institutionen und Medien konfrontiert. Ziel der Untersuchung ist es, Verhaltensformen bei Jugendlichen aufzuzeigen und zu verstehen, wie innerhalb potentieller kultureller Konfliktfelder eigene Lebensräume und Perspektiven gestaltet werden.

Im Zeitraum von eineinhalb Jahren wurden die Jugendlichen begleitet, um Aufschlüsse über den Prozess von Entwicklung und Veränderung bei den Individuen und als Gruppe zu erhalten. Methodisch war die Untersuchung in verschiedene Etappen eingeteilt: a) teilnehmende Beobachtung und Annäherung, b) empirische Beschreibung des Umfelds (soziales, wirtschaftliches und kulturelles Profil der Bevölkerung), c) Interviews von Ju-

---

beit mit der AG Interpäd der Universität Hannover in den Jahren 2001 bis 2004 durchgeführt.

gendlichen und ErzieherInnen, d) Diskussion in Focal-Groups und e) gemeinsame Tagung mit Veröffentlichung der Ergebnisse. Die aktive Teilnahme der Jugendlichen an der Analyse ermöglichte ihnen eine bewusste Auseinandersetzung mit der eigenen Situation, was zu einer Vertiefung der thematisierten Identitätsbildung führte.

Fallstudien
Die sechs begleiteten Jugendgruppen werden zunächst vorgestellt. Die in Schaubildern zusammengestellten Untersuchungsergebnisse bilden im Folgenden die Diskussionsbasis für die Analyse.

A: Jugendliche aus der indigenen Volksgruppe Anambé im Süden des Bundesstaates Pará
Der Kulturkonflikt stellt sich hinsichtlich der indigenen Völker besonders akzentuiert dar, da ihnen zwar politisch ein eigenes geographisches Gebiet (Reservat) zugesichert wird, es allerdings kaum eine gesellschaftliche Anerkennung der indigenen Kultur als konstitutives Element der amazonischen Bevölkerung gibt. Das Volk Anambé hat erkannt, dass es sich über eigenes Selbstbewusstsein behaupten muss, nachdem von vielen in den letzten Jahrzehnten die „zivilisierte urbane Welt" als Illusion entlarvt wurde. Die gegenwärtige Herausforderung ist das Überleben als Volk, das versucht, sich aus einer drastischen Dezimierung heraus zu regenerieren. 1968 lebten gerade noch 19 Menschen im Reservat, heute sind es 133. Nur die Festigung in einer eigenen indigenen Tradition garantiert eine sowohl ökonomische als auch gesellschaftliche Perspektive. Problematisch ist dabei die eigene gelebte Identität: Es gibt keinen Pajé (spirituelle „medizinische" Führungspersönlichkeit) mehr, der eine kulturelle Referenz aufbauen könnte. Die politischen Führungskräfte versuchen nun, die Volksgruppe zumindest wirtschaftlich zu organisieren. Schon früh steht die heranwachsende Generation unter dem Druck dieser Situation.

B: Jugendliche Tanzgruppe aus Caruarú, ein Dorfzentrum von „Ribeirinhos" (Flussbevölkerung)

Caruarú hat 192 Einwohnern und liegt 45 Minuten mit dem Motorboot entfernt von einer urbanen Siedlung. Das Gebiet gehört zu einem ausgelagerten Stadtteil Beléms (Hauptstadt des Bundesstaates Pará) auf der Insel Mosqueiro, welche durch ihre Flussstrände seit langem zum Wochenendreiseziel der Städter geworden ist. Der Tourismus breitet sich inzwischen auch auf die Seiten- und Quellflüsse aus, die die ganze Insel durchziehen. Der kulturelle Konflikt besteht vor allem in der Stadt-Land-Begegnung. Politisch-wirtschaftlich werden die besonderen Lebensbedingungen der Ribeirinhos, die immerhin ein Drittel der Bevölkerung Amazoniens ausmachen, kaum berücksichtigt. Die Subsistenzwirtschaft mit eigenen Produkten („Extraktivismus") wird immer schwieriger, die Menschen immer abhängiger von außen. Die einzige externe Aufmerksamkeit geht von der Förderung des Tourismus aus. Gerade in Caruarú, das sich noch in Reichweite der Touristenströme befindet, versuchen vereinzelt externe Investoren, die lokale Kultur einer breiten Öffentlichkeit attraktiv zu präsentieren. In diesem komplexen Konfliktfeld steht die untersuchte Jugendgruppe, die sich um traditionelle Tänze formiert. Erstaunlich ist dabei, dass Selbstverständnis und Perspektive der Jugendlichen bei der Gruppe einen stärkeren Stellenwert als der Tourismus einnehmen.

C („Quadrilha") und D (Hip-Hop): Jugendgruppen aus der städtischen Peripherie Beléms

Beide Gruppen leben in geographischer, aber vor allem sozialer Distanz zum urbanen Zentrum. Der kulturelle Konflikt steht hier im Zusammenhang mit dem „Kampf" um soziale Anerkennung und Perspektive. Die eine Gruppe bildet sich in jedem Jahr erneut um den Straßentanz „Quadrilha" mit dem Höhepunkt im Monat Juni. Dann präsentiert sich die Gruppe mit eigener Choreographie fast jede Nacht bei traditionellen Stadtteilfesten (zumeist der Peripherie) und bei stadtweit organisierten Festivals. Die andere Gruppe ordnet sich der Hip Hop Bewegung zu, spaltete sich aber bewusst als religiös motivierte Gruppierung von anderen ab. Die evangelisch missionarische Identifizierung vermischt sich mit politischer Revolte als

Schwarze der Unterschicht. Bei beiden Gruppen konnte beobachtet werden, wie stark die Jugendlichen der „Peripherie", der „Straße" als solcher, aber auch dem jeweiligen Stadtteil als Identifikationselemente verhaftet sind – durchaus erstaunlich hinsichtlich der schwierigen sozialen Umstände, aber auch verständlich hinsichtlich der fast unüberwindlichen Hürden, aus diesem Umfeld auszubrechen. Wohnsituation, Schulbildung, Gesundheitsversorgung, Freizeitmöglichkeiten – all das trägt auf einem defizitären Niveau zur Festigung eines Peripheriemilieus bei. Religion und Kultur stehen dagegen klar im Zeichen einer Öffnung von relativen Freiräumen für die Jugendlichen.

E: (Jugendhaus / „Casa da Juventude – CAJU") und F (Bibelschule der Ersten Baptistenkirche / „Primeira Igreja Batista – PIB"): Jugendliche aus dem urbanen Zentrum Beléms

Beide Jugendgruppen verorten sich in unterschiedlichen kirchlichen Zusammenhängen. Der Kulturkonflikt im Kontext gesellschaftlicher Stratifikation zeigt sich in diesen Fällen von der anderen Seite. Die Jugendlichen der Fallstudien stellen sich als Zugehörige etablierter Gruppen dar, einerseits legitimierend innerhalb sozialer Anfechtungen aus einer Art Verteidigungsposition heraus, andererseits aber auch missionarisch, Missstände vor allem über Glaubenseinstellung und Engagement von Individuen überwinden zu wollen. Bezeichnend bei diesen wie auch bei anderen kontaktierten Gruppen aus diesem Milieu ist die starke Einbindung in überregionale kulturelle Referenzsysteme (mit religiösem oder auch ethnischem Hintergrund), die sie als Interessengruppen zusammenhält. Bei der Jugendgruppe der Baptistenkirche (F) wird deutlich, wie Familien, die aus anderen Teilen Brasiliens kommen, über die Zentralgemeinde der Kirche („Erste Kirche von Belém") sofort kulturellen und sozialen Anschluss in „ihrer" gehobenen Gesellschaftskategorie finden. Gleichzeitig kann jedoch beobachtet werden, wie Religion und Kultur andere Blickwinkel eröffnen, die die Jugendlichen über den sozialen Kontext hinaus zu weiterreichenden Reflexionen und Handlungen veranlassen.

Die folgenden Schaubilder basieren einerseits auf den subjektiven Wahrnehmungen der Jugendlichen, andererseits auf Beobachtungen der Feldfor-

scher innerhalb des jeweiligen Kontextes. Die vielfältigen Annäherungs-
möglichkeiten werden in vier Dimensionen dargestellt: 1) Materielle Rahmenbedingungen; 2) Politische Organisationsprozesse im weiteren und näheren Umfeld; 3) Individuelle Disposition und Entwicklung der Jugendlichen; 4) Kulturelle Gestaltungsprozesse der Jugendgruppen.

Schaubild I: materielle Rahmenbedingungen der untersuchten Jugendgruppen

Gruppe/Faktoren	A (Anambé)	B (Fluss-bevölkerung)	C (Quadrilha)	D (Hip Hop)	E (CAJU)	F (PIB)
Lebens-siche-rung	*Allgemeine Mangelsituation (Jagd, Fischfang, Früchte) – Abhängigkeit von staatlicher Hilfe*	*Subsistenzversorgung mit Früchten, Fischen, Maniok – Mitarbeit der ganzen Familie*	*Billiglohnjobs – Jugendliche müssen früh Geld verdienen*	*Gelegenheitsjobs (40%) und arbeitslos (35%) – Diebstahl und Drogenhandel im direkten Umfeld*	*Wirtschaftlich abgesicherte Familien*	*Wirtschaftlich abgesicherte Familien – viele aus anderen Teilen Brasiliens*
Lebens-organi-sation	*Als Großfamilie und vor allem als Volksgruppe*	*In Großfamilien und Dorfgemeinschaft*	*Nachbarschaft – hohe Familienwertschätzung*	*Familienkonflikte (84%) – verbreitet Jugendgangs*	*Familienverbund, Beziehungen über Interessengruppen*	*Familienverbund und auch über Kirche*
Ausbil-dung	*Schule bis zur 4. Klasse – Jugendliche früh in ökonomischen Aktivitäten*	*Schule untergeordnete Rolle; Schulabbrecher; Vereinzelte in weiterführender Schule in der Stadt*	*Schule bis zur 8.Klasse; ¼ Schulabbrecher – keine Berufsausbildung, aber Einbezug in nachbarschaftliche Betriebe*	*Schule bis 8.Klasse möglich - viele Abbrecher, aber interessiert an Bildung – keine Berufsausbildungsmöglichkeiten*	*Studium – gute Ausbildung, Praktika – erste Berufserfahrungen, oft durch Bekannte vermittelt*	*Privatschulen – gute Ausbildungsperspektiven*
Ge-waltpo-tentiale	*Kaum externe Übergriffe – kaum Gewalt innerhalb der Gruppe*	*Erfahrungen von Gewaltübergriffen bei Ausflügen in die Stadt – Vorurteile gegenüber Ribeirinhos*	*Vereinzelt Übergriffe anderer Quadrilhagruppen – nächtliche Gewalt auf den Straßen*	*Weit verbreitete Gewalt unter den Gangs – direkte Lebensbedrohung – innerfamiliäre Gewalt (Alkohol-/ Drogenkonsum)*	*Misstrauen und Schutzvorkehrungen vor sozialer Gewalt*	*Misstrauen und Schutzvorkehrungen vor sozialer Gewalt*
Hand-lungs-räume	*Geographische gesellschaftliche Isolation – keine - Elektrizität*	*Geographische Distanz, nur per Boot – Elektrizität nur über Generator*	*Straße des Stadtteils als Freiraum - Quadrilha: andere Stadtteile, Festivals*	*Straße der Peripherie als künstlerische Bühne – eigener Raum: Bibliothek -*	*Breite Freizeitangebote – Auto, Handy, Computer, Reisen*	*Kirchliche Freizeitangebote - Handy, Computer – Reisen möglich*

Zu Schaubild 1: materielle Rahmenbedingungen

Der soziale Lebenskontext stellt bei allen Jugendgruppen[23] eine zentrale Bezugsgröße dar. Vor allem im Inland und in der Peripherie scheint die Bevölkerung in Lebensstrukturen zu leben, die eine relative Abgeschlossenheit in sich vorweisen. Externe Akteure (Gesundheits- oder Bildungseinrichtungen, Verwaltung, Unternehmen, Kommerz) sind kaum präsent, bezeichnend für ein allgemeines wirtschaftliches und gesellschaftliches Desinteresse bezüglich dieser Gebiete. Mangelhaft befriedigte Bedürfnisse, Überlebenskampf und gesellschaftlicher Ausschluss sind bestimmende Rahmenbedingungen für die kulturelle Lebensgestaltung.

Im urbanen Zentrum ist eine ähnliche gesellschaftliche Strukturierung zu finden, die sich nach innen orientiert. Etablierte Gruppen besitzen eine ihrem Status entsprechende Organisation privater Einrichtungen (Gesundheits- oder Bildungseinrichtungen, Verwaltung, Unternehmen, Kommerz), die ihnen eine gewisse Autarkie zusichert. Die Kirche ist Teil dieser Struktur und ist doch einer der wenigen Lebensräume, in dem die soziale Abgeschlossenheit aufgebrochen werden kann.

Die klare gesellschaftliche Segmentierung teilt die Jugendlichen demnach in verschiedene „Welten" ein, fast ohne Kontakte zu Jugendlichen aus anderen Kontexten. Der kulturellen Gestaltung sind damit soziale Hürden und Grenzen gesetzt, Machtstrukturen der Normalität einer sozial geteilten Gesellschaft. Schulausbildung, berufliche Einbindung und individuelle Lebensperspektiven unterstehen in starkem Maße diesen fest eingegrenzten Rahmenbedingungen.

---

[23] Im Rahmen dieses Artikels werden spezifische Aspekte der einzelnen Jugendgruppen nur dann benannt, wenn sie für die jeweilige Analyse relevant sind.

Schaubild II: politische Organisationsprozesse im weiteren und näheren Umfeld der Jugendgruppen

Gruppe / Faktoren	A (Anambé)	B (Flussbevölkerung)	C (Quadrilha)	D (Hip Hop)	E (CAJU)	F (PIB)
EntscheidungsStrukturen	*Intern: Häuptling und Ältestenrat – auf externe Hilfe angewiesen*	*Intern: politische Konkurrenz unter Gründerfamilien*	*Im Stadtteil: kath. Gemeinde – Quadrilha: familiäres Matriarchat*	*Unterschiedliche Interessengruppen, teils mit Gewalt Machtanspruch durchgesetzt*	*Katholische Kirche, relativer Freiraum im Jugendzentrum*	*Bibelschule mit klaren Regeln, von kirchlichen Instanzen definiert*
PartizipationsMöglichkeiten der Jugendlichen	*Erscheinen zurückgezogen und eher passiv*	*Gründerfamilien konkurrieren um die Gunst der Jugendlichen – Freiräume*	*Stark auf Führungspersönlichkeiten fixiert, jedoch intern eigene Dynamik*	*Interne charismatische Führung mit vielfältiger Beteiligung*	*Interne gegenseitige Verpflichtung (compromisso)*	*Stark festgesetzte Aktivitäten – moralische Überwachung*
Kommunikation	*Staatliche Schule, Gesundheitsund Verwaltungsposten – Fluss*	*Fluss und Steg, Fußballplatz, Kneipe und Schule*	*Haus der „Vô" (Oma) und „Mãe" (Mutter) – Straße = Ort der Freiheit*	*Eigener Treffpunkt (Bibliothek) zentral für Organisation*	*Gemeinsames Zentrum*	*Kirche, und doch „erweckende Bewegungen": Freizeiten*
Medien	*TV: Attraktion, aber begrenzter Zugang (eine Stunde pro Tag)*	*Fernsehen und Radio alltäglich, stehen aber eher im Hintergrund*	*Wenig Bezug auf Fernsehprogamme*	*Kaum Bezug auf Fernsehprogramme und Radio*	*Häufiger Gebrauch von Internet und Handys*	*Fernsehen, Internet und Telefon bestimmen die Freizeit*
Referenzen – Machteinflüsse	*Große externe Abhängigkeit ist ausschlaggebender Rahmen – Bevölkerung steht zumeist als Bittsteller da*	*Tourismus, von außen gefördert (Geldgeber und Politik) – Bevölkerung eher Spielball zwischen Interessen*	*Politisch und wirtschaftlich marginalisierter Stadtteil mit eigener Dynamik: Kirche zentral, faktisch Familienklans*	*Von Gewalt beherrscht (Drogen, Gangs): nur schwer mit eigener starker Organisation zu entkommen*	*Untergeordnet in einen hierarchischen kirchlichen Rahmen*	*Überregionale moralisch legitimierte Dogmen, über gemeindliche Strukturen*

Zu Schaubild II: politische Organisationsprozesse im weiteren und näheren Umfeld der Jugendgruppen

Die klaren Begrenzungen durch materielle Rahmenbedingungen und die Einordnung in soziale Segmente wirken sich auf die politischen Partizipations- und Entscheidungsstrukturen aus. Diese finden aus dem Blick der Jugendgruppen heraus fast ausschließlich innerhalb des sozialen Umfeldes statt. Die verschiedenen gesellschaftlichen Gruppen machen zumeist aufgrund ungeschriebener Regeln ihre Machtansprüche deutlich: Gründerfamilien, Status, Zuspruch von anderen. Diese Regeln werden durch Einbindung in eine allgemein anerkannte Institution, in unseren Fallstudien fast durchgehend eine religiös motivierte Gruppierung, formell legitimiert. Dem urbanen Zentrum zugeordnete Gruppen weisen eine starke interne Organisationsstruktur auf und stärken damit auch ihre gesellschaftliche Position. Bei beiden Gruppen ist die Bindung an ein (religiöses) Regel- und Wertesystem konstitutiv, das sie in eine überregionale Struktur einbindet. (Vgl. Breidenbach/Zukrigl 2000, S.37)

Ausnahme von einer normativ legitimierten Partizipationsstruktur ist das Umfeld der Hip Hop Jugendlichen (D), in dem Gruppen sich durch direkte Gewaltanwendung in Machtpositionen über andere erheben. Charakteristisch für diesen Bereich in der Peripherie ist eine unstrukturierte Zusammenwürfelung von Familien, die vom Land in die Stadt getrieben wurden. Gerade hier sind die Auswirkungen von Drogenhandel und Jugendgangs verheerend. Die Abwesenheit gesellschaftlicher Institutionen bringt ein Machtvakuum hervor, in dem verschiedene Interessengruppen (Gangs, Drogenhändler, Kirchen, Stadtteilvereinigungen usw.) versuchen, bestehende Potentiale an sich zu binden, teils mit Gewalt, teils mit charismatischem Diskurs, teils mit politischen Versprechen.

Einflüsse gesellschaftlicher Institutionen außerhalb der sozial abgegrenzten Bereiche sind in den betrachteten Kontexten nur punktuell spürbar: die staatliche Präsenz in den Indianerreservaten, die Tourismusförderung bei den Ribeirinhos, Wahlkomitees in der Peripherie oder im Zentrum. Im Allgemeinen werden diese Beziehungen sofort von den lokal agierenden Gruppen aufgenommen, um ihre Position und ihre Interessen zu stärken. Direkte Eingriffe bzw. Machtausübungen von außen werden nur in Situationen notwendig, wenn die Grenzen bedroht oder überschritten werden und somit der allgemeine „soziale Frieden" oder anders: die gesellschaftliche Normalität der sozialen Segmentierung, gefährdet wird.

Massenmedien sind „allgegenwärtig" bis in das Indianerreservat, werden auch durchaus als attraktiv angesehen, dringen aber trotzdem nur begrenzt in die gelebte Realität ein. In den frei gestalteten Interviews mit den Jugendlichen wurde auf das Fernsehen – das meist konsumierte Medium – nur dann Bezug genommen, wenn sie darauf angesprochen wurden. Vereinzelt werden Träume und Ideale nach den übermittelten Bildern formuliert, werden aber schnell von der sozialen Realität eingeholt. Sehr viel unmittelbarer prägen die alltäglichen direkten Kommunikationsflüsse, in die die Jugendlichen selbst mit eingebunden sind. Bei den beiden Gruppen im urbanen Zentrum haben Fernsehen, Internet, aber auch Lesen einen zentralen Stellenwert bei der Gestaltung von Freizeit, Ausbildung und Beruf. Ihr Lebensfeld ist am ehesten von globalisierten Kommunikationsnetzen als Referenz und konkrete Perspektive geprägt. (Vgl. Breidenbach/Zukrigl 2000, S.35)

Die Jugendgruppen lösen in diesem Szenarium – mit unterschiedlicher Intensität (am wenigsten bei den Anambé) – eine Dynamik zwischen äußerlichem Freiraum und interner Unterordnung aus. Einerseits werden neue Partizipationsformen der Umwelt gegenüber geschaffen, indem die Jugendlichen sich als soziale Akteure positionieren: Sie werden wahrgenommen, gehört und umworben. Andererseits fügen sie sich in ihrer Gruppenbildung einer internen Disziplin, die unterschiedlich stark vom äußeren Rahmen (Erzieher, Regelsystem) geprägt ist, aber mehr oder weniger „freiwillig" übernommen wird.

Schaubild III: individuelle Disposition und Entwicklung der untersuchten Jugendlichen

Gruppe / Faktoren	A (Anambé)	B (Flussbevölkerung)	C (Quadrilha)	D (Hip Hop)	E (CAJU)	F (PIB)
Emotionales Befinden	Kaum eigene Emotionen festgestellt[24]	Gefühl von Sicherheit im vertrauten Umfeld	Auf familiäre/ nachbarschaftliche Beziehungen (Ersatzfamilie)fixiert	„Befreiung" aus Gang – Aufbau neuartiger Beziehungen	Sich der Aufgabe hingeben – Selbstverpflichtung	Gefühl, am richtigen Platz zu sein – eine Mission haben
Identifikation	Nicht klar, was heißt „Anambé" – für äußere Wahrnehmung sind sie „Indios"	Trotz Vorurteile von außen: starke Identifikation mit Lebensort als Gegenpol zum Chaos der Stadt	Quadrilhagruppe: Name, (matriarchal überlieferte) Tradition, Ersatzfamilie – Religion/ Stadtteil	Vielfältige Identifikationen: Hip Hop, Evangelisch, Schwarze	Religiöskatholisch, Mitglied in der Gemeinschaft, soziales Bewusstsein	Religiös – Evangelisch – „Gerettet" gegenüber Nicht-Geretteten
Entwicklung von Autonomie	Feste Integration in Volksgruppe – kaum Individualität vorhanden	Überwindung von Orientierungslosigkeit – Steigerung des Selbstwertgefühls	Gefühl der Freiheit, Organisation, Selbstwert, „Eroberung" neuer Gebiete	Mission, andere von Drogen/ Gewalt zu „befreien" – Projektion eigener Fähigkeiten (Rap, Break, usw.)	Klare Zielsetzung für eigenes Leben – über Status hinaus – Einbindung in eine Kollektivität	Teil einer großen Mission, klare Regeln – Mut, anders zu sein gegenüber weltlicher Moral
Konfliktpotentiale	Attraktionen der „Außenwelt" vs. Rahmen des Möglichen	Zwischen Geschlechtern und innerhalb Familien: neue Freiheiten und Verantwortungen	Sexualität/ Beziehungen innerhalb der Gruppe – Konkurrenz zu anderen Gruppen	Keine totale Loslösung von Gang – Unterschied von Anspruch und Wirklichkeit	Religiöses Votum vs. eigene Karriere – Partizipation vs. kirchliche Hierarchie	Moralischer Druck – Revolte gegen starke religiöse Reglementierung
Lebensprojekte	Großer Druck hinsichtlich Zukunft des ganzen Volkes	Zukunftspläne im jetzigen Lebensfeld – vereinzelt Träume von mehr	Gegensatz Traum und Wirklichkeit (Ausbildung) - Familie	Politische Veränderungen –Mission + eigenes Lebensprojekt	Individueller sozialer Aufstieg - Einbindung in Gemeinschaft	Sozialer Aufstieg – Familiengründung – Weiterführen der Mission

---

[24] Dies ist eher auf die Grenzen des Forschungsrahmens zurückzuführen, als dass es die eigentliche Verfassung der Jugendlichen widerspiegelt.

Zu Schaubild III: individuelle Disposition und Entwicklung der Jugendlichen

Bei den interviewten Jugendlichen ist ein starkes Bedürfnis spürbar, sich irgendwo und irgendwie zu verorten, einzubinden. Das begrenzte soziale Umfeld vermittelt ihnen dabei zunächst ein Gefühl von Vertrautheit und relativer Sicherheit; andere Gebiete außerhalb ihres Umfeldes erscheinen bedrohlich und mit gegenseitigen Vorurteilen belegt. Es überwiegt ein Einfinden in dem Lebensort, nicht aufgrund der materiellen Umstände, sondern da dieser eine relativ sichere Basis vermittelt gegenüber einem diffusen Gefühl von Chaos und Unsicherheit der „Welt" gegenüber. Die erste Identifikation ist von daher stark vom geographisch-kulturellen (indigenes Volk, Ribeirinhos), aber auch vom sozialen Umfeld (Peripherie = Straße) geprägt.

Ein bedeutsamer Unterschied zeigt sich hinsichtlich des Identifikationsrahmens bei den beiden Gruppen, die dem urbanen Zentrum zugeordnet sind. Die primäre Referenz ist eine religiöse Wahrheit, die in allgemeinen Dogmen und Riten Form annimmt und über überregionale kirchliche Organisationen vermittelt wird. Ein direkter Bezug zum kulturellen Kontext Amazoniens ist nur als Handlungsfeld ihrer Mission zu spüren.

Allgemein beobachtbar ist die Steigerung des Selbstwertgefühls der Jugendlichen, seitdem sie Teil einer Gruppe geworden sind. Sie sind jemand und können sich als solcher nach außen darstellen, werden als Person differenzierbar von außen wahrgenommen. Die Geschlossenheit der Gruppe, die über Verantwortung und Verpflichtung den anderen gegenüber eingefordert wird, vermittelt den einzelnen Stärke.

Zusammen mit der Gruppe als sicherer Basis können sich die Jugendlichen einer erweiterten Umgebung stellen oder auch der Vergangenheit in anderer Weise begegnen. Die Hip Hop Jugendlichen benutzen sogar Worte wie „Befreiung" und „Erneuerung", um eine klar spürbare qualitative Veränderung bezüglich Lebensgestaltung und Zielsetzung auszudrücken. Die Qualität des eigenen Lebens, das eigene Ziel rücken im Zusammenhang mit anderen und dem Umfeld ins Blickfeld. Dabei können Grenzen individueller Möglichkeiten bzw. Begrenzungen des Umfeldes nicht einfach ausgeschaltet werden, kommen aber zumindest ins Bewusstsein, wie zum Beispiel an der Bedeutung von Ausbildung im Gegensatz zur Realität von Schule für die Jugendlichen erkennbar wird. Solches spiegelt sich in den Perspektiven der einzelnen Jugendlichen wider. Im Unterschied zu einem Sich-Treiben-Lassen in früheren Jahren werden, nach eigenen Angaben, stärker individuelle Lebensprojekte als zentrale Herausforderungen gesehen, aber auch gleichzeitig eingebunden in eine weitergehende Verantwortung. Selbst wenn Träume nicht klar von der Realität unterschieden werden, stehen Möglichkeiten und Potentiale im Blickpunkt von Überlegungen der Jugendlichen.

Schaubild IV: kulturelle Gestaltungsprozesse der Jugendgruppen

Gruppe / Faktoren	A (Anambé)	B (Fluss-bevölkerung)	C (Quadrilha)	D (Hip Hop)	E (CAJU)	F (PIB)
Allgemeines Potential und Spontaneität	Aus natürlichem Umfeld spontane Kreativität – von außen eingeführte Objekte bekommen teils große Aufmerksamkeit	Vielfältige Spontaneität am Fluss – aber auch „Rumhängen" in Kneipe – kaum positive Impulse von außen	Straße und Platz als zentrale Treffpunkte: ambivalentes Umfeld zwischen Freiräumen und Gewalt	Straße als Potential: RAP, Break, Grafity – auch Aufeinandertreffen verschiedener Gruppen: Gewalt und „Mission"	Spiritualität und Diskussion führen zu bewusster Wahrnehmung der Wirklichkeit sowie Klarheit von Lebenszielen	Kooperative Verantwortlichkeit bei vielen Aktivitäten
Gestaltung und Entwicklung	„Jugendgruppe" kaum auszumachen, stehen zwischen wirtschaftlichen Verpflichtungen und eigener Familiengründung	Organisierte Tanzgruppe potentialisiert Entwicklungen: Zusammenführung der Jugendlichen, Zielsetzung, Programm	Quadrilha gibt den Jugendlichen einen Namen, eine Anerkennung, macht die Straße zu einer Bühne, auf der sie sich zeigen können	Bewusstwerden eigener Ausstrahlung – inhaltlicher Anspruch politischer Veränderung und individueller Errettung	Selbstverständnis als Gemeinschaft in religiöser Zielsetzung – verpflichtendes Votum trotz großer sozialer Freiräume	Regel- und Wertsystem gibt den Jugendlichen Sicherheit – viele mit Migrationshintergrund
Grenzen und mögliche Schwierigkeiten	Materielle Grenzen beherrschen die Gestaltungsmöglichkeiten	Drogen- und Alkoholkonsum reduziert – interne Streitigkeiten der lokalen Gemeinde	Vernachlässigung anderer Pflichten: Schule oder Arbeit - Störung der Ruhe im Stadtteil	Von Gewalt geprägtes Umfeld – überhöhter Anspruch – Frustration	Interner Widerstand gegen kirchliche Hierarchie	Moralischer Druck – Feinddenken gegenüber anderen
Perspektiven	Keine organisierten, sondern eher spontane Gruppen aus natürlichem Zusammenhalt als Volk heraus	Vermittlung zu „anderen Welten" auf der Basis kultureller Werte: positive Entwicklung als Einzelne und als Gruppe	Quadrilha: keine kontinuierliche Gruppe, sondern sehr saisonbedingt (Februar bis Juni) – formiert sich jedes Jahr aufs Neue	Gruppe stark um charismatischen Führer organisiert – bringt jedoch auch viele neue Führungskräfte hervor	Zusammenhalt, Identifikation und Selbstverpflichtung – dennoch Abhängigkeit von kirchlicher Führung	Kontrolliert begleitete Lebensbiographie durch religiöse Gemeinde – ebenso soziale Integration

Zu Schaubild IV: kulturelle Gestaltungsprozesse der Jugendgruppen

Die begleiteten Gruppen zeigen deutlich einen Entwicklungsprozess, in dem die Jugendlichen durch ihre kulturelle Gestaltung ein bewusstes Gegenüber zu ihrem gesellschaftlichen Umfeld schaffen, sowohl durch Erleben des eigenen Potentials als auch in symbolischer und aktiver Überwindung der sozialen Determinierung ihres Umfeldes.

Als erster Aspekt ist der Zusammenschluss der Jugendlichen als organisierte Gruppe herauszustellen. Zum einen unterstützt die Einbindung in eine Gruppe ein grundlegendes Sicherheitsgefühl, das ihnen Schutz gegenüber Bedrohungen von außen suggeriert, sie aber auch gegen andere abgrenzt. Als sehr wichtig werden von den Jugendlichen die externen Anerkennungsbekundungen empfunden, durch die sie gesellschaftlich in den Status eines relevanten Akteurs kommen. Zum anderen steht die Gruppe für ein Freistellen von Kräften und Energien, die sich im Miteinander und in der Gegenseitigkeit potentialisieren. Der interne Organisationsgrad ist dabei Ausdruck der Verpflichtung zueinander.

Hinweise auf die Bedeutung einer organisierten Gruppe gab es bereits im Vorfeld der Fallstudien bei vielfältigen Kontakten mit Jugendlichen. In mehreren Beispielen wurde bei einzelnen Jugendlichen ohne Gruppenbezug eine größere „soziale Verwundbarkeit" beobachtet. Vereinzelt sind sie sehr viel ungeschützter äußeren Machteinflüssen, z.B. Drogenkonsum oder autoritärer Bevormundung, ausgesetzt.

Neben der organisierten Bindung kommt als zweites Element die bewusste Einbindung und damit verbundene Zielsetzung im Rahmen kulturell-religiösen Gestaltens in den Blick. Obwohl Traditionen (Folkloretänze – Quadrilha), Regelsysteme (religiöse Verhaltenscodexe) oder Ideale (Malcolm X – Jesus Christus) eher von außen an die Jugendlichen herangetragen sind, werden doch ihnen vielfältige Partizipationsmöglichkeiten eröffnet, sowohl bezüglich der inhaltlichen Füllung als auch bei der praktischen Umsetzung.

Drittens kommt den ErzieherInnen eine zentrale Rolle zu. Sie personifizieren die identitätsstiftende Referenz, garantieren den Organisationsrahmen und können zu eigener Gestaltung der Jugendlichen ermutigen. Unterschiede innerhalb der untersuchten Gruppen sind zurückzuführen auf institutionelle Eingebundenheit der ErzieherInnen (als VertreterInnen einer äußeren Ordnung), ihre Herkunft (als Führung aus dem „eigenen Lager") und ihr Auftreten (als anerkannte Persönlichkeit mit überzeugenden Mitteln). Schließlich bleiben Grenzen und Konflikte, die durch die Gruppen nicht behoben, aber unterschiedlich aufgenommen und bearbeitet werden können. Bedeutsam ist zunächst der interne Zusammenhalt einer Gruppe, um eine externe Behauptung gewährleisten zu können (z.B. Ribeirinhos und Quadrilha). Je nach Zielsetzung und Reflexionsniveau kann von der Gruppe ausgehend ein großes Veränderungspotential auch im Hinblick auf externe Konflikte geschaffen werden (am deutlichsten in der „Befreiung" aus dem Gewaltzirkel der Gang).

Aus - Blick

Die Zusammenhänge von Kultur und Macht bilden ein komplexes Bild, welches zunächst in seiner Vielfältigkeit und Widersprüchlichkeit auf- und angenommen werden muss, ohne sofort in verallgemeinernde Schlussfolgerungen zu verfallen. Für pädagogische Prozesse heißt das, mit dieser Komplexität umgehen zu lernen, sich ihrer bewusst zu werden und gemeinsam mit den beteiligten Akteuren Potentiale für Dialoge und Veränderungen in den jeweiligen Konfliktfeldern zu entwickeln.

Es hat sich gezeigt, wie eine kulturell im Kontext verankerte Referenz die Eigengestaltung des Lebensfeldes qualifiziert, teils als spontan-emotionale Reaktion, teils als eine bewusste Thematisierung in einem weiteren Zusammenhang, wenn Prinzipien, Motivationen und Erwartungen zur Sprache kommen. Kultur und Religion sind nie wertfrei, sondern füllen die Wirklichkeit mit verantwortendem Sinn. Dadurch wird ein relativer Freiraum ermöglicht, der aktiv und reflexiv über soziale Begrenzung und institutionelle Einbindung hinausweist. Kultur und Religion können pädagogisch als Potentiale entwickelt werden, die Grenzen überschreiten.

Gleichzeitig täuschen die großen Unterschiede der untersuchten Gruppen hinsichtlich Grad und Rahmen von Eigengestaltung und von Bewusstsein nicht darüber hinweg, dass die Jugendlichen weiterhin in gesellschaftliche Gruppen eingebunden bleiben. Dementsprechend gehen die möglichen Reaktionen der Jugendlichen von moralistischer Bestätigung in eher restriktiv belegten Räumen wie z.B. der Bibelschule, bis zu offener Revolte in eher offenen spontanen Räumen wie der Hip Hop Bewegung.

Bestehende Konflikte gesellschaftlicher oder zwischenmenschlicher Art werden nicht einfach durch kulturell-religiöses Wirken aufgehoben, sondern bleiben weiterhin im Hintergrund und belegen menschliches Gestalten mit Interessen, die ihrer Position entsprechen. Da ein solcher Rahmen begrenzend, aber nicht determinierend wirkt, kristallisiert sich ein zweiter, pädagogisch zentraler Aspekt heraus: die Ermutigung und Ermöglichung von Partizipation. In unterschiedlicher Weise und auf unterschiedlichem Niveau entwickeln sich die begleiteten Jugendlichen durch eine bewusste kulturelle und religiöse Identitätssuche zu gesellschaftlichen Akteuren. Eine solche Basis ermöglicht es, sich in offenen und versteckten Konflikten stärker zu behaupten sowie die eigene Position (selbst-)kritisch zu überdenken.

Roberta lebt inmitten von durch Macht gesetzten Grenzen und Gewalt, die Kinder und Jugendliche zu einem passiven Opferdasein verurteilen. Sie fand zu ihrer Sprache, sie fand zu ihrer Geschichte über eine Tanzgruppe. Sie begriff ihre Kultur als eine Chance, ihr Leben neu zu gestalten, indem sie Werten und Referenzen in konkreten Lebenskontexten Raum geben kann. Eigene Sprache und Geschichte sind die Voraussetzungen, Konflikte zu bearbeiten, nicht als Unterworfene bzw. Unterwerfende, sondern als Menschen, die sich in ihrer Grundkondition treffen.

Literatur:
Baumann, G.: The multicultural riddle: rethinking national, ethnic and religious identities. In: Jackson, R.: Intercultural education and recent European pedagogies of religious education, in: Intercultural Education, Vol. 15, No. 1, March 2004, 3-14.
Breidenbach, J./ Zukrigl, I.: Tanz der Kulturen. Kulturelle Identität in einer globalisierten Welt. Hamburg, 2000.
Garcia, L./ Ferreira, F./ Oesselmann, D./Silva, I.: Encontros transculturais: sua importância para o pensar e agir democrático de educadores numa comparação internacional. Relatório de Pesquisa. Belém: Unama, 2005.
Knitter, Paul F.: Fallgruben und Richtlinien auf dem Wege zu einem gemeinsamen Weltethos. In: Kirste, R./ Schwarzenau, P./ Tworuschka, U. (Hg.): Interreligiöser Dia-

log zwischen Tradition und Moderne, Balve 1994, S. 150-160 (Religionen im Gespräch, Bd.3 – RIG 3).

Röttgers, K.: Macht. In: Historisches Wörterbuch der Philosophie. Basel, Stuttgart, 1980, Sp.585-604.

Zu den Autorinnen und Autoren

Alle Autorinnen und Autoren gehören der AG INTERPÄD am Fachbereich Erziehungswissenschaften (seit 01.04.05 Philosophische Fakultät) der Universität Hannover an. Wenn nicht anders erwähnt, sind alle hauptamtlich Lehrende des Fachbereiches.

Erläuterungen zu Symbolen und Abkürzungen:
* Geburtsjahr
0 Arbeits- und Forschungsschwerpunkt
IEB: Institut für Erwachsenenbildung
IEW: Institut für Erziehungswissenschaften
IDSW: Institut für Didaktik der Sozialwissenschaften

Bolscho, Dietmar *1943 in Lyck, Dr. Phil. habil., Prof., IDSW. 2. Vors. der AG Interpäd.
0: Bildung für eine Nachhaltige Entwicklung (BNE) und Sachunterricht in der Grundschule. BNE integriert die Bereiche, die vorher *Umweltbildung* bzw. *interkulturelles Lernen* hießen.

Datta, Asit *1937 Midnapore/ Indien, Dr. Phil. habil., Prof. i.R., IEW, Mitbegründer und Geschäftsführender Leiter der AG 1985-2002, Vors. h.c. (2002-)
0: Interkulturelle Pädagogik, Globales Lernen, Entwicklungstheorien, Nord-Süd-Beziehungen.

Dirim, İnci *1965 in Gladbeck/NRW, Dr. phil., Juniorprofessorin für Schulpädagogik; IEW
0: Im Bereich der sprach- und erziehungswissenschaftlichen Migrationsforschung, u.a. bilingualer Spracherwerb, bilingualer Unterricht, gesellschaftliche Mehrsprachigkeit.

Frik, Olga * 1975 in Omsk, Russland, Dr. Phil., Gastwissenschaftlerin, Lehrbeauftragte
0: Migrationspädagogik, Interkulturelles Lernen.

Griese, Hartmut *1944 in Prag, Dr. Phil. habil., Prof., Institut für Soziologie in den Erziehungswissenschaften,
0: u.a. Migrationsforschung, Jugendsoziologie und –arbeit, Sozialisationstheorien.

Hauenschild, Katrin *1968 in Göttingen, Dr. phil. habil., Oberassistentin, IDSW
0: Grundschuldidaktik, Sachunterricht, Bildung für eine Nachhaltige Entwicklung, Inter- und Transkulturelle Bildung, Lehr-Lernforschung, Kindheitsforschung.

Noormann, Harry: * 1948 in Leer / Ostfr., Dr. theol., Dr. phil. habil., Prof. für Evangelische Theologie und Religionspädagogik, Vors. der AG Interpäd
0: Geschichte des Christentums in interkulturellen Begegnungen und Konflikten. Theorie und Praxis der ökumenischen und interreligiösen Didaktik.

Oesselmann, Dirk *1961 in Nienburg, Dr. Phil., 1987-2004 in Brasilien: Professor an der Universidade da Amazônia (Kooperation mit Interpäd); seit 2004: Projektleiter am Comenius Institut, Münster, Lehrbeauftragter
0: Entwicklungspolitische Bildung, Globales Lernen, ökumenisches Lernen

Schrader, Irmhild * 1952 in Denstorf, Dipl.Päd., Lehrbeauftragte
0: Interkulturelle Bildung, Medienpädagogik.

Schulte, Rainer *1940 in Berlin, Dipl. Päd., Akademischer Oberrat, IEB,
0: Interkulturelle Jugend- und Erwachsenenbildung.

Seitz, Klaus *1959 in Schorndorf/Württemberg, Dr. phil. habil., Privatdozent, Redakteur der Zeitschrift Entwicklungspolitik (Frankfurt/Main)
0: Entwicklungspädagogik, Globales Lernen, Nord-Süd-Politik.

Siebert, Horst * 1939 in Iserlohn, NRW, Dr. phil. habil., Prof., IEB, Honorarprofessur an der Universität Jasi/ Rumänien
0: Konstruktivismus, Erwachsenenbildung, Umweltpädagogik.

Sievers, Isabel Marie *1976 in Hannover, Dipl. Päd. Doktorandin, Lehrbeauftragte
0: Soziokulturelle Vielfalt und Bildung.

Wulfmeyer, Meike *1968 in Celle, Dr. phil. habil., Wissenschaftliche Mitarbeiterin, Universität Bremen, Mitglied der AG Interpäd
0: Grundschuldidaktik, Sachunterricht, Bildung für eine Nachhaltige Entwicklung, Inter- und Transkulturelle Bildung, Ökonomische Bildung, Politische Bildung, Lehr-Lernforschung.

IKO – Verlag für Interkulturelle Kommunikation

Aus dem Verlagsprogramm

Asit Datta/
Gregor Lang-Wojtasik (Hrsg.)
Bildung zur Eigenständigkeit
Vergessene reformpädagogische Ansätze aus
vier Kontinenten
Historisch-vergleichende Sozialisations-
und Bildungsforschung, Band 6
304 S., € 24,80, ISBN 3-88939-644-5

Susanne Horstmann
**„… dass man sie nicht gleich umbringen soll,
sondern erst mal gucken."**
Diskursanalytische Untersuchungen zur
interaktiven Beziehungskonstitution und damit
verbundenen Konstruktion des „Anderen" in
Unterrichtsgesprächen
484 S., € 32,80, ISBN 3-88939-662-3

Christine Riegel
**Im Kampf um Zugehörigkeit und
Anerkennung**
Orientierungen und Handlungsformen von
jungen Migrantinnen. Eine soziobiografische
Untersuchung
396 S., € 24,90, ISBN 3-88939-748-4

Norbert Epstein
**Herrschaftsdenken und Selbstkritik in der
Dominanzkultur**
Perspektiven interkultureller Pädagogik
Internationale Beiträge zu Kindheit, Jugend,
Arbeit und Bildung, Band 5
524 S., € 35,00, ISBN 3-88939-545-7

Gregor Lang-Wojtasik/
Claudia Lohrenscheit (Hg.)
**Entwicklungspädagogik – Globales Lernen
– Internationale Bildungsforschung
25 Jahre ZEP**
360 S., € 24,80, ISBN 3-88939-675-5

Havva Engin
Kein institutioneller Wandel von Schule?
Bildungspolitische Reaktionen auf Migration
in das Land Berlin zwischen 1990 und
2000 im Spiegel amtlicher und administrativer
Erlasse
Interdisziplinäre Studien zum Verhältnis von
Migrationen, Ethnizität und gesellschaftlicher
Multikulturalität, Band 14
186 S., € 16,90, ISBN 3-88939-688-7

Tarek Badawia
„Der dritte Stuhl"
Eine Grounded Theory-Studie zum kreativen
Umgang bildungserfolgreicher
Immigrantenjugendlicher mit kultureller
Differenz
374 S., € 22,90, ISBN 3-88939-634-8

WOGE e.V. (Hrsg.)
Christine Tuschinsky
**Interkulturelle Ressourcenarbeit in der
Betreuung von jungen MigrantInnen**
Ein fünftägiges Fortbildungsprogramm für
Fachpersonal der Jugendhilfe
140 S., € 14,80, ISBN 3-88939-655-0

**www. iko-verlag.de –
immer die neuesten Titel – 'reinschauen lohnt sich!**